진도의
상장의례와
죽음의 집단기억

진도의
상장의례와
죽음의 집단기억

초판1쇄 발행 2014년 3월 30일

지은이 나경수 · 김덕진 · 김숙희 · 송준 · 이옥희 · 이용식   **펴낸이** 홍기원
편집주간 박호원   **총괄** 홍종화
편집 · 디자인 오경희 · 조정화 · 오성현 · 신나래 ·
            정고은 · 김선아 · 이효진
관리 박정대 · 최기엽
펴낸곳 민속원   **출판등록** 제18-1호
주소 서울 마포구 대흥동 337-25   **전화** 02) 804-3320, 805-3320, 806-3320(代)   **팩스** 02) 802-3346
이메일 minsok1@chollian.net, minsokwon@naver.com
홈페이지 www.minsokwon.com

ISBN 978-89-285-0528-9 93380

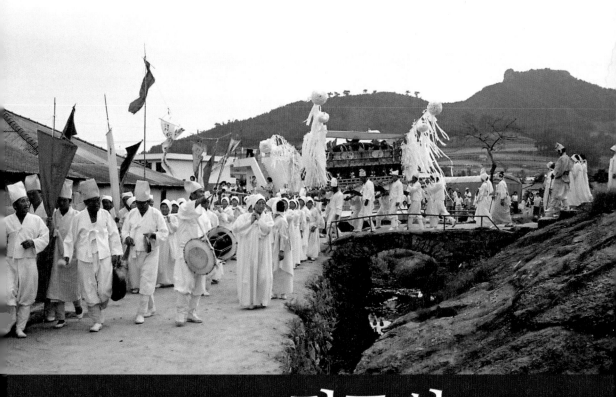

나경수 · 김덕진 · 김숙희
송 준 · 이옥희 · 이용식

진도의
상장의례와

죽음의
집단기억

민 속 원

머리말

뚜렷한 지역 이미지를 가진 우리나라의 대표적인 두 곳을 꼽자면, 경북의 안동과 전남의 진도가 아닐까 한다. 안동은 문향으로 이름이 높다. 진도는 예향으로 이름이 높다. 지금도 전통문화가 살아 숨 쉬고 있는 까닭은 이들 지역의 보수적 성향 때문이 아니라 위나 강한 문화적 자발성 때문이겠다.

안동지역은 유형문화재가 많다. 반면에 진도는 우리나라에서 시·군·구 단위로 해서 무형문화재가 가장 많은 곳이다. 국가지정 중요무형문화재로는 다시래기, 진도 씻김굿, 강강술래, 남도들노래 등 4개 종목이 있고, 전라남도지정 무형문화재로는 진도만가, 조도닻배놀이, 남도잡가, 진도소포걸군농악, 진도홍주, 진도북놀이 등 6개 종목이 있다. 문화재로 지정은 되지 않았지만 진도아리랑은 가장 유명한 진도의 대표적인 민요요 민속이다. 아리랑은 오히려 국가지정을 떠나서 유네스코에 등재된 인류 무형유산이다.

민속문화는 통시적인 삶의 반영이다. 이들 무형문화유산 중에서도 진도씻김굿, 진도다시래기, 진도만가 등은 진혼굿의 성격이 강한 민속이다. 역사적인 삶이 반영된 일정한 민속은 그 배경적 생활현상과 서로 직결된다. 진도의 민속에 진혼굿적 성격의 민속이 두드러진 까닭은 바로 진도의 역사와 삶의 양식들이 그것들을 생성, 발전, 전승시키는 바탕 작용을 하였기 때문이다.

진도는 자연적 환경은 다시없이 좋지만, 역사적 환경은 그렇지 못했다. 특히 한국 전란사에 있어서 전면전의 경우 수도와 가장 원격지였던 진도가 언제나 전쟁터로 막대한 피해를 입어왔던 역사가 분명하다. 후삼국이 쟁패를 할 때, 나주를 점령하기 위해 왕건은 진도부터 점령을 했다. 세계제국을 건설했던 몽고군이 한반도에 치달았을 때 삼별초는 진도에 용장산성을 축조하고 대몽항쟁을 벌였다. 정유재란 때 이순신은 명량대첩에서 큰 승리를 거두었지만, 반면 진도 지역주민의 전쟁 피해는 극심하였다. 인내천의 기치를 내걸고 동학군이 부패한 조정과 외세에 끝까지 대항했을 때 진도는 마지막 격전지였다. 또한 한국동란 때 어느 지역보다도 심한 피해를 입었던 곳이기도 하다.

원래 섬지역은 자연재해로 인해서도 막심한 피해를 입을 수 있으며, 바다에서의 생업이란 것이 항상 위험에 노출되어 있다. 섬지역이라는 진도는 지리적 환경에 그치지 않고 역사적 환경으로 볼 때, 수많은 전란의 피해를 극심하게 입은 비극의 땅이기도 하다. 그만큼 진도사람들은 오랜 역사를 살아오면서 죽음에 대한 집단기억이 남달랐던 것이다.

민속은 일종의 집단기억이기도 하다. 진도에 진혼굿적 성격을 가진 민속이 강하고 많다는 것은 그만큼 죽음에 대한 집단기억이 강하고 많았기 때문에 나타날 수 있는 문화현상인 것이다. 이런 점에서 한편으로 진도는 국가적 또는 국민적 보상이 필요한 지역이기도 하다. 그러나 보상이 중요한 것이 아니라 이러한 죽음의 역사, 죽음의 집단기억을 민속예술로 승화시켜왔던 진도문화에 대한 정당한 평가가 우선되어야 할 것이다.

진도의 주민들은 오래 전부터 진도의 역사지리적 환경과 민속예술적 문화가 서로 밀접한 연계적 상관관계를 가지고 있다는 점을 실감해 왔다. 이러한 지역 주민의 인식을 받아들여서 진도군과 진도학회에서는 지금부터 10여 년 전부터 공동으로 꾸준히 문화환경에 대한 배경론 및 전경론적 차원의 연구를 추진하면서, 특히 학술적인 정리는 물론 역사적 전란지역에 대한 정비 및 정화사업을 계속해 왔다. 또한 전라남도에서는 2010년부터 명량대첩축제를 대표축제로 만들어 해오고 있다.

진도의 상장례문화는 그 자체만으로도 민속문화적 우수성을 자랑할 수 있다. 다시레기는 종합술로서의 세련미뿐민 아니라 삶과 죽음의 변증법직 극화를 통해 생사의 극한적 문제를 형상화시켜놓았다. 진도씻김굿은 전국적으로 그 민속예술적 완성도가 가장 높은 것으로 평가받아 왔으며, 무속인들이 대표적인 한국의 국악인으로 성장을 해온 역량도 가지고 있다. 진도의 만가는 매우 특징적이어서 많은 사람들의 관심을 모았다. 특히 사물이 등장하는 것이나 여성 호상꾼들이 질베를 길게 잡고 상여를 인도하는 모습 등은 어디에서도 볼 수 없는 독특한 민속이다.

그러나 그 자체에 그치는 것이 아니라 역사적으로 치열하면서도 지정학적 조건으로 인해서 비극적 삶을 살아왔던 진도사람들의 집단기억, 특히 죽음에 대한 집단기억을 형상화시켜놓은 민속유산이라는 점에서 관심의 강도가 점층된다. 이런 점에서 진도주민들은 진도의 상장례 민속문화를 진도의 특수한 역사문화적 배경과 연계하여 유네스코에 인류무형유산으로 등재시키고자 하는 바람을 가져왔다. 이러한 진도 주민들의 바람이 현실적인 추동력을 얻도록 하기 위해서 그간에 많은 사람들이 노력을 해왔다. 이 책 역시 이러한 바람의 일환에서 기획된 것이다.

민속의 고장 진도는 마을굿의 현상들에서도 진혼제적 성격이 강하다. 진도에서 동제의 일반적인 명칭이 거릿제路祭로 불리는 것도 그렇고, 여성들로 구성된 도깨비굿이나 관제에서 민제로 바뀐 여제厲祭 등이 진혼굿의 성격을 구유하는 것 역시 말할 것도 없겠다. 개인굿의 일환인 상장례에 그치지 않고, 마을굿 역시도 진혼굿적 성격이 강한 것은 앞에서 말했던 진도의 특수한 역사지리적 배경으로 말미암는다는 사실은 거듭 강조할 필요가 없을 정도이다.

앞으로도 진도의 상장례문화는 물론 그 배경에 대한 연구가 꾸준히 진행되겠지만, 우선 이 책을 통해서 지금까지 산발적으로 조사, 연구되어 왔던 진도의 상장례 및 마을굿에 대한 종합적 정리와 고찰을 시도해보았다. 일제강점기의 수탈이나 위안부 문제가 묻혀서는 안되는 것처럼, 특수한 진도의 비극적 역사 역시 묻혀서는 안 된다. 역사가 특히 지역의 민속문화에 오롯하게 투사되어 전승되고 있는 현상은 인류사적 관심을 받아 마땅한 것이기도 하다.

이 책이 나오기까지 진도의 이동진 군수님의 격려와 그간 진도학회를 이끌어왔던 서울대학교 전경수 교수님의 지도가 큰 힘이 되었다. 또한 진도의 상장례문화가 세계성을 인정받기를 간절히 기원하는 수많은 진도 주민들의 성원은 물론 기대가 이 책에 쏠려 있기도 하다. 끝으로 자료 수합 및 행재정적 지원에 협력을 보태준 문화관광과 박수길 과장, 장충식 계장, 그리고 김명현 학예사께 감사의 말씀을 드린다. 끝으로 기꺼이 출판을 맡아준 민속원의 홍종화 사장을 비롯해서 관계 직원 여러분의 노고에 감사드린다.

2014. 3.

저자 일동

차례

I.
진도의
문화적 특성

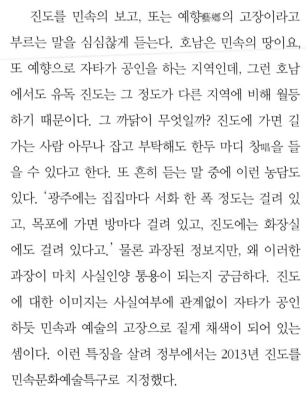

　　진도를 민속의 보고, 또는 예향藝鄕의 고장이라고
부르는 말을 심심찮게 듣는다. 호남은 민속의 땅이요,
또 예향으로 자타가 공인을 하는 지역인데, 그런 호남
에서도 유독 진도는 그 정도가 다른 지역에 비해 월등
하기 때문이다. 그 까닭이 무엇일까? 진도에 가면 길
가는 사람 아무나 잡고 부탁해도 한두 마디 창唱을 들
을 수 있다고 한다. 또 흔히 듣는 말 중에 이런 농담도
있다. '광주에는 집집마다 서화 한 폭 정도는 걸려 있
고, 목포에 가면 방마다 걸려 있고, 진도에는 화장실
에도 걸려 있다고.' 물론 과장된 정보지만, 왜 이러한
과장이 마치 사실인양 통용이 되는지 궁금하다. 진도
에 대한 이미지는 사실여부에 관계없이 자타가 공인
하듯 민속과 예술의 고장으로 짙게 채색이 되어 있는
셈이다. 이런 특징을 살려 정부에서는 2013년 진도를
민속문화예술특구로 지정했다.

　　진도개는 너무나 명성이 자자하여 굳이 거론할 필
요를 느끼지 않을 정도이다. 진도의 구기자는 다른 지
역에 비해 두세 배 이상의 비싼 값에 팔린다. 흑미黑米

는 진도에서 생산되는 것에서 유독 진한 향기가 난다. 최근 진도의 울금 역시 최상품으로 평가되면서 특산품으로 확실한 자리매김을 해오고 있다. 우리나라에서 지리산 뱀이 가장 비싼 것으로 알려져 있지만, 실제로는 진도의 뱀이 더 비싼 값에 거래된다고 한다. 일제 강점기에 조사된 바에 따르면 우리나라의 바다 중에서 진도의 연해안에서 가장 많은 어종이 살고 있는 것으로 알려져 있다. 또한 고기 맛도 으뜸으로 친다. 지금이야 그런 모습을 보기 어렵지만, 도시의 골목길을 누비며 미역을 팔러 다니던 사람들이 외치는 소리는 항상 진도미역이었다. 또 지금은 다른 지역에 그 명성을 내주었지만, 전국의 유자 중에서 가장 품질이 좋아 늘 진상품으로 바쳐야 했기에 예전에 진도사람들은 유자나무를 일부러 다 베어버렸다는 말도 전한다.[1]

이러한 일차산업의 생산물은 절대적으로 자연적 조건의 영향을 받는다. 기후, 토질과 토양, 지형, 해류 등 자연적인 조건일 것이다. 물론 비교의 절대적 기준을 제시할 수 없지만, 진도의 이러한 자연적 환경은 다른 지역에 비해 매우 선택받은 조건을 구유한 것이 아닌가 싶다. 그러나 여기에 그치는 것이 아니라 인문지리적인 환경 역시 진도를 이해하기 위한 한 몫을 맡는다. 인구가 가장 많았던 1969년을 기준으로 거의 11만 명 이상이 살던 때도 이곳에서 1년에 생산되는 곡물로 진도사람들이 3년을 먹고

1_   진도군지편찬위원회, 『진도군지』, 진도군지편찬위원회, 1976, 158쪽.

1	2
3	4
5	6

1 진도개
2 진도 구기자
3 진도 대파
4 진도 울금
5 진도 미역
6 진도 흑미

살 수 있었다고 한다. 농산물과 해산물의 질과 양에서 다른 지역에서는 보기 드문 천
혜의 조건을 가졌다고 해야 할 것이다. 농도로 불리는 호남의 경우, 과거 그 지역에서
생산되는 농산물로 지역주민이 2년을 먹고 살 수 있다고 한다. 바로 이러한 물적 토대
는 호남을 오늘날 알려진 바와 같이 의향義鄕, 예향藝鄕, 미향味鄕이라는 문화적 이미지
를 만들어 왔다.[2] 진도는 이러한 호남에 비해서도 더 많은 잉여생산을 이루었던 셈이
며, 이러한 토대는 진도를 예향으로, 그리고 민속의 고장으로 만드는 배경으로 작용했
던 것이다.

　한편 이러한 천혜의 자연적 조건과는 반대로 진도의 역사적 조건은 그렇게 좋은
것만은 아니었다. 한국전쟁사에 있어서 전면전이 일어났을 경우, 진도는 항상 전장의
중심에 놓였다. 후삼국시대 후백제와 후고구려가 쟁패를 할 때 왕건은 나주 점령을 위
해 진도부터 침공했다. 고려시대 원나라의 내침에 의해 우리나라가 부마국으로 전락했
을 때, 삼별초의 근거지로서 진도는 마지막까지 항몽의 격전지(1270~1273)로 남았다. 지
금의 용장산성이 그 증거이다. 세계 전사에서 그 유례를 찾기 어려울 정도의 대승을
거둔 것으로 평가되는 이순신 장군의 명량대첩(1597년 9월)은 바로 진도에서 벌어졌다.
최근 구한말 동학혁명의 마지막 격전지로 밝혀진 진도는 또 다시 한국 전란사의 한
페이지를 장식하게 되었다. 고려의 용장산성 외에도 바닷가에 위치한 남도진성과 금갑
진성 역시 군사적 목적의 방어진지로서 만들어진 곳으로서 전쟁과 관련된다. 전쟁터라
고 하는 것은 승패를 떠나서 엄청난 인적·물적 피해는 물론 정신적인 피폐화를 가져
온다. 진도는 한반도의 서남단에 위치한 섬으로서 정치적, 사회적, 문화적으로는 중앙
정부와는 거리가 먼 원격지임에 틀림없지만, 전쟁에서는 예외 없이 격전지가 되었다.
또 진도는 왜적의 침략에 의해 여러 차례 공도가 된 적도 있는 것으로 알려져 있다.

　진도는 이렇듯 자연적 조건과 역사적 조건이 이율배반적이다. 하늘로부터는 선택
을 받고, 역사적으로는 고통을 감내할 수밖에 없었던 아이러니의 땅이었던 것이다.

---

[2]　　나경수, 「3향문화권(三鄕文化圈) 설정을 위한 호남지역 문화표상의 탐색」, 『호남문화연구』 49, 전남대학교
　　　호남학연구단, 2011, 371~401쪽.

1	2
3	4

1 용장산성 터
2 남도석성
3 고려항몽충혼탑
4 이충무공전첩비

　　한편 진도에 관한 인상적 평가로서 가장 흔히 들을 수 있는 것은 바로 예술의 고장
이라는 것이다. 그러나 이러한 예술에 있어서 우리가 주목해야 할 점은 바로 자연과
역사의 이율배반에 못지않은 대극적 아이러니를 보여주고 있다는 사실이다.
　　매주 진도의 향토문화예술회관에서는 토요공연이 계속되고 있다. 공연 종목을 바꾸어가면서 이렇게 매주 민속공연을 할 수 있는 시군이 우리나라에서 얼마나 될까? 아마 진도를 제외하고는 잠재적이든 현실적이든 그러한 능력을 가진 시군은 거의 없을 것으로 단언해도 좋을 듯싶다. 전국적으로 축제가 많지만, 특히 진도의 신비의 바닷길 축제에서는 매년 너무 많은 민속공연단이 출연 신청을 하기 때문에 이로 인해 축제 담당자들이 늘 곤욕을 겪는 것으로 알려져 있다. 다른 지역에서는 보기 드문 특이한 하나의 현상이라 아니할 수 없다.

2005년도에는 진도에 국립남도국악원이 문을 열었다. 진도에 국립국악원이 설립된다는 것이 애초부터 명분이 없었다면 불가능한 일이었을 것이다. 그 명분은 다름 아닌 바로 진도지역의 두터운 민속음악적 전통임에 틀림없다. 음악은 다른 어떤 예술장르보다도 풍류적 기질을 바탕으로 하여 발전한다. 진도사람들이 가지고 있는 풍류적 기질은 바로 민속음악을 다양하게 발전시키는 동력이 되었을 것이다. 일과 함께 하는 민속음악, 놀이와 함께 하는 민속음악, 그리고 의식과 함께 하는 민속음악 등 다양한 동심원적 확장을 낳으면서 진도의 민속음악은 두터운 층위를 이루어냈다.

그러나 진도는 민속음악과는 다른 또 하나의 예술적 양상을 보이고 있어 주목된다. 그것은 다름이 아니라 바로 진도가 서화 書畵의 고장이라는 것이다. 소치 허련 (1809~1892)으로부터 비롯된 남종화의 거대한 화맥을 이룩한 곳이 바로 진도요, 소전 손재형(1903~1981)으로 대표되는 현대 서예의 심원한 깊이를 보여준 곳도 바로 진도이다. 이러한 진도의 서화는 민화와는 계통을 달리하는 선비화요, 선비체라는 점에서 주목을 요한다. 그림이든 글씨든 그것은 민중과는 거리가 있는 사회적 상층부의 문화요, 그런 점에서 진도의 한 예술적 양상으로 꼽을 수 있는 서화는

소치 허련 초상화

	1	4
2	3	5

1 국립남도국악원 전경
2 진도군 향토문화회관 야외공연
3 진도군 향토문화회관 토요공연
4 진도군 무형문화재전수관
5 국립남도국악원 공연

바로 양반미술이라는 데에 의미 집중이 필요한 부분이다.

민속음악과 양반미술, 그것은 다시 하층문화와 상층문화라는 대립적 구조를 그리도록 해준다. 예향으로서의 진도에 왜 음악은 하층민의 민속음악이 발전을 하고, 미술은 양반들이 즐기는 상층부의 서화가 발전했는지 그 이유는 명확하지 않다. 그러나 이를 해결할 수 있는 하나의 가능성을 우리는 희미하나마 진도의 역사 속에서 찾아본다. 진도는 역사 속에서 유배의 땅이었다. 300여명에 이르는 사람들이 진도에 귀양을 왔다는 역사적 사실은 그들로부터 받았을 일련의 영향을 무시할 수 없다는 사실로 연장된다. 현재 그에 대한 뚜렷한 연구가 이루어지지 않은 상태이기 때문에 무엇이라고 단정하기는 어렵지만, 역사적으로 있었던 이름난 유배지라는 확정적인 사실은 양반문화로 대표되는 서화가 왜 진도에서 크게 번성하고 있는지 그 이유를 막연하게나마 연역할 수 있는 근거를 제공한다.

아이러니, 그것은 공존이 불가능한 요소가 공존하는 것에서 오는 충격이다. 아이러니를 형성하는 요소간의 거리가 멀면 멀수록 그 충격은 커진다. 진도는 자연이라는 씨실과 역사라는 날실이 상반된 성격을 지닌 채 직조된 까닭에, 그리고 민중문화로 대표되는 민속이 발전하는 가운데 다른 한편에서는 양반문화로 대표되는 서화가 역시 크게 돋보인다는 점에서 보자면, 다른 지역에서 보기 어려운 특이한 문화적 현상들이 돌출될 수밖에 없는 근거를 확보할 수 있다. 그래서 진도는 아주 특별한 땅으로 남아 있는 것이 아닌가 싶다.

한편 문화의 특수성은 속성의 유무로 평가되는 문제는 아니다. 일정한 문화를 일관하는 나름의 속성들 중에서 강약의 정도를 근거로 해서 찾아보는 임의적 평가일 뿐이다. 진도의 문화적 특성이라는 것도 따라서 다른 지역에 전혀 없는 진도만의 어떤 특수하고 독창적인 것을 지칭하는 것은 아니다. 또한 문화적 특성은 어떤 단일한 속성만을 지칭하지는 않을 것이다. 문화가 체계적이듯 특성 역시 어떤 단일한 속성으로 구성되기보다는 여러 속성의 연합적 체계에 의해서 규정되는 성격을 지니기 때문이다.

진도의 문화는 수많은 문화 요소의 복합적 총체이다. 진도만이 아니라 그 어떤 경우든 복합적이고 다층다양한 문화적 요소를 관통하고 있을 저변의 특성을 발견해내기란

1 운림산방 여름풍경
2 운림산방 겨울풍경

1	2

그리 쉬운 일은 아니다. 그럼에도 불구하고 우리가 뭔가 인식 대상에 대한 특성을 찾아보고자 하는 까닭은 개별적이고 낱낱으로 존재하는 현상들을 묶어낼 수 있는 나름대로의 틀, 즉 인식의 체계화를 희망하는 이유이다. 진도에는 진도인의 삶을 견인해온 수많은 문화들이 산재하고 있으며, 이들이 일률적인 어떤 속성의 통제를 받는 가운데 형성된 것은 아니다. 다만 삶의 필요에 의해서 생성되고, 변화되고, 소멸되는 과정을 거치는 가운데 전체를 구성해 왔다.

이러한 문화 형성의 배경이 되는 문제를 앞에서 거론하면서, 우리는 진도의 특성을 정리할 목적으로 아이러니라는 개념을 상기해 보았다. 그것이 문화의 요소와 문화의 특성을 묶어낼 수 있는 일련의 근거를 제공해줄 것으로 기대하면서 논의를 전개해 보고자 한다. 여기서는 우선 진도 문화의 특성을 세 가지로 요약해 본다.

1. 진도문화의 강력한 보수성

진도 문화의 특성 중 하나는 보수성이다. 진도의 전승 문화 중에서 우리가 먼저 관심을 가질 수 있는 것은 다른 지역에서는 없어지거나 희미해져버린 옛적의 문화들이 지금도 진도에 전승되고 있는 것들이 찾아진다는 점이다. 몇 가지 예를 중심으로 하여 진도의 문화적 보수성을 살펴본다.

일찍이 일본의 다케다竹田旦 교수가 주목했던 것처럼, 진도는 다른 지역과는 내용을 달리하는 제사상속권이 지금도 전하고 있다.[3] 다른 지역에서는 장자상속이 일반화되어 있는 것에 반해서 진도는 상속권 중 일부이기는 하지만, 제사상속권이 아직도 큰아들만 아니라 차남 이하에게도 주어진다는 것이다. 상속권이란 재산상속권, 가독상속권, 제사상속권 등 다양하다. 물론 이들이 개별적인 것은 아니며 나름대로 계통적 질서를 지니고 있다. 재산상속은 재산상속에 국한되는 것이 아니라 가독家督권과 제사권을 동반한다는 점에서 그 질서와 형식이 찾아진다. 그런데 이러한 상속권이 우리나라에서 18세기에 큰 변화를 겪게 되었다. 그 변화는 명확히 양반사회에서부터 시작된 것이기는 하지만, 오늘날 우리가 보고 있는 과거 전통사회의 분재기分財記에 의하면 18세기 이전까지만 하더라도 우리나라는 자녀균분상속이 일반적이었다. 그러던 것이 18세기에 이르면 장자상속으로 제도적 변화가 일어난다.[4] 진도는 이러한 18세기 이전의 제사상속권, 즉 자녀균분상속에 준하는 상속제도를 지금까지 보여주고 있어서 바로 이러한 사실은 진도 문화의 보수적 속성을 알려주는 하나의 사례일 것이다.

국어학을 전공한 이돈주 교수가 주목했던 것으로서, 진도 방언 가운데에서 이미 다른 지역에서는 없어진 것으로 간주되는 고어형태의 인칭형 접미사가 진도의 방언에 여전히 전하고 있다. 가령 장자는 예외지만, 진도에서는 둘째 아들은 '두바', 셋째 아들은 '시바'로 부른다. 이때의 '바'는 먹보, 잠보 또는 흥부, 놀부 할 때와 같은 동일한 남성

3_ 竹田旦, 『祖先崇拜の比較民俗學』, 東京 : 吉川弘文館, 1994, 40쪽.

4_ 최재석, 「가족제도와 사회발전」, 『호남문화연구』 9, 전남대학교 호남문화연구소, 1977, 160쪽.

인칭접미사이다. 다른 지역에서는 찾아보기 어려운 흥미있는 언어적 전승이다. 뿐만 아니라, 여성인칭접미사에서도 역시 이러한 현상이 발견된다. 가령 큰딸은 '큰가', 둘째 딸은 '장가' 등으로 불리며, 셋째는 '시단이', 넷째는 '니단이' 등으로 부른다.[5] 한편 이들에 비해 아직 학술적 해명을 기다리고 있는 말이기는 하지만, 진도에서 흔히 쓰이는 '누산네'라는 말 역시 주목의 여지를 안고 있다. 이때의 '산'이란 일종의 인칭형접미사로 통용되고 있음에 틀림없다. 그러나 그 근거가 다른 예에서 찾아지지 않고 있어 쉽게 결론은 내릴 수는 없는 일이기는 하지만, 그 가능성을 열 길이 전혀 없는 것은 아니다. 예를 들면 전라도나 경상도 일부에서 동제를 부르는 명칭으로서 '당산제堂山祭'라는 말을 들 수 있다. 당산제는 현재 한자식 표현이 일반화되어 있지만, 그에 대한 한자로서의 타당성을 항상 의심을 받아 왔다. 당산제에서 '당'이라는 말이 몽골어계통에서 하늘을 지칭한다는 것은 잘 알려진 사실이다. 따라서 당산제라는 말에서 산을 인칭접미사로 보게 된다면 바로 '하느님' 할 때의 '님'과 동일한 기능의 인칭접미사로 볼 수도 있을 것이다.

민속학자인 지춘상 교수는 남도문화제의 심사 결과 때문에 고소를 당한 적이 있다. 진도에서 상여가 나갈 때 사물이 등장하는 것은 일반적인데, 어느 핸가 진도의 상여놀이가 남도문화제의 민속경연에 참가하여 상위권의 상을 수상한 바 있다. 당시 심사위원장이던 지춘상 교수는 이로 인해 고소를 당한 것이다. 유학적 이념에 철저한 어떤 한 분이 사람이 죽은 슬픈 장송의 마당에서 놀이판에서나 즐기는 사물이 등장하였다는 것에 대해서 분개를 하였으며, 그러한 출품작에 대해서 상을 준 것에 대해서 용납할 수 없었던지 법에 호소하기 위해 고소를 했던 사건이 있었다. 이렇듯 고소를 당할 수 있었던 것은 달리 말하면 그 사실이 어떻든 간에 일종의 특이성, 즉 다른 지역의 사람들로서는 상식적으로 용납되기 어려운 특이한 민속이 진도에 전승되고 있다는 점에서 사건은 성립했던 것이다. 뒤에 사실을 알게 된 그분은 급기야 서둘러 고소를 취하하게 되었지만, 우리가 여기서 눈여겨볼 것은 상여놀이뿐만 아니라 다시래기 역시 같은 계

5_ 이돈주, 「진도의 방언」, 『호남문화연구』 10 · 11, 전남대학교 호남문화연구소, 1979, 123~132쪽.

통의 민속으로 볼 수도 있다는 것이다. 상가집에서 놀아지는 다시래기는 전통적 규범 논리로 보자면 야만적 문화임에 틀림없다. 그러나 이는 다른 측면에서 충분히 납득될 수 있는 풍속으로서의 타당성을 지니고 있으며, 그것은 바로 다른 지역에서는 이미 자취를 감춘 민속문화가 여전히 진도에서는 전승되어 오고 있다는 실례이다.

2. 진도문화의 남다른 개방성

진도 문화의 특성 중 다른 하나는 개방성이다. 진도만의 현상은 아니며, 일반적으로 섬지역의 문화적 특성으로 꼽히는 것 중의 하나가 바로 개방성이다. 특히 바다는 자유스러운 교통을 막는 자연적 장애일 수도 있지만, 다른 한편에서 보면 가장 외부와의 교류가 활발할 수 있는 사면이 개방된 천혜의 조건이기도 하다. 특히 육로에 비해 해로가 발달했던 전통적 교통 형편으로 보면 바다는 들고나기가 용이하며, 그런 점에서 섬사람의 인성도 개방적이요, 문화도 개방적이다.

진도의 대표적인 민속놀이요 민속춤으로 꼽히는 진도북춤은 이러한 진도의 개방성을 대표적으로 보여주는 사례라 하겠다. 전국적으로 두 손에 북채를 들고 양북을 치는 곳은 흔치 않다. 그러나 이것은 진도사람들의 독창적 발상이라기보다는 전문적인 유랑예인집단이었던 남사당패의 영향으로 보겠다. 한국의 농악은 크게 다섯 가지로 유형분류가 되며, 그 중 두 유형은 호남지역에 분포한다. 좌도굿과 우도굿이 그것이다. 이는 호남지역문화의 개성적 발전과 예술적 성숙도를 보여주는 사례이기도 하지만, 다른 한편에서 보면 남사당패의 영향을 간과하기 어렵다. 특히 호남의 도서해안지역에 남사당패의 영향으로 간주되는 여러 가지 민속예능이 현전하고 있지만, 진도의 경우는 그 예가 다른 지역에 비해 다소 강하지 않은가 싶다. 양북을 치면서 멋진 춤사위를 구사하는 진도북춤은 진도 고유의 창안이라기보다는 예능적 감수성이 예민한 진도인들의 수용적 능력과 직결되고 있는 것으로 보인다.

다른 예이기는 하지만, 진도에는 박첨지놀이라는 것이 전승되고 있었다. 그것은 바로

1 박관용의 북춤
2 군내면 덕병마을 장승 1
3 군내면 덕병마을 장승 2

1	2	3

국가지정 중요무형문화재 제3호로 지정되어 있는 남사당패놀이 속에 있는 전통인형극과 유사한 놀이이다. 유랑예인집단이던 남사당패가 전국적으로 굿놀이를 하면서 공연을 다니는 가운데 그들이 가진 전문적 예능을 어느 곳에서든 선보였을 것이지만, 진도 사람들은 예민하게 그것들을 받아들여 자기화하는 과정을 거쳐 오늘날 독특한 하나의 예능민속으로 발전시켜놓고 있는 것으로 보인다.

　한편 진도는 서화라는 미술문화가 발전된 지역임은 널리 알려진 사실이다. 그러나 이러한 현상은 멀리 소급되는 것 같지는 않다. 소치로부터 비롯된 것으로 보는 경향이 짙다. 소치는 공재 윤두서(1668~1715)를 공부하였으며, 완당 김정희(1786~1856)를 사사했다. 소치는 바로 외부의 예술세계를 받아들여 진도에 미술문화를 꽃피우는 결정적 계기를 마련해준 사람이다. 그런데 이는 소치 개인의 생애사를 통해서 보여주는 그의 위대한 역할이기도 하지만, 다른 한편에서는 소치 개인에 의해서 그것이 시작되고 끝나지 않았다는 점에서 소치 자신의 위대성을 전혀 손상하지 않는 측면에서 진도 사람들의 개방적 성향을 추적할 수 있을 것이다. 외부에서 받아들여 온 문화를 거역하고 배격하는 것이 아니라, 그를 경도하여 비옥하고 풍부한 문화적 토양을 건설하였다는 점에서 진도 문화의 개방적 특성을 돋보이게 하는 사례로 꼽을 수 있겠다.

엉뚱한 예이기는 하지만, 동제의 형식으로 보면 전국적으로 진도만큼 거릿제路祭의 구성이 발달해 있는 곳도 찾기 어렵다. 동제에서 거릿제라고 하는 것은 떠도는 잡귀잡신들에게 헌식을 하여 해악을 막자는 의도에서 치러진다. 진도의 거릿제는 역사적인 요인도 없지 않지만, 한편 생각해보면 막힘이 없는 개방적인 자연적 형태로 말미암아 생성된 하나의 문화적 현상일 수 있다. 예를 들면 우리나라는 일반적으로 소위 비보형 민간신앙이 대단히 발달해 있는 편이지만, 마을 단위에서 장치되는 비보의 경우, 특히 마을 앞쪽이 훤히 트여 있는 마을의 경우는 비보적 장치가 매우 발달해 있는 사례를 흔히 볼 수 있다. 우실, 솟대, 입석, 장승 등이 항상적이며, 물리적인 비보 장치라고 한다면, 거릿제는 정기적이며 의례적인 비보 장치라고 할 수 있다.

특수한 예이기는 하지만, 진도 지역에서 특기할 만한 민간신앙의 사례로서 진도의 여제가 나름대로의 개성적 변화를 보이고 있는 것도 그 한 예로 꼽을 수 있을 것이다. 우리나라의 일반적인 8개 유형의 양귀법에도[6] 없는 감금형 양귀법으로 개성적 성격 전환을 이룩한 진도의 여제는 바로 진도 사람들이 느끼는 개방성에서 오는 불안에 대한 일종의 잠금 장치일 것이다.[7]

진도는 이렇듯, 그들이 가져온 여러 문화 요소들 중에서 특히 개방적 속성이 농후한 나름대로의 문화적 특성을 보유하고 있으며, 그와는 반대적인 상황적 구성을 통해서 개방성을 제한하는 폐쇄적 속성을 강화하기도 했다.

6_   村山智順, 『朝鮮の鬼神』, 漢城 : 朝鮮總督府, 1930.

7_   나경수, 「진도의 여제고」, 『호남문화연구』 17, 전남대학교 호남문화연구소, 1987, 51~74쪽.

진도읍에 있는 소전미술관

3. 진도문화의 솟구치는 창조성

　　진도 문화의 특성 중 나머지 하나는 창조성이다. 앞에서 진도의 미술문화인 서화를 개방성과 관련을 지어보기도 하였지만, 여기서 말하고자 하는 문화의 창조성과도 긴밀한 연관성을 지닌 것으로 보겠다. 전승되는 예술과 창조되는 예술이 있다. 전승되는 예술은 민속예술이 그 대표격일 것이며, 창조되는 예술은 개인의 예술혼이 담긴 신기원의 예술세계를 그려내는 작품을 낳게 된다. 서화는 대표적인 창작예술이다. 민중은 전승예술을 즐기는 데 반해서, 양반층들은 문화적 창조능력을 기반으로 한 창작예술을 즐기게 된다. 서화의 평가 자체가 예술의 반열에 들기 위해서는 습작이나 모방이 아닌 창조의 세계를 펼쳐야 한다. 그런 점에서 진도의 서화적 전통은 진도 문화가 내재하고 있는 창조적 역량으로부터 발현한 것이라 하여도 지나친 말은 아닐 것이다.

의신면 사천리에 있는 소치미술관

한편 호남지역에서 가장 유행하고 있는 전통적 민요의 하나로 꼽을 수 있는 것은 바로 진도아리랑일 것이다. 진도아리랑은 지명을 지니고 있어서 진도지역에 한정된 듯한 인상을 주지만, 그것은 그렇지가 않다. 진도아리랑은 진도의 민요가 아니라 호남의 민요인 셈이다. 아리랑이 전국적으로 만들어지는 가운데 호남지역에서는 유독 진도아리랑이 만들어졌다. 언제 그것이 만들어졌는지는 속단할 수 없지만, 여러 가지 고증에 의하면 일제 초기에 진도의 신청에서 활동했던 사람들, 특히 박종기를 중심으로 하는 진도의 예능인들에 의해서 이룩된 것으로 보인다.

진도아리랑의 선율적 구성은 이미 밝혀진 바처럼, 전통적인 호남의 일노래인 산아지타령에서 비롯되었다.[8] 그러나 일노래인 산아지타령과는 달리 놀이노래인 진도아리랑은 다른 민요와 짝하기 어려울 정도로 홍겹기가 대단하다. 분석적으로 말해보자면, 진도아리랑은 산아지타령의 메김소리는 그대로 차용하면서 다만 후렴의 일부 소리를

8_   지춘상 · 나경수, 「진도아리랑 형성고」, 『호남문화연구』 18, 전남대학교 호남문화연구소, 1988.

1	2
3	

1 임회면 삼막리에 있는 남진미술관
2 진도아리랑 공연
3 진도아리랑비

변형시켜 조흥소로 만들어놓고 있다. 최소의 노력을 통해서 최대의 효과를 거둔 경제적 예술 창조를 구현한 예인 셈이다.

지금까지 살펴본 것처럼, 진도지역의 3대 문화적 특성은 보수성, 개방성, 창조성을 꼽을 수 있겠다. 이들 낱낱의 의미로 보면 상호 공존하기 어려운 배타적 개념일 수도 있지만, 하나의 전체로서 진도의 문화를 뒷받침하는 특성의 자격을 지니는 가운데 자리를 함께 하고 있다. 이는 상황적 작용이라는 측면에서 허용될 수 있는 요건들이다. 다시 말하면 진도 문화를 관류하는 문화적 특성이라는 일정한 문맥 속에서 비로소 상호 배척적일 수 있는 개념들이 상호 견인력을 지니면서 공존할 수 있는 것이다. 따라서 진도의 문화적 특성으로서 꼽은 보수성은 개방성과 배척적인 개념일 수 있지만, 엄연히 같은 자리를 차지하며 공존하고 있으며, 또한 개방적이라는 성격은 독창적인 창조성과 배척적일 수 있지만 상호 공생적 관계에서 병치하고 있는 것이다.

Ⅱ.
진도 사람들의
죽음에 대한
집단기억

1. 섬에서의 삶과 죽음의 집단기억

진도는 섬이다. 구한말과 일제강점기 진도의 대표적인 지식인이었던 혜사 박진원朴晉遠(1860~1932)이 "예부터 옥주는 육지로부터 멀리 떨어진 바다에 있어 백성은 순박하고 풍속은 질박하기가 깎아내지 않은 통나무 같고 다듬지 않은 구슬과 같다."[1]라는 글을 남겼는데, 섬으로서의 진도의 특성을 잘 보여주는 문장이라고 할 수 있다.

주지하듯이 고대부터 진도는 주요한 해상 교역 항로였다. 지난 해 4월부터 11월까지 국립해양문화재연구소가 진도군 고군면 오류리 앞바다에서 벌인 발굴작업을 통해 500점 넘는 유물이 발견되었다. AD 1세기의 것으로 추정되는 토기부터 고려청자, 송나라 동전, 명량대첩 때 천자총통의 탄환으로 쓰인 '석환' 등

1_ 我國之古沃州落在海上民淳俗質如樸未斲如樸未琢目; 박진원, 「가정절검」, 『진도군향토사자료집3권』, 진도문화원, 1999.

고대부터 근대까지 망라하는 다양한 유물이 발굴되었다. 장고의 전신인 요고腰鼓로 확인된 토기는 우리나라 수중 발굴 유물 가운데 가장 오랜 것이다. 그만큼 오랜 시간 동안 진도는 여러 나라를 연결하는 해상 교역로로 존재했던 것이다. 발굴된 유물들은 침몰한 배에서 나온 것이라는 점에서 알려지지 않은 역사와 뱃사람들의 사연을 담고 있는 실체라고 할 수 있다.

해저유물 출토지역(다음 위성지도)

1	2
3	

진도 오류리의 해저발굴유물(국립해양문화재연구소 제공)
1 고려청자류   2 요고 및 복원품   3 청동유물

　오랜 세월동안 진도는 섬으로 존재해 왔지만 1985년 진도대교가 개통되고 육지와
연결되면서 섬이라는 진도의 공간성은 크게 희석화되었다. 하지만 현재까지도 진도 사
람들의 주요한 생업기반이 '바다'라는 점에는 변화가 없다. 바다에 나가 고기를 잡고,
해초와 조개를 채취하는 일은 그들에게는 생존과 직결된 일이다. 또한 진도 사람들이
많은 소득을 내고 있는 양식장은 바다를 자원으로 하며 농사를 짓는 땅의 대부분도
바다를 막아 만들어낸 간척지이다.

　진도 사람들에게 바다는 먹을거리와 경제적 이익을 제공하는 삶의 터전이지만 한
편으로는 그들의 생명을 위협하는 죽음의 공간이기도 하다. 바다에서의 삶은 육지에서
의 삶보다 죽음과 가까이 있다. 죽음은 고금과 동서양을 막론하고 인류가 직면하는 가
장 절박한 문제라고 할 수 있지만 바다는 육지보다 죽음에 노출될 위험이 훨씬 높다는

1	2

1 바다를 건너는 진도 사람들(진도문화원 제공)
2 진도 조도 통학선 옛 사진(진도문화원 제공)

점에서 공간적 특성을 가진다. 지진, 가뭄, 홍수 등 육지에서 일어날 수 있는 천재지변 외에도 태풍, 해일, 표류 등 바다 사람들만 경험할 수 있는 일들이 있기 때문이다. 또한 섬사람들은 자연재해 외에도 뱃일을 하다가, 바다를 건너다가 인간의 실수나, 기계의 손상으로 인해 각종 사건 사고를 당하기도 한다.

이 글에서는 전쟁과 같은 특별한 상황이 아닌 일상생활에서, 진도 사람들이 경험해야 했던, 또는 진도에서 일어났던 죽음과 관련된 사건들을 정리하였다. 그리고 그들이 바다의 삶에서 직면해야 했던 죽음의 위험과 두려움을 어떻게 문화적으로 극복하려 했는가에 대한 기록도 찾아보았다. 과거와 현재를 구분하기 위해 일제강점기 이전과 일제강점기 이후로 시대를 구분하였다. 대체로 역사를 구분하는 기점을 갑오개혁 전후로 하는 것이 상례이지만 이 글에서 일제 강점기 전후로 구분한 이유는 진도 사람들의 죽음의 양태를 변화시킨 보다 강한 계기로 작용했다고 보기 때문이다.

1) 일제강점기 이전

(1) 폭풍과 해일로 인한 죽음

태풍과 폭풍은 섬사람들에게는 피할 수 없는 숙명과도 같은 것이다. 대자연의 섭리를 거부할 수 없지만 삶을 지속하기 위해서는 또 그것에 맞서야 하기 때문이다. 아주 오랜 옛날부터 현재까지 자연의 위력 앞에 진도 지역의 많은 사람들이 목숨을 잃거나 사고를 당했다.

문헌에서 찾아지는 태풍에 관한 첫 번째 기록은 『조선왕조실록』 세조 때의 기록이다. 1464년 4월 18일 조선 세조 10년에 당시 진도 군수이던 진상陳詳이 바다를 건너 사냥을 하다가 태풍을 만나 군사 24명이 죽음을 당했다는 기록이다.

> 사헌부司憲府에서 아뢰기를, '진도 군사珍島郡事 진상陳詳이 진상進上한다고 핑계
> 하고 바다를 건너와서 짐승을 사냥하다가 태풍을 만나서 배가 패몰敗沒하여 물에
> 빠져 죽은 자가 24인이었는데, 비록 사유赦宥를 지났다 하더라도 그 죄를 다스리지
> 않을 수 없습니다. 청컨대 고신告身을 거두어서 뒷사람들을 경계하게 하소서.' 하니,
> 그대로 따랐다.[2]

이 사건은 태풍으로 인해 많은 군사들이 목숨을 잃은 사건이지만 단순한 자연재해로 인한 죽음이라고만 볼 수는 없다. 그가 사냥을 한 표면적인 이유는 진상으로 올릴 짐승을 구하기 위함이었지만 개인적인 사욕도 있었음이 문맥을 통해 드러나고 있다. 군사들을 죽음으로 이끈 표면적인 이유는 태풍이었지만, 궁극적인 원인은 사욕을 채우기 위해 군사들을 동원한 상관의 적절치 못한 행동 때문이었다. 사람이 만들어낸 재해인 것이다.

두 번째 기록은 『조선왕조실록』에 기록된 1655년 8월 27일 조선 현종 때의 사건이

2_ 『조선왕조실록』, 【태백산사고본】 【영인본】 7책 621쪽.

다. 전남 우수사 이익달이 수군을 조련시키다 비바람을 만나 많은 수군들이 죽음에 이르게 된 상황을 기록하고 있다.

전남 우수사 이익달李益達이 각읍의 전선을 통솔하여 바다로 나아가 수군을 조련시킬 무렵에 비바람이 크게 일어 금성錦城·영암靈巖·무장武長·함평咸平·강진康津·부안扶安·진도珍島 등 고을의 전선이 모두 떠내려 가거나 침몰되어 죽은 수졸水卒이 1천여 인이며, 진도 군수珍島郡守 이태형李泰亨도 물에 빠져 죽었다. 도신이 아뢰자, 상이 하교하였다. "지금 이 보고를 듣고 하루 내내 서글퍼 가슴을 진정시킬 수가 없다. 본도에 영을 내려 특별히 휼전을 시행하도록 하고, 수사 이익달李益達과 우후 신숙辛淑은 함께 잡아다 국문하도록 하라."3-

전쟁시는 아니었지만 수군의 전투력을 강화하기 위해 우수사 이익달은 자신이 관할하고 있는 나주, 영암, 무안, 함평, 강진, 부안, 진도 등 여러 고을의 전선을 통솔하여 수군을 조련시킨다. 그러나 그 와중에 태풍을 만나 전선이 모두 떠내려가거나 침몰되고 수졸이 천 명이나 죽음을 맞는 사건이 발생한다. 이 사건으로 진도 군수 이태형도 물에 빠져 죽었다고 기록한 것을 보았을 때 여러 고을 중에서도 진도의 피해가 컸음을 미루어 짐작할 수 있다. 이 사건 또한 표면적인 원인은 비바람을 일으킨 태풍이지만 근본적인 원인은 바다 상황을 충분히 고려하지 않고 훈련 계획을 세운 우수사 이익달의 지도부족이라고 할 수 있다.

세 번째 기록은 『조선왕조실록』에 기록된 1865년 8월 22일 조선 고종 2년에 전라도 지역에 발생한 태풍 피해이다.

전라감사全羅監司 조재응趙在應이, '지난 달 21일 밤에 비바람으로 인하여 순천順天에서는 떠내려갔거나 무너진 민가가 1,674호戶이고 빠져죽었거나 깔려죽은 사람이

3_　『조선왕조실록』, 【태백산사고본】【영인본】 36책 62쪽.

42명名이며 장흥長興에서는 503호, 진도珍島에서는 17호, 능주綾州에서는 무너진 집이 68호에 빠져죽은 사람이 14명이고 흥양興陽에서는 빠져죽은 사람이 45명이며 낙안樂安에서는 22명이고 영광靈光에서는 32명입니다.'라고 아뢰니, 전교하기를, "지난번에 본도本道에서 비바람의 피해를 입었기 때문에 위로하고 유시하는 조치를 취했었는데 이번에 순천順天·흥양興陽 등의 고을에서 떠내려가고 무너진 민가와 익사하고 압사한 사람의 숫자가 이렇게 많으니 더욱 지극히 놀랍고 참혹스러워 말이 나오지 않는다. 재변이 닥치는 것은 잘못이 나에게 있는데 애처로운 저 백성들만 위험에 빠지니 자나깨나 생각하여 비단옷과 쌀밥도 마음에 편안치 못하다. 떠내려간 집을 다시 지을 방도와 빠져죽은 사람의 환곡還穀과 신포身布를 탕감蕩減해 주는 절차를 다시 해당 고을들에 특별히 신칙하여 종전대로 거처하게 하고, 특별 휼전恤典은 공전公錢과 공곡公穀으로 회감會減하라. 이런 내용으로 위유사慰諭使에게 행회行會하여, 이번에 피해를 입은 여러 고을에 일체 직접 돌아다니면서 사람마다 위로한 뒤에 거행한 상황을 즉시 보고하라. 이것은 백성의 구제와 크게 관련되는 일이니 조금도 늦추지 말아야 한다. 그런데 지난 달 20일경에 일어난 일을 이제야 보고했으니 휼전을 거행하는 일을 두고 헤아려 볼 때 어찌 놀라고 한탄하지 않겠는가? 해당 도신道臣을 경계하지 않을 수 없으니 월봉越俸 1등等에 처하는 법을 시행하라." 하였다.[4]

전라도에 불어 닥친 큰 태풍으로 인해 각 군에서는 가옥이 무너지고 논밭이 침수되고 사람들이 죽는 등 많은 피해들이 발생했다. 진도에서도 가옥 17채가 무너지는 사건이 발생한다. 다행히 진도에서는 인명피해가 보고되지는 않았지만 집이 무너져 내리는 거센 태풍 속에서 진도 사람들이 어떤 두려움을 느꼈을 지는 어렵지 않게 상상해 볼 수 있다.

위 기록에서 '위유사慰諭使'는 여러 고을을 다니면서 피해를 당한 사람들을 위로하고 구제하는 역할을 담당하는 것으로 나타나고 있어 주목된다. 당시 나라에는 일종의

[4] 『조선왕조실록』, 【원본】 6책 2권 44장 A면 【영인본】 1책 196쪽.

임시 관직이 있었는데, 위유사도 그 중 한 예에 해당된다. 당시의 임시 벼슬로는 감진사監賑史, 위유사慰諭使, 안무사按撫使, 정리사整理使, 돈체사頓遞使가 있었다. 감진사는 흉년이 든 지방에 파견되어 굶주리는 백성을 구제하는 일을 감독한 관직으로 감진어사라고 한다. 위유사는 천재지변과 그 밖의 재난이 있을 때에 지방에 파견되어 백성을 위로하고 살피는 임시관직이다. 안무사는 지방에 변란이나 재난이 있을 때에 파견되어 백성을 안무하는 임시관직이다. 정리사는 임금이 거동할 때 행재소의 수리와 그 밖의 일을 맡은 임시직이다. 돈체사는 나라에 초상이 났을 때 행렬이 지나는 길에 주식을 마련하고 군대와 인부들에게 음식을 주던 임시관직이다.

위유사가 진도에 와서 어떤 방식으로 진도 사람들을 위로하고 구제했는지는 구체적인 자료가 남아있지 않기 때문에 확인할 길은 없으나 경제적·의료적 혜택과 더불어 가족들을 잃은 사람들의 상처난 마음을 문화적으로 치유하기 위한 노력을 기울였을 것으로 추측된다.

바닷가에 사는 사람들에게는 큰 비바람으로 인해 바닷물이 넘치는 사건도 큰 두려움이다. 1577년 4월 3일 조선 명종 12년에는 진도에 바닷물이 넘치는 해일이 일어났음을 기록하고 있다.

전라도 감사 권철權轍이 치계馳啓 하였다. "나주羅州·진도珍島·영암靈巖·임피臨陂·해남海南·함평咸平·무장茂長에 이번 4월 3일에 비바람이 크게 불고 해일海溢이 일어나 뚝방이 무너져서 짠물이 들어와 벼싹이 모두 말라 죽었으므로 매우 참혹합니다. 군관 김일金馹이 와서 고하기를 '3일 수토搜討하기 위해 고리포古里浦에 갔더니 갯가에 사는 80노인이 지팡이를 짚고 간신히 나와서 「내가 해변에 거주한 지가 이제 80여 년인지라 평상시 기운만 보아도 바다에서 큰 바람이 일어날 것을 미리 안다. 근일 바다 가운데의 여러 섬과 강변이나 산골짜기에서 소리가 난 것이 한두 번이 아니니 풍수風水의 큰 변이 곧 발생할 것이다. 장사將士는 부디 배에 오르지 말라.」고 했는데, 그날 삼경三更에 풍파가 크게 일어났다. 그리하여 판옥선板屋船과 전선戰船 등이 폭풍 때문에 모두 떠내려갔고, 격군格軍 무동茂同이 헤엄을 잘 치는 것을 믿고 옷을 벗고 물에 들어갔다가 방향을 잃고 기진해서 죽었다.'고 했습니다. 함열咸悅에서도 같은 날 해시亥時에 비바람이 크게 일고 비와 우박이 섞여 내렸는데 큰 것은 개암만 했습니다. 또 4일 밤에도 해일이 있었으니 비상한 재변입니다. 논밭이 모두 물에 잠겨 전혀 추수의 희망이 없으니 매우 걱정이 됩니다." 사신은 논한다. 해일의 변은 참혹한 이변인 것이다. 무슨 일 때문인가를 찾아보아도 그 구징씀徵을 분명히 지적할 수는 없으나 백성들이 구렁에 나뒹구는 정경이 눈앞에 절박하니 이것이 큰 재변이 아니겠는가? 백성의 부모된 사람으로 어찌 차마 구제하지 않고 좌시할 수가 있겠는가?[5]

해일이 일어나 바닷물이 넘치면 배와 사람들이 떠내려가는 사고가 일어난다. 위의 기록에서는 백성들이 구렁에 나뒹구는 정경으로 그 참혹함을 드러내고 있다. 또한 논밭이 썰물에 심기면 일 년 내내 애써 기운 농작물들이 다 말라죽게 되므로 섬사람들은 죽음과 배고픔이라는 이중고에 시달리게 되는 것이다.

해일이 일어나 사람이 물에 휩쓸려 가는 사고는 1865년 고종 4년과 1867년 고종 6년에도 발생한다.

전라 감사 조재응趙在應의 장계에, 진도군珍島郡에서 사람이 물에 휩쓸려 죽었다고 아뢰었는데, 이에 대해 전교하기를, "들으니 매우 불쌍하다. 원래의 휼전 이외에 별도로 더 보살펴 돕도록 하라. 만약 생전에 갚아야 할 환곡과 신포身布가 있던 자는 모두 탕감하고, 아직 건져내지 못한 시신은 반드시 건져내도록 하라. 이런 뜻으로 묘당이 말을 만들어 분부하라." 하였다.[6]

전라 감사 서상정徐相鼎이 장계한, 진도부珍島府의 사람들이 물에 빠져 죽은 일과

5_ 『조선왕조실록』, 【태백산사고본】 【영인본】 20책 401쪽.
6_ 『승정원일기』, 고종 2년 을축(1865, 동치4) 11월 11일(임신).

관련하여 전교하기를, "물에 빠져 죽은 사람이 이와 같이 많으니, 듣기에 몹시 놀랍고 참혹하다. 원래의 휼전恤典 외에 각별히 더 돌보아 주고, 살았을 적에 신역身役과 군포軍布와 환곡還穀을 내지 못한 것이 있을 경우에는 모두 탕감하여 주고, 매장하고 건져내는 절차에 대해 묘당에서 말을 만들어서 분부하라." 하였다.[7]

고종은 진도 사람들이 물에 휩쓸려 많이 죽었다는 보고를 듣고 안타까워하며 휼전을 주어 보살피고 신역과 군포, 환곡을 내지 못한 것은 탕감해주라고 분부한다. 주목할 만한 기록은 건져내지 못한 시신은 반드시 건져내고 매장하고 건져내는 절차에 대해서는 묘당에서 말을 만들어 분부하라고 지시하고 있는 점이다. 물에 빠진 시신을 건져내고 매장하는 절차는 바로 상장례 문화이다. 묘당에서 지시한 내용이 무엇인지는 알 수 없으나 분명하게 상장례 절차에 따라 시신을 처리하고 매장하는 과정이 있었음을 알 수 있는 대목이다.

(2) 지진의 공포와 피해

1454년 12월 28일 조선 단종 2년 기사에는 진도 등지에 지진이 크게 일어나 담장이 허물어져 내려 많은 사람들이 죽거나 다쳤음을 기록하였다.

> 경상도 초계草溪・선산善山・흥해興海와 전라도 전주全州・익산益山・용안龍安・흥덕興德・무장茂長・고창高敞・영광靈光・함평咸平・무안務安・나주羅州・영암靈巖・해남海南・진도珍島・강진康津・장흥長興・보성寶城・흥양興陽・낙안樂安・순천順天・광양光陽・구례求禮・운봉雲峯・남원南原・임실任實・곡성谷城・장수長水・순창淳昌・금구金溝・함열咸悅 및 제주濟州의 대정大靜・정의旌義에 지진地震이 일어나 담과 가옥이 무너지고 허물어졌으며, 사람이 많이 깔려 죽었으므로, 향香과 축문祝文을 내려 해괴제解怪祭를 행하였다.[8]

7_ 『승정원일기』, 고종 4년 정묘(1867, 동치6) 1월 23일(무인).

경상도와 전라도 일대에 지진이 일어나 담과 가옥이 무너지고 사람이 많이 깔려죽는 사고가 발생한다. 이때 조정에서는 향과 축문을 내려 괴이한 일을 풀어내는 해괴제 解怪祭를 행하였다고 기록하고 있다. 당시의 관념으로는 지진과 같은 천재지변은 무엇인가 맺힌 것이 있기 때문에 일어나는 것으로 여겨졌던 것 같다. 맺힌 것을 풀어야만 자연은 원래의 평온한 상태를 회복하게 되므로 괴이한 것을 풀어내는 의례를 행했던 것으로 보인다. 해괴제의 의례 내용과 방식에 대해서는 구체적인 기록이 전하지 않는다. 향과 축문을 내렸다는 기록으로 보아 분향과 독축의 절차를 수반한 유교식 제의였을 것으로 추측된다.

(3) 표류와 조난의 기억

표류는 배를 타고 항해를 하거나 고기를 잡는 사람들이 좋지 않은 일기를 만나 배가 전복되는 사고를 만났을 때 발생하게 된다. 진도 사람들이 먼 바다에 나가 일을 하다가 배가 뒤집혀 다른 나라로 떠내려가기도 하고, 다른 나라 사람들이 사고를 당해 물길을 따라 진도로 떠내려 오기도 한다. 진도는 쿠로시오 해류가 지나는 길이다. 이로 인해 쿠로시오 해류가 연결되는 중국과 일본 등지에 표류된 진도 사람들이 있었고 반대로 중국과 일본인이 진도로 표류되는 일도 있었다.

진도군의 표류에 관한 첫 번째 기록은 1113년 고려시대 예종 때의 기사에서 발견된다. 이 기사는 당시 중국 송나라 명주에서 그곳에 표류된 진도현의 사람들을 다시 돌려보낸 사건을 기록하고 있다.

> 진도현의 한백 등 8인이 매매로 말미암아 탁라도에 가다가 바람을 만나 표류하여 송의 명주에 도착하였다. 명주 태수가 송제의 칙지를 받들고 각각 견 20필씩과 쌀 2석 씩을 주어 돌려보내었다.[9]

8_　『조선왕조실록』, 【태백산사고본】 【영인본】 6책 715쪽.

9_　珍島縣民漢白等八人因賣買, 往乇羅島, 被風漂到宋明州.奉聖旨, 各賜絹二十匹米二石, 發還; 진도문화원, 『고

진도현에 거주하는 인물 8인이 장사를 하기 위해 탁라도에 갔다가 표류하여 송나라의 명주에 착륙하게 된다. 송나라에서는 옷감과 쌀을 주어 돌려보냈다고 기록하고 있다. 당시 표류민에 대한 송나라의 정책이 매우 유연한 것은 고려와의 관계가 우호적이었기 때문임을 추측할 수 있다.

또 다른 기사는 1629년 조선 인조 7년에 일어난 사건을 기록하고 있다. 진도에 표류한 중국인을 예조 차원에서 보호하고 접대하는 내용이다.

쿠로시오 해류 지도(출처 : 대륙조선사연구회)

박홍미가 예조의 말로 아뢰기를, "진도珍島에 표류한 당인이 오래지 않아 들어올 것이니, 근래의 예에 따라 예빈시禮賓寺로 하여금 각별히 접대하도록 하고, 머물 곳은 태평관太平館으로 해야 할 듯합니다. 다만 진 부총의 차관과 일시에 서로 만난다면 곤란해지는 일이 없지 않을 것이니, 사역원에 거처하게 해야 합니다. 감히 아룁니다." 하니, 아뢴 대로 하라고 전교하였다. 정기광이 아뢰기를, "방금 진도珍島로 표류해 왔던 당인唐人들이 들어왔다고 합니다. 그 직임과 작질의 고하는 상세히 알 수 없지만 분명 아문衙門의 차관差官일 것이니 마땅히 잘 접대하여 보내야 할 듯합니다. 그런데 표류인의 예에 의거하여 사역원에 거처하게 한다면 매우 야박한 일이니, 해조로 하여금 다시 의논하여 각별히 우대하도록 하는 것이 어떻겠습니까?" 하니, 아뢴 대로 하라고 전교하였다.

당시에 예조에는 예빈시라고 하여 표류한 사람들을 관리하는 직책이 따로 있었음

러사(진도편국역)』, 진도문화원, 2001, 23쪽.

을 알 수 있다. 진도에 표류되었다고 해서 진도의 관리가 표류인을 담당하는 것이 아니라 한양으로 불러 들여 정해진 예법에 따라 처우했음을 알 수 있다. 그런데 당시의 법규로는 표류인은 사역원에 거처하는 것이 상례였으나 표류인의 신분에 따라 특별 대우할 수도 있었음을 알 수 있다.

1716년 숙종 42년 12월 기사에는 유구국에 표류하였다가 중국을 거쳐 3년 만에 다시 조선으로 돌아온 진도 어민에 관한 내용을 싣고 있다.

전라도 진도군珍島郡의 백성 김서金瑞 등 아홉 사람이 바다에서 표류하여 유구국琉球國에 닿았는데, 그 나라에서 청국淸國으로 보냈으므로 청국에서 이자移咨하고 내보냈다. 김서 등이 서울에 이르니, 임금이 비국備局에 명하여 바다에서 표류한 사정을 문초하게 하였는데, 김서 등이 전말을 대략 써서 대답하기를, "갑오년 8월 7일에 진상進上할 생복生鰒을 캐러 배를 같이 타고 바다로 들어갔는데, 갑자기 광풍을 만나 대양大洋에서 출몰한 지 17일만에 비로소 유구국 지경에 닿을 수 있었습니다. 40여 인이 와서 모여 굶어 죽어가는 것을 보고 좁쌀죽을 먹여 주린 창자를 적시게 하고는 곧 부축하여 마을 안으로 들어가 밥을 갖추어 환대하였습니다. 그리고 새로 별관別館을 지어서 살게 하면서 대를 엮어 울타리를 만들어 사람을 시켜 지키게 하고 의복과 음식을 수시로 장만하여 주며 상하 남녀上下男女가 번갈아 보러 와서 주찬酒饌을 주었으니, 그 나라의 풍속이 순후醇厚하다는 것을 알 수 있었습니다. 그 나라에서 한 해를 넘겨서 그 지방말을 조금 알았는데, 그 왕성王城까지의 거리를 물었더니 10리쯤에 지나지 않았고 종소리가 때때로 은은히 들렸습니다. 그 나라의 넓이는 동서로 4일정日程이고 남북은 동서에 미치지 못하는데, 대저 산은 높고 들은 좁아서 밭이 많고 논이 적으며, 기장과 삼은 나지 않고 뽕과 모시는 자못 넉넉하였습니다. 새는 까치가 없고 짐승은 범이 없으며, 또 닭의 울음이 우리나라와 달라서 보름 전에는 초경初更부터 5경까지 경마다 울고 보름 뒤에는 우리나라처럼 새벽에 웁니다. 민호民戶는 번성하나 남자가 적고 여자가 많은데, 다 긴 옷을 입고 다들 우리나라 남자처럼 머리를 묶어 망건網巾처럼 건巾으로 머리를 싸며, 여인은 머리에 대모玳瑁 비녀를 꽂으므로, 구별할 수 있었습니다. 음식은 우리나라와 다를 것이 없는데, 떡을 만들 때에는 반드시 사탕을 섞습니다. 농사는 11월에서 정월 사이에 모를 내고 오뉴월에 수확하며, 소채는 사시사철 자랍니다. 엄동嚴冬에 도 우리나라의 구시월만한 날씨에 지나지 않고, 또한 서리와 눈이 없습니다. 성지城池는 도성都城 밖에 따로 성을 쌓은 곳이 없고, 병기兵器는 우리나라와 다를 것이 없으나 활은 나무를 깎아 대를 붙이고 본디 뿔을 붙이는 일이 없으므로 멀리 쏘기에 마땅하지 않습니다. 저희들이 본국으로 돌아가고 싶어도 가졌던 배가 죄다 부수어져서 바다에서 타기 어려운 형세였습니다. 그 나라는 으레 3년에 한 차례씩 중국에 조공朝貢하는데 마침 그 차례가 되었으므로 을미년 11월 24일에 그 나라의 사신使臣이 데리고 한 배에 같이 타서 병신년 윤3월 9일에 복건福建에 건너가 닿았습니다. 수로水路는 몇 천 리인지 모르겠고, 그 농업을 물었더니 한 해에 두 번 거둔다 하였으며, 집과 의복은 매우 사치하고, 인물이 황도皇都와 다를 것이 없으며, 좌우의 시사市肆에 진기한 보배가 산처럼 쌓였고, 밤에는 등촉燈燭이 낮처럼 밝습니다. 저희들을 접대하는 절차는 관가에서 양찬糧饌과 의자衣資를 주었습니다. 7월 15일에 복건을 출발하여 세 척의 마상馬尙에 나누어 타고 강가를 따라서 거슬러 올라가 20일이 지나서야 비로소 육지에 내리게 되었습니다. 올 10월 23일에 북경北京에 닿아서 옥하관玉河館 바깥 5리 쯤에 있는 절에 머물렀는데, 날씨가 춥기 때문에 떠나지 못하게 하고 본국의 동지사冬至使를 기다려 함께 돌아가게 하기에 저희들이 '부모·처자는 우리가 모두 죽었다고 생각하여 밤낮으로 울부짖고 있을 것인데 어찌 차마 잠시라도 지체할 수 있겠느냐?'고 대답하였더니, 통관通官들이 가엾이 여겨 돌아가도록 허락하고 추위를 막는 행장 도구를 각각 주었는데, 이것은 황제가 내린 것이라 하였습니다. 11월 10일에 황성皇城을 떠나 여차驢車 2승乘에 나누어 타고 12월 2일에 압록강鴨綠江을 건너서 왔습니다." 하였다. 그래서 비국에서 연로沿路에 분부하여 말을 주고 음식을 먹여 본토本土로 돌려보내게 하기를 청하니, 임금이 그대로 따랐다.[10]

이 기사는 진도 군민 김서 일행이 표류한 여정을 비교적 상세하게 기록하고 있다. 김서 일행은 진상으로 올릴 생전복을 캐기 위해 배를 타고 바다로 나갔다가 광풍으로 배가 전몰되는 사고를 당한다. 이로부터 17일 만에 일본 유구국에 표류하였는데 그곳의 백성들이 먹을 것과 의복을 주고 건물을 지어 그곳에서 지내게 한다. 하지만 울타리를 만들어놓고 교대로 지키게 하였으니 감금된 것이나 다름없었다. 김서 일행은 도망쳐서 본국으로 돌아오고 싶어도 타고 갔던 배가 파손되었기 때문에 엄두를 내지 못했다. 김서 일행은 1년 남짓 그곳에서 지내면서 그곳의 언어를 익히고 그곳의 자연환경이나 생활습속을 파악하게 된다. 당시 유구국은 3년마다 중국에 조공을 바쳤는데 김서 일행도 중국 사신을 따라 그 행차에 끼게 된다. 그들이 도착한 곳은 중국 복건성이었는데 문물이 발달하고 경제적으로 풍요로운 모습임을 목격하게 된다. 그들은 다시 작은 배로 옮겨 탄 후 북경에 도착하여 사찰에 머물게 된다. 중국의 관리들은 조선에서 오는 사신을 따라 갈 것을 권유했으니 이들은 애틋게 기다리고 있을 부모 처자를 생각하며 바로 조선으로 길을 떠나게 된다. 이들은 황성을 떠나 압록강을 건너서 드디어 조선으로 돌아오게 된다.

진상할 전복을 구하기 위해 배를 타고 나갔다가 풍랑을 만나 배가 좌초되고 일본 유구국, 중국 복건성, 중국 북경을 거치며 3년 동안이나 표류인으로 살아가야 했던 김서 일행의 모습은 진도 사람들이 겪어야 했던 뱃사람들의 비애와 더불어 강인한 정신력을 느끼게 하는 사례라고 하겠다. 김서 일행이 집으로 돌아오기까지 3년이라는 긴 시간 동안 가족들은 그들의 생사를 알지 못했다. 아마 그들은 전복을 캐기 위해 집을 떠난 그날을 제삿날로 여기고 제사를 지내고 있었을 것이다. 김서 일행이 다시 돌아왔을 때 죽은 사람이 살아서 돌아온 듯 당황스러움과 함께 큰 기쁨을 맛보았을 것이다.

1758년 조선 영조 34년에는 제주에 쌀을 팔러 갔던 진도 선적이 그곳 주민 등 41명을 싣고 돌아오다 대만에 표류하여 중국 본토를 거쳐 귀향한 사건을 기록하고 있다.

10_ 『조선왕조실록』, 【태백산사고본】 【영인본】 40책 621쪽.

유구국, 대만, 중국 복건성은 진도 사람들이 표류해서 갈 수도 있었고, 그 나라의 사람들이 진도로 표류해 올 수도 있는 지역이다. 진도 사람들에게 표류는 예견 가능한 숙명과도 같은 것이다. 어느 날 그들이 표류할 수도 있고, 표류한 사람들을 만날 수도 있다는 점에서 그러하다.

(4) 극심한 흉년과 과도한 조세로 신음하는 진도 사람들

육지에서도 마찬가지이지만 인간에게 가장 참을 수 없는 것은 추위와 배고픔이라고 한다. 극심한 흉년이 들면 배고파서 죽는 일들이 생겨나는데 진도에도 그런 일이 있었음을 확인할 수 있다. 조선 숙종 조에 진도에는 10년 동안이나 가뭄이 지속되는 안타까운 사태가 발생한다.

> 황해 감사黃海監司 김유金楺가 사조辭朝하니, 임금이 인견引見하였다. 김유가 말하기를, "본도本道에 흉년이 들었으니 진휼청賑恤廳에서 가져다 쓰는 상정미詳定米를 머물게 두고서 진휼에 보태게 하소서. 그리고 황당선荒唐船의 왕래가 잦으니, 연해沿海의 수령守令・변장邊將을 마땅히 가려서 보내소서." 하니, 임금이 모두 허락하였다. 임금이 말하기를, "예전에 동해東海의 한 부인이 원통함을 품자, 3년 간 가물었다고 한다. 진도珍島 한 고을에 10년 동안 흉년이 들었다 하니, 내가 매우 민망하게 여긴다. 혹시 바다 밖의 빈궁한 백성들이 원통함을 품고 펼 길이 없어서 위로 하늘의 온화한 기운을 범하여 이런 흉년이 든 것이 아닌가? 그 본도의 방백方伯으로 하여금 본군本郡에 자세히 탐문하여 즉시 계문啓聞하는 일을 특별히 유시하는 것이 좋겠다." 하였다.[11]

한해만 흉년이 들어도 그 고을에 사는 사람들의 삶은 피폐해질 수밖에 없다. 그런데 10년 동안이나 가뭄이 지속된다면 백성들은 삶과 죽음의 경계가 무의미한 지경이

11_ 『조선왕조실록』, 【태백산사고본】【영인본】 40책 555쪽.

될 것이다. 흉년은 자연재해이지만 자연재해를 일으킨 인문적인 배경이 있을 수 있다고 생각하는 것이 당대의 관념이었다. 왕은 그 원인을 두고 바다 밖의 빈궁한 백성들이 원통함을 품고 펼 길이 없어서 하늘의 온화한 기운을 막은 것이 아니겠느냐는 해석을 해낸다. 그리고 그 원통함이 무엇인지를 찾아낼 것을 당부한다. 왕이 이러한 해석을 내렸을 때 진도의 백성들은 어떠한 방안을 찾았을까? 위의 기록에는 나와 있지 않지만 진도 군민들은 흉년이라는 엄청난 시련을 극복하기 위해, 흉년이 계속되는 원인을 풀어내기 위해 그들 나름대로 여러 가지 해결책을 모색했을 것이다. 그 방법들 속에 진도의 상장례 문화가 위치할 수 있다고 본다.

1795년 5월 정조 19년에 다시 진도에 최악의 흉년이 든다. 조정에서는 흉년의 위기를 극복하기 위해 정책적인 방안들을 내놓는다.

진도珍島·영암靈巖·강진康津은 아마도 1백 년에 처음 보는 최악의 흉작을 기록하고 있습니다. 따라서 오는 가을에 농사가 풍년이 든다 할지라도 환곡還穀·결전結錢·대동大同·신포身布 및 기타 잡역雜役으로서 예전에 정퇴停退되었던 것들과 새로 납부해야 할 것들을 한꺼번에 독촉해서 받아들인다면 형세상 감당해 내지 못할 것이 뻔하니, 묘당으로 하여금 잘 헤아려서 조치하게 하는 것이 좋겠습니다.

어세漁稅를 균청均廳에서 관장하게 한 것은 대체로 폐단을 줄이기 위해서인데 오히려 그 폐단이 늘어나고 있습니다. 원세元稅를 납부했는데도 또 어피漁皮 같은 물건을 바쳐야 하는가 하면, 어선漁船이나 어전漁箭이 혹 부서지거나 망가져도 즉시 면제받는 혜택이 이루어지지 않고 있습니다. 지금부터는 파손되는대로 면제해 주고 잡다하게 납부하는 것들도 영구히 면제받도록 해 주어야 할 것입니다.

균청에서 관장하고 있는 어전·어선·염분鹽盆 등의 경우 만약 새로운 것이 없을 때에는 감면을 허락해 주지 않는 것이 규례이긴 합니다만, 이미 오래 전에 부서지고 망가진데다가 그 당사자마저 있지 않은 경우가 허다한데 친족과 이웃에게 징수하는 등 폐해가 극심한 형편입니다. 오래 전에 발생한 사고에 대해서는 상세한 숫자를 알지 못하겠습니다만, 지난해 가을 풍랑에 부서진 것이 또한 매우 많으니, 해청該廳

으로 하여금 상세히 조사하여 면제해 주도록 하는 것이 좋겠습니다.

균청의 포세浦稅는 포구의 가구가 아니면 세금을 물리지 못하게 되어 있습니다. 그런데 근래 포구의 인구가 점차 줄어들고 있는데도 납부해야 할 세금 총액은 감소되지 않고 있으므로 이중으로 징수하는 경우마저 있는 형편입니다. 진도珍島를 예로 든다 하더라도 마흘포麻屹浦와 염장포鹽場浦에서 세금을 납부하는 것이 더욱 심하니, 해청으로 하여금 상세히 조사하여 적당히 감면해 주는 것이 좋겠습니다.(중략)

진도珍島의 곡식 장부에 올라 있는 각종 포흠逋欠 액수를 다 채워 상쇄시킬 기약이 보이지 않으니 특별히 바로잡아 고치는 일이 있어야 하겠습니다. 진도는 흉년이 가장 혹심하게 들어 죽은 자가 워낙 많습니다. 따라서 세초歲抄를 행할 때에 군정軍丁을 대면代免시킨다는 것은 가죽도 없는데 털을 붙이려는 것과 같다고나 할 것입니다. 그 허다한 한정閑丁을 어디에서 구해올 수 있겠습니까. 다른 고을에서 옮겨 와 본군本郡에 있게 한 군병들을 도로 각각 해당되는 고을에 돌려보낸다면 하나의 도움이 될 수도 있을 것입니다.

가사도加士島에서 우수영右水營에 납부하는 푸른 칡을 돈으로 내는 것과 인정모人情耗가 섬 백성들의 폐단으로 되고 있다 하니, 견감시켜 주는 것이 좋겠습니다.

진도珍島의 감목관監牧官은 해남海南의 화원 목장花源牧場에 있는데 진도와는 70리里나 떨어져 있으므로 거행하는 일에 대해서 일체 검찰檢察할 길이 없으니 목관牧官을 옮겨 설치하거나 혹은 본군本郡에 합쳐 설치하는 것이 가장 좋겠습니다.[12]

이 해에 진도, 영암, 강진 등 전라도 서부 지역에 든 흉년은 1백년 만이라는 표현에서 확인되듯이 최악의 상황이었던 것 같다. 따라서 조세를 거두어들일 때 조정이 필요하다는 의견을 제안하고 있다. 어세漁稅, 포세浦稅 감면 등을 제안하고 있다. 특히 진도의 경우 흉년이 가장 혹심하게 들어 죽은 자가 워낙 많다는 표현이 발견된다. 먹을 것

12_ 『조선왕조실록』,【태백산사고본】【영인본】46책 575쪽.

노수신이 유배생활을 했던 지산면 안치리

도 없는 상황에서 조세를 강제적으로 징수하는 것은 적절한 방법이 될 수 없다는 의견이다. 진도 가사도에서 우수영에 납부하는 푸른 칡을 돈으로 내는 것과 인정모도 섬 백성들의 삶을 피폐하게 하고 있다는 기록도 발견된다. 극심한 흉년과 과도한 조세로 신음하는 진도 사람들의 모습을 떠올릴 수 있는 기록이다.

정조가 당시의 흉년에 대해 매우 안타까워하는 내용은 정조의 문집인 홍재전서에 실려 있다.

내가 듣건대, 목화밭에 재해가 발생하여 따낸들 광주리조차 채우지 못한다고 하니, 몸에 걸칠 옷 하나 없이 장차 어떻게 해를 넘기겠으며, 농사는 추수철이 되었는데도 이삭조차 패지 않았다고 하니, 미음과 죽으로 누가 주린 배를 채워줄 것인가. 관청에 베를 바쳐야 하는데 베틀의 북은 텅 비었고 조세를 내라고 집 앞에서 독촉을 하는데 끼니를 이을 쌀독마저 바닥났으니, 아마 나무에 올라가 물고기를 구하고 거북의 등에서 털을 벗겨내는 것보다 심하다고 하겠다. 아픔이 극도에 이르면 반드시 부모를 불러 나를 보살펴 주기를 바라는 법인데, 부모 된 자의 책임은 나 한 사람에게 있다고 하겠다.[13]

정만조가 서당을 열었던 의신면 사천리

정조는 흉년으로 인해 고통 받는 백성들의 참상을 언급하며 임금의 역할에 대해 고민하고 있다. 목화농사를 망치니 옷을 지을 도리가 없고, 벼농사를 망치니 배를 채울 도리가 없는데도 조세로 인해 이중고통을 당해야 하는 백성들의 고통을 덜어줄 방법을 고민하고 있다.

진도 사람들이 흉년으로 인해 고통받는 모습은 정조 때인 1781년부터 1788년까지 진도에 유배되어 8년간을 생활하며 유배 생활을 일기로 기록한 선화자 김약행金若行 (1718~1788)의 『적소일긔』에 구체적으로 표현이 되어 있다.

흉년을 당하여 처음에는 쌀 두말을 주더니 점점 내려 한 말 넉되를 주니 넉넉하지 못하였다. 나와 함께 지내는 소솔들이 불과 나와 이파, 제남 세 식구니 조반석죽을 하여 지내면 한 말이라도 한 때 견디여갈 듯하지만 조석 때면 사람이 어른 아이 할 것이 부엌에 늘어 앉으니 가마귀떼 같이 다 음식을 바라니.[14]

13_ 정조, 『홍재전서』.
14_ 흉년을 당ᄒᆞ야 처엄을 시대 두 말을 주더니 점점 ᄂᆞ려 말 넉 되롤 주듸 넉넉디 못ᄒᆞ야 내 소솔이 불과

흉년을 당해 먹을 것이 없는 진도 사람들이 어른 아이 할 것 없이 유배인의 집 부엌에 찾아와 까마귀떼 같이 다 음식을 기다리고 있었다고 기록하였다. 흉년을 당하여 생존마저도 위협받고 있는 진도 사람들의 처참한 모습을 발견할 수 있는 기록이다.

(5) 유배인들의 죽음 목격

진도는 제주도 다음으로 많은 유배인들을 받아들인 지역이다. 지금까지 조사된 바로는 300명 넘는 유배인들이 진도로 유배되었다. 진도가 유배지로 선호된 이유는 먼저 지리적인 조건 때문이다. 일단 유배지는 2천리나 3천리에 부합되도록 수도 서울에서 멀어야 할 뿐만 아니라 극지원변極地遠邊이나 절해고도絶海孤島라는 이미지와도 부합되어야 했다. 진도는 수도에서 멀 뿐만 아니라, 극지원변과 절해고도라는 양대 이미지를 모두 지니고 있어 유배지로 적합했다. 또한 진도는 고려말기에서 조선 건국기 잠깐 동안을 제외하고는 지방관이 파견된 도서이고 수군 만호진이 국초부터 두 군데나 들어서 있을 뿐만 아니라 목장 감목관이 파견되어 있는 곳이었기 때문에 많은 유배인을 맞았다. 금갑진이 들어서 있는 금갑도에 위리안치 유배인이 많이 간 것이나 남도진이 가까운 목장면(현 지산면)에 유배인이 많이 간 것도 만호나 감목관이 있기 때문이다.[15] 즉 진도는 유배인을 통제할 수 있는 시스템이 구축되어 있었기 때문에 유배지로 선호된 것이라고 할 수 있다.

진도에 온 300여 명의 유배인은 유배지의 지역민들과 직간접적으로 영향을 주고 받을 수밖에 없었다. 정치적 영향력이나 학문적 능력이 뛰어난 사람들은 진도에 유배와서도 그 영향력을 십분 활용해 지역의 지식인들과 교류하거나 서당을 열어 지역 주민들을 교육했다. 또한 조선 후기 유배인에게는 보수주인이 존재했다. 보수주인은 유배지의 주민이 그의 숙식을 보조하는 시스템이다. 결과적으로 유배인과 지역 주민이

나와 니파와 몌남 세 식구니 죠반셕듁을 후야 디내면 말 쓸이라도 흔재 견듸여 갈 듯후되 조셕 쌔면 사룸이 어룬 아히 업시 부엌의 느러 안느니 가마괴쎄굿치 다 음식을 부나니; 김약행, 「적소일긔」, 김희동 편, 『선화자유고』, 목민, 2005.

15_ 김덕진, 「진도와 유배」, 『진도의 유학과 기록문화유산』, 전남대 한국어문학연구소·진도군, 2007, 56~57쪽.

분리되어 있는 것이 아니라 상호 영향관계 속에 있었던 것이다.

유배 온 사람들 중에는 이주李胄, 김수항金壽恒, 박태보朴泰輔 등과 같이 진도에서 사사賜死된 인물도 있었고, 김약행金若行의 경우처럼 유배 도중 병을 얻어 죽는 경우도 있었다. 유배인은 진도 사람들에게 외지인이다. 진도 사람들은 유배라는 시스템 속에서 외지인의 죽음을 목격하고 그 가족들이 시신을 찾으러 올 때까지 시신을 지켜보아야 하는 상황에 처했다. 이러한 상황들도 진도의 상장례 문화에 많은 영향을 미쳤을 것으로 생각된다.

(6) 질병으로 인한 죽음

진도는 섬이라 의원도 충분하지 못했고, 의술의 혜택이 두루 미치지 못했다. 따라서 병이 들면 약을 써볼 도리도 없이 병을 키우는 사람들이 많았다. 무당의 의례를 통해 병을 낫기를 기원하는 사람들이 많았다. 진도에 유배되었던 조태채의 '영진도詠珍島'라는 글에 "진도 사람들의 풍속이 귀신을 좋아한다"는 표현[16]이 나오는 것을 통해서도 확인되는 바이다. 의례적 힘을 통해 자신들에게 닥친 어려움을 해결해내려는 진도 사람들의 대책이었을 것이다.

진도에 유배온 김약행이 저술한 『적소일기』에는 진도에 돌림병이 돌 때 한 가족이 속수무책으로 죽음을 맞이하는 상황이 구체적으로 기록되어 있다.

> 오월 순간 윤연홍의 딸이 상한으로 앓아 누었는데, 남의 집에 병든 아이를 붙여 두지 않는다 하면서 내가 있는 곳에 뉘여 두고 십여 일이 지나 일어나되 그 거동이 시환을 지낸 듯하나 저희들이 그 병이라 아니하는데 밝혀내기 어려워 잠자코 있으나 염려함이 적지 아니하더니 오래지 아니하여 연홍이가 또 앓게 되어 갈 곳이 없다 하고 내 방에 들어와 누워 대통하면서 삼일을 지내니 병의 증세가 의심 없는 시환병이라 (중략) 수일이 지나 연홍이 죽었다 하니 참혹하여 가보고 싶으나 대피하여 피하

16_ 土俗好神無藥石; 조태채, 『二憂堂集』 1.

는 병이라 밖에서 물어 수시하여 산빈함을 들으니 주객지정이 어찌 범연하리오. 연홍의 처가 자식을 배어 만삭이라는데 이어서 앓고 있다 하더니 또 죽으니 그같이 불쌍한 일이 다시 없으며 정곡보를 뜯어 시체를 감아 싸서 염하여 장사지내고 돗자리도 병든 것들이 깔고 누워 지내엇기에 불질러 없앴다고 하더라.[17]

김약행은 글에서 진도에 전염병이 창궐하자 자신의 보수주인을 맡고 있던 윤연홍네 식구들이 손쓸 도리도 없이 차례대로 죽어나가는 과정을 처연하게 그려냈다. 의료적인 혜택을 충분히 받을 수 없는 섬이라는 고립된 공간에서 맞이하게 되는 전염병은 진도 사람들에게는 커다란 공포였을 것이다. 따라서 이것을 예방하는 일은 가족과 마을 사람들을 죽음의 위기에서 구해내는 일이었을 것이다.

진도에는 다른 지역에서는 찾아보기 힘든 '도깨비굿'이라는 의례가 존재한다. 도깨비굿은 마을에 전염병이 돌 때 여성들이 행하는 의례이다. 도깨비굿의 특징은 의례의 주체가 여성들로만 구성된다는 점, 여성들이 평소에 가정에서 사용하는 물건들이 귀신을 쫓는 악기로 활용된다는 점, 여성의 월경이 묻은 속옷이 귀신을 쫓는 가장 중요한 핵심 도구라는 점이다. 여성성을 앞세우고 극대화함으로써 마을에 닥칠 위기를 극복해내는 도깨비굿은 진도 지역에서 여성이 갖는 의미의 상징적인 표현이라고 할 수 있을 것이다.

(7) 호랑이로 인한 피해

진도는 육지에서 멀리 떨어진 섬이므로 호랑이와 같은 동물은 존재하지 않았을 것으로 여기는 것이 보편적인 관념이다. 그런데 1902년 10월 22일자 기사에는 호랑이로 인해 진도 사람들이 고통을 당했다는 신문기사도 발견된다.

진도에 범상한 큰 호랑이 있는데 그 발 길이가 7촌 이상이다. 진도 사람들에게

17_ 김약행, 「적소일기」, 김희동 편, 『선화자 김약행 선생의 꿈과 생애』, 목민, 2003, 237~239쪽.

전해오는 말에 의하면 그 늙은 호랑이가 수십년을 살았는데 그 신체는 송진과 모래, 나뭇잎 등으로 위장하여 총환도 통하지 않는다고 목포신문까지 기재되었다고 한다.[18]

이 기사는 진도에 늙은 호랑이가 있는데 송진과 나뭇잎 등으로 위장하여 총알도 통하지 않는다고 기록하고 있다. 호랑이가 있다는 진술만 있고 호랑이는 잡았다는 기록은 없기 때문에 당시 진도 사람들이 호랑이로 인해 큰 두려움을 느꼈을 것임은 어렵지 않게 추측할 수 있다.

최근 1900년대 초 포드 바클레이라는 외국인이 진도에서 호랑이를 잡은 일화가 『한겨레신문』에 보도되었다.

사단법인 한국범보전기금은 19일 영국 런던에서 발간된 『아시아와 북미에서의 수렵』이라는 책에서 진도호랑이 기록을 찾았다고 밝혔다. 1915년 600부 한정판으로 출판된 이 책은 저자인 포드 바클레이가 1903년께 전남 진도에 건너가 호랑이를 잡은 일화를 기록하고 있다.

"제법 큰 호랑이 수컷과 암컷 한 마리, 세살 먹은 암컷 두 마리 등

『아시아와 북미에서의 수렵』에 기록된 진도의 호랑이
(출처 : 『한겨레신문』)

네 마리의 호랑이가 있다는 얘길 들었다. 처음 두 마리는 하루 이틀 사이에 잡았지만, 나머지 두 마리는 몰이꾼들을 피해 해안가로 달아났다."

18_   珍島에 非常한 大虎가 有ᄒᆞᄃᆡ 其足徑이 七寸以上이라 村人의 傳說을 據ᄒᆞ즉 該老虎가 數十年을 經ᄒᆞ얏ᄂᆞᆫ ᄃᆡ 其身體ᄂᆞᆫ 松脂 泥沙 大葉 等으로 乾固케ᄒᆞ야 銃丸이 不徹ᄒᆞ다고 木浦新譜에 記載ᄒᆞ얏더라; 『황성신문』 1902년 10월 22일자 기사.

사진에는 몰이꾼으로 추정되는 한국인 장정 3명이 호랑이 뒤에서 엽총을 들고 서 있다. 그 뒤 바클레이 일행은 열흘 정도 호랑이 추적을 계속했지만 실패했다. 그는 "(놓친) 호랑이 발자국이 해협과 본토 방향으로 갯벌에 나 있었다"고 말했다.[19]

김동진 서울대 연구교수(수의과학연구인력양성사업단)는 "100년 전만 해도 한반도의 호랑이 서식 밀도가 매우 높아 섬까지 진출했음을 보여준다"고 말했다. 특히 호랑이는 개마고원과 금강산 이북의 산악지대, 그리고 조선 조정에 말을 공급하던 국영목장이 있던 도서지역에 많이 분포했던 것으로 김 교수는 추정하고 있다. 『조선왕조실록』이나 『승정원일기』 등 고문헌에는 경기 강화도, 전남 진도와 여수 백야도 등 여러 섬의 호환 기록이 등장한다. 김 교수는 "호랑이 피해를 막기 위해 국영목장을 섬으로 옮겼지만 그곳에서도 호환이 그치지 않았던 것"이라고 설명했다.

호랑이는 어떻게 바다를 건넜을까? 일반적으로 알려진 것과 달리 호랑이는 헤엄을 잘 친다. 김 교수는 "호랑이 서식권역은 항상 물을 끼고 있다"며 "헤엄을 쳐서 섬으로 서식권역을 넓힌 것"이라고 말했다. 바클레이의 기록에서도 몰이꾼에게 쫓긴 호랑이 발자국이 갯벌에 난 것으로 보아, 호랑이가 바다로 들어가 헤엄쳤음을 알 수 있다.

바클레이가 저술한 책에 진도에서 잡은 호랑이와 포수의 사진이 게재되어 있어 그 진위를 의심하기 어렵다.[20] 진도의 촌로들 중에는 진도 호랑이에 관한 존재를 기억하는 사람들이 있다. 당시 여귀산, 첨찰산 등지에 호랑이가 서식하는 굴이 있었다는 구술도 전한다.

향토사학자인 김정호에 의하면 『한국지명총람』에 기록된 진도의 지명에는 범굴이 6~7곳이 있다고 한다. 진도 신비의 바닷길이 열리는 회동마을에서 전승되고 있는 뽕할머니 전설에서도 호랑이의 습격으로 괴롭힘을 당하던 마을 사람들이 모도라는 섬으로 피신한 내용이 전해지고 있다.

19_ 『한겨레신문』 2012년 2월 12일자 기사.
20_ 『한겨레신문』 2012년 2월 19일자 기사.

전설이 담긴 신비의 바닷길 과거(진도문화원 제공)

전설이 담긴 신비의 바닷길 현재

회동에 세워진 뽕할머니 사당

뽕할머니와 호랑이 조각상

조선 초기 손동지라는 사람이 제주도로 유배 도중 풍파로 타고가던 배가 파선되어 지금의 회동마을에 표류하여 시거하였는데 전 마을이 호랑이 침입이 심하여 호동이라고 칭하였다. 그 후 손동지 손자등이 200여년간 살던 도중 날로 호랑이의 침해가 더해지자 살기가 어렵게 되어 뗏목을 타고 지금의 의신면 모도 섬마을로 피하게 되었다. 그런데 마을 주민들이 황망중에 "뽕할머니" 한 분을 호동마을에 남겨두게 되었다. 뽕할머니는 흩어진 가족을 만나고 싶어서 매일 용왕님께 축원하였는데, 그해 음력 3월초 꿈 속에서 용왕님이 나타나시어 내일 무지개를 바다 위에 내릴 터이니 무지개를 타고 강을 건너가라는 선몽이 있어 모도에서 가장 가까운 바닷가에 나가 때를 기다리면서 기도를 하고 있던 중 갑자기 호동의 뿔치와 바다 저편 모도의 뿔치 사이에 무지개처럼 치등(峙嶝)이 생겨났는데 이 광경을 본 주민들이 뽕할머니를 찾기 위해 징과 꽹과리를 치면서 호동에 도착하니 뽕할머니는 '나의 기도로 바닷길이 열려 너희들을 만나 이젠 한이 없다'라는 유언을 남긴 채 그만 지쳐서 그 자리에 숨을 거두고 말았다. 이를 본 주민들은 뽕할머니 소망이 칫등으로 변하였고 영이 등천하였다하여 '영등살'이라 칭하고 이곳에 매년 제단을 차리고 자식이 없는 사람, 사랑을

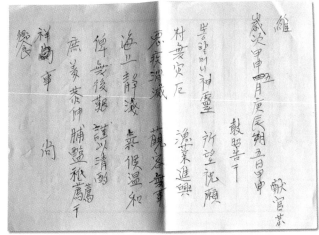

모도당집의 뽕할머니 영정   모도당집의 뽕할머니 제사 축문

이루지 못한 사람이 제사를 지내면 소원성취하였다는 전설이 내려오고 있어 해마다
이때쯤 제사를 지내는 풍속이 있으며 모도에서 다시 돌아왔다 하여 호동을 회동이라
고 고쳐 부르게 되었다는 전설이 있다.[21]

　　전설이 얼마만큼 사실과 부합하는 지에 대해서는 규명할 수 없으나 진도 사람들이
호랑이로 인해 위협을 느꼈음은 부인할 수 없는 사실이다. 지금도 신비의 바닷길 축제
가 열리는 회동 뿔치에는 뽕할머니와 호랑이를 조각한 조각상이 세워져 있어 전설에
생생성을 부여하고 있다.
　　여러 기록이나 전설을 통해 그 실체가 드러나는 진도 호랑이의 존재는 진도가 말목
장이었던 것과 관련되어 설명되고 있는데, 그 피해가 적지 않았음을 짐작하게 된다.

21_ 진도문화원, 『옥주의 얼』, 진도문화원, 1997, 197쪽.

모도당집

(8) 진도에 일어난 이변과 사고

『조선왕조실록』에는 진도에서 발생한 이변에 대해 기록하고 있다. 1628년 3월 조선 인조 6년에 진도의 바다가 핏빛으로 변하고 개미들이 서로 싸우는 변괴가 일어났다고 기록하였다.

"전하께서 보시기에 오늘날의 국세가 어떠하며 민심이 어떻다고 여기십니까. 바깥으로는 오랑캐의 사신이 번갈아 나와 변방의 걱정이 만단으로 일어나고 있고 모문룡毛文龍이 분해하면서 요언으로 위협하고 있으며, 안으로는 바다가 핏빛으로 변하고 개미들이 서로 싸우는 변괴가 진도珍島에서 일어났고 흉도들이 다시 일어날 것이라던 설이 과연 변고로 응답하였습니다. 가깝게는 위리圍籬 안에 있는 자들과 서로 통했던 간인들이 혹 대궐 내에 잠복하고 있지나 않나 염려스럽고 크게는 역모를 주도한 역적의 괴수가 혹 법망을 빠져나가지나 않았나 의심스럽습니다. 이에 모든 사람들이 애를 태우며 걱정하고 있는데, 전하께서만은 이를 깊이 살피지 않으십니다. 아아, 전하를 아끼어 돌보아 주는 하늘이 이미 경계를 보였는데도 전하께서는 평소에 방비하지 않으시고, 모르는 가운데 도와주는 조종들의 영령이 이미 간적을 드러내 주었는데도 전하께서는 뿌리를 제거하지 않으시며, 조정 신하들이 충성스런 말을 이미 다 진달하였는데도 전하께서는 따르지 아니하십니다. 누가 전하의 밝음을 가리우고 누가 전하의 위엄을 빼앗아서 국가가 끝내 망해도 구원하지 못할 지경으로 몰고 가는지 모르겠습니다. 바라건대, 전하께서는 위로는 조종들의 중한 부탁을 생각하시고 가운데로는 여러 신하들의 억눌린 심정을 가엾게 여기시며 아래로는 백성들이 불안하여 의심하는 점을 살피시어, 대신과 대관臺官들을 부르신 다음 편전便殿에 나아가 성지를 친히 내리소서. 그리하여 아랫사람들의 심정을 크게 통하게 한 다음 속히 처결을 내리시어 위란危亂을 내버려두었다가 끝내 돌이킬 수 없는 화가 이르지 않게 하소서." 하니, 답하기를, "나의 뜻은 이미 전후로 다 말하였다. 경들은 지나치게 염려하지 말라." 하였다.[22]

조선 인조 때의 정국은 매우 혼란했던 것으로 보인다. 바깥으로는 오랑캐의 위협이 있었고, 안으로는 흉도들이 다시 일어설 것이라는 소문이 들끓는다. 진도에서는 바다가 핏빛으로 변하고 개미들이 서로 싸우는 변괴가 일어났다고 보고된다. 대사간은 왕에게 유배지에 위리 안치되어 있는 자들과 서로 내통하는 간신들과 역적의 괴수들이 역모를 꾀하지 않는지 살펴줄 것을 요청한다. 이 변괴는 전하를 아끼는 조종의 영령이 보여주는 징표와 같은 것인데도 왕은 어찌하여 뿌리를 제거하지 않는지를 항변한다. 이에 왕은 "지나치게 염려하지 말라"라는 말로 조정 내신들의 의견을 물리친다. 왕에게 간한 대사간 말의 진위 여부는 알 수 없다. 그렇지만 왜 진도지역에서 그런 이변이 발생했는가? 왜 바다가 핏빛으로 변했고 개미들은 싸우는가? 라는 진술에 주목하면 진

22_ 『조선왕조실록』, 【태백산사고본】 【영인본】 34책 263쪽.

도에서 일어난 사건은 현실적 사실보다는 상징적인 표현일 수 있음을 생각하게 된다. 진도에 유배되었던 인물 중에 대사간이 위험인물로 지목할만한 인사나 역모에 연루된 인물이 있었을지 모른다. 아니면 진도 지역에서 민란의 조짐이 있었는지도 모른다.

이와 관련하여 생각해 볼 수 있는 인물이 바로 인성군이다. 역사적으로 인성군은 선조의 아들이자 광해군의 이복동생, 인조의 숙부이다. 인성군은 인조가 왕이 된 이후에 지속적으로 역모에 연루되었다는 누명을 쓰게 된다. 조정의 신하들은 거듭하여 탄핵을 요구했으나 그때마다 인조는 인성군을 비호한다. 결국 인조 6년인 1628년 1월, 인성군은 허유許逌 등이 일으킨 역모에 가담했다는 이유로 진도에 유배된다. 이후 대신들은 계속해서 인성군의 사사를 청했고 결국 인조는 그해 5월에 인성군에게 자진하라고 명을 내리고 인성군은 생을 마감하게 된다.

『조선왕조실록』에 기록된 진도의 이변은 결국 인성군을 죽음으로 내몰기 위한 사전 포석과도 같은 것이었다고 할 수 있다. 역사직 진실은 상징의 언어로 숨겨져 있다. 어쨌든 당시 진도는 정쟁의 소용돌이 속에 있었고, 그 속에서 진도민들 또한 직간접적으로 연루되어 자유롭지 않았을 것으로 생각된다.

일제 강점기 이전에도 생업을 위한 고기잡이배가 말고도 이동을 위한 통행선이 전복된 사고가 몇 차례 있었다. 바다 사람들이 섬 밖으로 나갈 수 있는 유일한 방법은 배를 타는 것이다. 배를 타고 가다가 풍랑을 만나지 않더라도 암초에 부딪치거나 다른 선박과의 충돌, 또는 배에 물이 드는 사건, 선장의 운전 미숙이나, 항로 이탈 등으로 사건이 일어날 수 있다. 이러한 사건들도 어느 날 문득 섬사람들이 경험할 수 있는 일들이다. 그 한 예로 조도 죽항도에서 1908년 3월 13일 통행선이 전복하여 9명이 사망하는 사건이 발생한다. 조도 죽항도는 진도 본섬에서도 외따로 떨어진 섬이기 때문에 조도나 진도 본섬으로 가기 위해서는 배를 타고 이동해야 하는데 이 과정에서 사고가 일어난 것이다. 진도인이 아닌 외부인들이 진도 근해를 지나다가 사고를 당하는 경우도 있다. 일본 소속 철령환이 중국에서 일본으로 가다가 조도 죽도 등대 부근에 침몰하여 206명이 사망하는 대참사가 일어난 적도 있다. 이렇게 큰 사고가 지역에서 일어나면 그 지역 사람들이 심리적으로 큰 불안을 느끼게 된다.

2) 일제강점기 이후

(1) 태풍과 폭풍으로 인한 죽음

태풍과 폭풍으로 인한 피해는 내륙에 사는 사람도 피해갈 수 없는 것이지만 특히나 섬이나 바닷가에 사는 사람들에게도 큰 피해로 이어진다. 이는 과거와 마찬지로 현대에도 이어지고 있다.

1931년에는 진도 어민이 폭풍으로 인해 선박 70척에 탑승한 승조원 약 750명 중에서 120명만이 귀환했을 뿐 약 400여명이 실종된다.

> 지난 폭풍으로 말미암아 진도어민 출어중에 어선 70척 승조원 약 750명 중에, 반궤된 어선이 13척 전궤 17척 사망자가 8으로 판명되엿고 무사귀환한 자는 120명으로서 행방불명된 어선은 40척 승조원이 약 4백명 가량이라는데 지금도 계속 조사중이라 한다.[23]

1931년 8월에는 전라도에 큰 폭풍우가 내리쳐 목포, 제주, 진도, 장흥, 고흥의 가옥이 파괴되고 선박이 전복되어 다수의 사망자가 발생했다.[24]

1934년 8월에는 태풍으로 인해 진도군은 큰 피해를 당하게 된다. 10여 명이 사망하고, 가옥파손은 312동에 다다르며 침몰 선박은 13척, 농작물 피해 면적은 6,156 정보에 다다를 만한 엄청난 피해였다.[25]

1940년 7월 23일에도 진도에 초대형 태풍이 관통한다.

1959년 6월에는 진도 앞바다에서 풍랑으로 인해 선원 11명이 실종되는 사고가 발생했다.[26]

23_ 『매일신보』, 1931년 4월 21일자 기사.
24_ 『조선일보』, 1931년 8월 20일자 기사.
25_ 『조선중앙』, 1934년 8월 19일자 기사.

1~3 배를 타고 가고 있는 진도 사람들 옛 사진
   (진도문화원 제공)

    2007년 8월에는 강풍과 폭우로 인해 진도군 의신면 방파제에서는 4,990톤급 진도 선적이 침수된 채 발견되었다.[27]

    2009년 2월에는 높은 파도로 인해 부산항을 출발해 중국으로 향하던 화물선이 진도 관매도 앞바다에서 침몰해 선원 5명이 실종하는 사건이 발생했다.

    진도의 바다는 예고 없이 풍랑으로 출렁거리고 일 년에 한 두 번씩은 태풍으로 얼룩진다. 어선과 어부들의 피해는 말할 것도 없고 거센 바람과 함께 밀려드는 파도에

26_ 『조선일보』, 1959년 6월 23일자 기사.
27_ 『조선일보』, 2007년 8월 13일자 기사.

항해중인 진도 선박

가옥과 논밭이 침수된다. 큰 태풍 후에는 높은 산의 나무들까지도 염해鹽害를 입어 잎
이 마르고 논의 벼들은 알곡이 여물지 못하고 쭉정이로 남게 되어 그 해 가을은 추수
의 기쁨을 누리지 못하게 되는 것이다.

태풍과 폭풍으로 인한 죽음

일시	사건	실종 및 사망	출처
1931년 4월	폭풍으로 선박 70척 전궤, 혹은 반궤	400명	매일신보
1931년 8월	폭풍우로 선박 전복	다수의 사망자	조선일보
1934년 8월	태풍으로 선박침몰 13척, 가옥파손 312동	10여명 사망	조선중앙
1940년 7월	초대형 태풍 관통		진도군지
1959년 6월	풍랑	선원 11명 실종	조선일보
2007년 8월	강풍과 폭우	4990톤 선박 침몰	조선일보
2009년 2월	관매도 앞바다 선박 침몰	선원 5명 실종	조선일보

(2) 파선과 조난으로 목숨을 잃은 사람들

현대로 오면서 기계문명은 발달했지만, 그만큼 외부와의 소통이 많아지면서 여객선의 운행도 늘어나다보니 뱃일을 하는 어부가 아니더라도 바다에서 사고를 당하는 사람들이 많아졌다.

1929년 10월에는 진도 염토포에서 도선이 전복되어 4명이 익사하는 사고가 일어났다.[28]

1933년 7월에는 진도 근해의 짙은 안개 때문에 배가 좌초되는 사고가 일어났다.

> 조선우선회사 소유 긔선 지포환은 지난 팔일 정오에 승객 사십명과 화물 일천삼백톤을 적재하고 부산을 떠나 행해하든 도중 오후 4시경 진도 근해에서 농무 때문에 좌초되어 위급에 직면하엿슬때 맛참 그곳을 통과하든 조선긔선회사 소유인 대서환과 어선 취체하는 배 무도환이 발견하고 승객과 선원 삽십칠명은 겨우 구조하얏스나 동 지포환은 동일 오후 십시 사십분견에 침몰하얏다는데 손해와 그후 경과는 아직 조우부산지점에 상보가 입전되지 안헛슴으로 알수업다 한다.[29]

1936년 12월에는 진도 소포에서 도선이 전복되는 사고가 일어났다. 목포 경찰서에서 경비선을 현지에 출동시켜 구조작업을 벌였으나 승조원 21명 중 13명을 구조하고 8명은 찾지 못했다.[30]

1951년 11월에는 제3 해남환이 진도 양섬(지도) 앞바다에서 침몰하여 97명(유아 1명, 군인 3명, 일반 남녀 93명)이 실종되는 대참사가 일어났다.[31]

1956년 10월에는 조도 관매도에서 해초를 따던 부녀자 16명이 어선 전복으로 전원

28_ 『조선일보』, 1929년 10월 14일자 기사.
29_ 『조선중앙』, 1933년 7월 11일자 기사.
30_ 『매일신보』, 1936년 12월 22일자 기사.
31_ 『조선일보』, 1951년 11월 24일자 기사.

1	2	3

1~3 해난 사고 신문 기사

익사하는 사고가 일어났다.[32]

1957년 6월에는 진도에서 객선이 침몰하여 9명이 사망하는 일이 발생한다.[33]

1958년 5월에는 진도 앞바다서 목선이 침몰하여 선원 6명이 익사하는 사고가 발생한다.[34]

1963년 7월에는 진도 앞바다에서 나룻배가 뒤집혀 4명이 행방불명되는 사고가 발생한다.[35]

1968년 5월에는 유조선 천지호(5,200톤)가 병풍도 앞바다에서 침몰하여 선원 16명이 사망하는 사고가 발생한다.[36]

1973년 1월에는 지산면 세방리 앞바다에서 한성호가 침몰하여 선원 88명이 실종하는 사고가 발생한다.[37]

32_   『조선일보』, 1956년 10월 1일자 기사.
33_   『조선일보』, 1957년 6월 18일자 기사.
34_   『조선일보』, 1958년 5월 31일자 기사.
35_   『조선일보』, 1963년 7월 4일자 기사.
36_   『조선일보』, 1968년 5월 19일자 기사.
37_   『전남일보』, 1973년 1월 25일자 기사.

1986년 3월에는 조도면 병풍도 서남쪽 10마일 해상에서 목포선적 상진호와 선적 미상의 선박과 충돌하여 선원 10명이 실종되는 사고가 발생한다.[38]

1995년 9월에는 진도군 군내면 만금리 앞바다에서 이 마을에 거주하는 6세 어린이 2명, 7세 어린이 1명, 8세 어린이 2명 등 모두 5명의 어린이가 익사한 채로 발견됐다.[39]

바다에서 일어난 사고 중에는 예기치 않게 발생한 사고 외에도 사람들이 인위적으로 야기한 사고들도 있다.

사고로 인한 죽음

일시	사건	실종 및 사망	출처
1929년 10월	도선 전복	4명 익사	조선일보
1933년 7월	안개로 배가 좌초		조선중앙
1936년 12월	소포에서 도선 전복	8명 실종	매일신보
1951년 11월	해남환 양성 앞바다에서 침몰	97명 실종	조선일보
1956년 10월	관매도에서 해초 따던 부녀자 어선 전복	16명 익사	조선일보
1957년 6월	선장의 보복행위 여객선 침몰	2명 실종	조선일보
1957년 6월	객선 침몰	9명 사망	조선일보
1958년 5월	목선 침로	6명 익사	조선일보
1963년 7월	나룻배 전복	4명 실종	조선일보
1968년 5월	유조선 병풍도에서 침몰	16명 사망	조선일보
1973년 1월	세방리 한성호 침몰	88명 사망	전남일보
1986년 3월	선박 충돌	선원 10명 실종	광주일보
1995년 9월	군내면 만금리 앞바다	어린이 5명 익사	조선일보

38_ 『광주일보』, 1986년 3월 16일자 기사.

39_ 『조선일보』, 1995년 9월 11일자 기사.

바다의 생명지킴이 등대(조도)

1925년 3월에는 진도수운주식회시 질자환蛭子丸은 무안군 장산동 팽진리를 통과할 즈음에 장산으로서의 승객중 당년 이십팔세의 청년 최동문은 삼대독자의 귀한 몸이 무참히 익사참사하였다는데 그 당시 목도한 인사의 말을 들으면 선원의 잘못으로 연출된 비극이라는 바 이는 기선이 입항할때에 마중나오는 종선을 보고도 정박치 아니한 까닭에 서로 충돌되야 종선 승객팔인중 이인이 물가운대 떨어져 일인은 다행 구원되엿스나 전기 최동문은 종선과 반대방면에 뜨게 되야 유영을 치며 구조를 부르지젓스되 종선에서는 엇지할 수 업고 기선에서 하등방법을 강구치 아니하야 무참익사하엿는데 해기선은 사실을 조사코자 현장에 나타난 경관의 정박명령도 무시하고 그대로 목포를 향하여 출발하야 버리는 사고가 일어났다.[40]

1927년 1월에는 진도 해상에서 배가 침몰하여 4인이 허우적거리는 것을 그곳을 지나던 인정없는 살인범 전과자가 보고도 모른척하여 익사하게 되었다고 한다.[41]

1957년 6월 16일에는 해직당한 선장의 보복 행위로 인해 여객선이 침몰하고 2명이 실종되는 사고가 발생한다.

이날 오전 11시경 전라남도 진도군 군내면 녹진리 앞바다에서는 목포에서 승객 70명을 태우고 완도로 향하던 한일해운공사 소속 여객선 제2완도호가 암초에 부딪쳐 침몰하여 승객중 7명이 익사하고 2명은 행방 불명이 되었다고 한다. 그런데 원인은 지난 14일 해직당한 선장 곽천두씨가 그래도 선장은 자기가 해야만 된다고 복직원서를 제출하고 계속하여 동선에다타고 있던 중 이날 사고현장에서도 직접 운전한 것이라고 하는데 현지해안 경비선과 해군함정까지 출동하여 계속인명구조작업을 진해주이라고 한다.[42]

(3) 흉년으로 인한 고통

일제강점기 하에서 진도 사람들은 일제의 수탈과 흉년으로 인한 극심한 이중고에 시달려야 했다. 1921년 5월에 진도군 지산면에 대기근이 들어 사람들이 나무껍질과 풀뿌리로 생명을 겨우 보존하였다고 하며,[43] 그해 12월에는 진도군 지산면 사람들이 당장 먹을 식량이 없어 구조를 기다리는 주민들만 천여 명이 되었다고 한다.[44]

그런데 주목할 만한 점은 같은 해 4월 기사에 진도에서 여귀산에 큰 산불이 난 것을 보고 지역민들이 사이에 진도에 흉년이나 괴악한 병이 유행할 조짐이라는 말이 돌았다는 점이다.

40_ 『동아일보』, 1925년 3월 31일자 기사.
41_ 『조선일보』, 1927년 1월 7일자 기사.
42_ 『조선일보』, 1957년 6월 18일자 기사.
43_ 『조선일보』, 1921년 5월 7일자 기사.
44_ 『조선일보』, 1921년 12월 6일자 기사.

진도군 임회면에 잇는 녀귀산은 진도군에 뎨2위二位를 겸령ᄒᆞᄂᆞᆫ 거대한 산림인되 삼월 이십일일 오전 십일시경에 돌연히 불이이러나 이십사일까지 약사오정보가 젼쇼되얏ᄂᆞᆫ 되 그런되 이왕브터 젼ᄒᆞ야 오ᄂᆞᆫ말을 드르면 그 산림에 화ᄌᆡ가 잇슷즉 반다시 흉년이 드러 농민이 곤란은 경우에 싸지거나 그럿치안이ᄒᆞ면 괴악흔병이 유힝되야 싱명이 만히업셔진다고 운운ᄒᆞᄂᆞᆫ되 이번에 쏘 화ᄌᆡ가 잇슨즉 금년은 엇더할ᄂᆞᆫ지 미우의문이라고 써든다더라[45]

화려한 여귀산의 봄

여귀산의 산불은 지역민들에게 앞으로 닥칠 힘든 시기의 예표로서 받아들여지고 있음을 알 수 있다. 이 기사는 조선 숙종 시대에 진도에 오래도록 흉년이 들었을 때 원통한 기운이 하늘의 온화한 기운을 막아서 그러는 것은 아닌지를 조사하게 했던 기록을 연상하게 하는 내용이다. 모든 자연 현상은 우연히 일어난 것이 아니라 천지의 조화인 것이다. 고난이 예견되었다면 진도민들이 가만히 기다리고만 있지는 않았을 것이다. 천지신명의 노여움을 풀기 위한 문화적 행위들이 있었을 것이다.

45_ 『조선일보』, 1921년 4월 5일자 기사.

(4) 전염병으로 인한 죽음

일제강점기까지는 홍역, 천연두처럼 집단적인 질병으로 인해 죽음을 맞는 사람들이 많았다. 1921년 6월에 진도에 천연두가 발생하였다는 기사가 있으며[46] 1925년에 3월에 진도에 홍역 사망자가 많다는 기사가 보고되었다.[47]

홍역이나 천연두는 예로부터 사람들에게는 수많은 사람을 죽음으로 내모는 것으로 호환虎患과도 비견되는 두려움의 대상이었다. 진도씻김굿의 중요한 굿거리 중의 하나가 바로 손님굿이다. 손님굿은 모든 전염병 중 특히 마마신을 위한 의식으로 천연두신을 손님으로 표현하여, 집안에 전염병의 화가 없도록 기원하는 것이다. 처음에 마마신의 기원에 대해 노래하고, 끝에 마마신을 성의껏 대접하면, 축복하여 무사히 병을 회복시켜준다는 내용으로 구성되어 있다.

병원이나 의원의 혜택을 충분히 받을 수 없었던 진도민들이 홍역이나 천연두로 인한 죽음의 그림자를 씻김굿으로 해소하려고 했음은 진도에서는 보편적인 양상이었다. 이는 진도에 유배된 조태채가 남긴 「영진도詠珍島」[48]에서도 확인된다. 그의 시에서 "진도 사람들은 의원보다는 무당에 의지하는 속성이 강하다"라는 구절이 발견된다.

(5) 사회적 문제로 인한 현대의 비극

과거에는 일어나지 않았지만 현대에 들어와서 새롭게 생겨난 죽음의 양상에는 어떠한 것이 있을까? 이 비극은 현대사회가 양산해낸 문제이며 진도가 바다이기 때문에 발생한 비극이기도 하다.

1981년에 가족간첩단으로 구속되어 18년간 복역하다가 2009년에야 조작사건으로 규명된 진도 간첩단 사건은 한국의 정치적 현실이 만들어낸 비극이다.

46_ 『조선일보』, 1921년 6월 9일자 기사.
47_ 『조선일보』, 1921년 3월 24일자 기사.
48_ "바다로 둘러싸인 벽촌이고, 꾸밈이 없고 진실한 기풍이 아직까지 남아 있고, 토속이 무당을 좋아하여 의약을 쓰지 않고, 민풍이 선비를 귀하게 여겨 시서가 있다."; 조태채, 『二憂堂集』 1.

서울중앙지법 형사합의27부(재판장 한양석)는 22일 5·18 광주 학살로 악화된 여론을 호도하려는 목적에서 조작된 사건으로 꼽히는 '진도간첩단 사건'으로 구속돼 18년을 복역한 석달윤(75)씨의 재심에서 무죄를 선고했다. 석씨와 같은 혐의로 기소돼 1년 6월~2년의 징역형이 선고됐던 박아무개(70)씨와 장아무개(81)씨에게도 무죄가 선고됐다. 재판부는 "중앙정보부의 불법 구금과 혹독한 고문 끝에 석씨 등이 한 자백은 증거가 될 수 없고, 이들은 재판 과정에서도 변호사의 조력을 받지 못했다"며 "공소사실을 인정할 아무런 증거가 없다"고 밝혔다.

전남 진도에 살던 석씨는 남파된 고종사촌한테서 공작금을 받고 해안 경비 상황을 알려준 혐의(반공법 위반 등)로 1980년 중앙정보부에 불법 체포돼 50일 동안 고문에 시달린 끝에 고정간첩망의 일원이라고 자백했다. 이듬해 무기징역을 선고받은 석씨는 1998년 8월 가석방으로 출소했다. 진실·화해를 위한 과거사정리위원회는 2007년 7월 "중앙정보부 수사관들이 석씨 등을 불법 감금한 상태에서 고문 끝에 자백을 받은 조작사건"이라며 재심 권고 결정을 내렸다.

석씨는 판결 직후 "18년 동안 조작된 국사범으로 한맺힌 삶을 살면서도 언젠가 진실이 밝혀질 것을 기대하며 세월을 보냈다"고 말했다. 그는 "고문을 한 중정 수사관들을 이제는 용서하고 싶다. 독재정권 아래서 살기 위한 방편이었음을 이해한다"며 눈물을 쏟았다. 당시 수사관들은 재심 법정에 나왔으나 고문 사실을 부인했다.[49]

간첩으로 조작되어 사형을 당한 진도사람이나 남파된 고종사촌한테서 공작금을 받고 해안경비상황을 알려준 것으로 조작되어 18년간을 죄 없이 복역해야 했던 석달윤 씨는 섬사람이 겪어야 했던 희생이자 비극이었다.

1999년 3월에는 보험금을 노리고 의도적으로 선박을 침몰시킨 사건이 있었다.

목포해양경찰서는 11일 보험금을 노리고 선박을 고의로 침몰시킨 혐의로 선장 김모

49_ 『한겨레신문』, 2009년 1월 22일자 기사.

(45・전남 목포시)씨와 기관장 조모(54・전남 목포시)씨에 대해 구속영장을 신청했다. 목포선적 56t급 유자망어선 「96동원호」 선주인 김씨는 조씨와 함께 지난 3일 오후 11시 30분쯤 전남 진도군 병풍도 남쪽 6마일 해상에서 기관실 해수흡입밸브를 열어 배를 침몰시킨 뒤, 정체불명의 선박과 부딪쳐 침몰했다고 허위신고 한 혐의를 받고 있다고 해경은 밝혔다. 경찰은 조사 결과 빚이 늘어 어려움을 겪어오던 김씨가 배를 침몰시켜 목포수협공제에 가입한 3억1000만원짜리 선체보험금을 타내려 했던 것으로 보인다고 말했다. 김씨 등은 사건 당일 오전 선원 8명을 제주도 한림항에 하선시킨 뒤 배가 침몰하자 구명장비를 이용, 16시간 표류하다 인근을 지나던 외국 상선에 의해 구조됐다.[50]

빚이 늘어 괴로움을 겪던 선장이 진도군 병풍도 해상에서 보험금을 타내기 위해 일부러 해수유입밸브를 열어 배를 침몰시킨 것이다. 이 사고로 인해 배에 타고 있던 선장은 제주도 인근 해상에서 16시간 동안 표류하나가 구소되었다. 선원들을 하선시키지 않았다면 대형 사고로 이어질 수 있었던 사건이었다.

2003년에는 해안부대에 출퇴근 근무하던 상근예비역이 고참들의 구타에 시달려 목을 매달아 자살한 사건이 벌어졌다.

해안부대에서 출퇴근 근무하던 이등병이 선임병(고참)들의 구타와 가혹 행위를 견디지 못해 자살한 사건이 뒤늦게 밝혀졌다. 육군은 17일 "전남 진도군에 있는 모 레이더기지 소속 상근예비역(출퇴근 병사)으로 근무하는 박모(21) 이병이 지난달 18일 오후 자신의 집에서 목을 매 숨진 채 발견됐다"고 밝혔다. 박 이병은 당시 "매일 구타와 욕설로 이제는 맞는 것도 지쳤다. 죽음이라는 이름에 차라리 평온하고 포근함이 든다"는 내용의 유서 3장을 가족에게 남겼다.[51]

50_ 『조선일보』, 1999년 3월 12일자 기사.
51_ 『조선일보』, 2003년 6월 18일자 기사.

진도군에는 해안경비를 위한 해안부대가 있다. 모 레이더기지 소속 상근 예비역이 매일 구타와 욕설에 시달리다가 자살을 선택한 사건이었다. 군대에서 가혹 행위로 인해 자살하는 일은 진도만의 문제는 아니지만 해안 지역 경비를 담당하기 위해 섬지역까지 군대를 주둔해야 하는 한국의 분단현실이 낳은 비극이라는 점에서 진도만의 특수성이 반영된 죽음이라고 할 수 있다.

한편 진도의 노인들 중에는 '도상초'라는 약초를 보유하고 있다는 구술도 있다. 이 약초는 소량을 사용하면 신경통이나 혈액순환에 도움을 주지만 다량으로 섭취하면 죽음에 이르게 하는 약재라고 한다. 외로움이나 경제적 어려움에 시달리는 노인들이 스스로 죽음을 선택할 때 이 약초를 사용하는 사람들이 많다는 것도 현대 진도 사회가 지닌 한 단면이다.

3) 죽음의 원인과 죽음에 대한 문화적 대응

지금까지 진도 사람들이 겪은 죽음의 양상을 일제강점기전과 후로 구분하여 정리해 보았다. 진도는 섬으로서 바다의 삶이 죽음에 많은 영향을 미쳤다. 일제강점기 전까지 진도 사람들이 겪은 죽음의 양상은 태풍이나 풍랑으로 인한 죽음, 해일이나 지진으로 인한 죽음, 바다에서의 표류, 호랑이의 피해, 흉년이나 질병으로부터의 죽음 등으로 나타났다. 유배인들의 죽음 또한 진도 사람들이 목격해야 했던 죽음의 양상이다.

삼면이 바다로 둘러싸인 우리나라의 자연적 환경 속에서 섬이라는 지리적 조건은 진도에만 해당되는 것은 아니다. 그런데도 유독 진도에서 태풍이나 풍랑으로 인한 사고와 표류가 잦고 흉년이나 질병이 잦은 지에 대해 의문을 갖지 않을 수 없다. 이에 대한 대답은 진도의 자연지리적 특성에서 찾을 수 있다.[52]

진도는 우리나라에서도 태풍의 주요통로이다. 진도 본섬을 비롯한 진도군 관내의 섬들은 남쪽 해안과 북서해안 일대에 높은 해식대가 발달되어 있는 것이 잘 관찰된다.

---

[52] 진도의 자연지리적 특성에 대해서는 2007년 발간된 『진도군지』을 참조하였다.

이것은 남쪽 부근의 해안이 여름철의 태풍의 진로에 놓임으로서 높은 파랑에너지의 영향을 받은 결과이다. 해발 485m의 첨찰산에 진도기상대가 설치된 이유도 태풍이 잦은 해상의 기후변화를 관측하고 예측하기 위해서이다. 또한 진도해역은 남해와 서해의 분기점에 해당하는 해역이며 많은 도서가 산재하고 있어 해수의 유동상태가 복잡하고 유속은 강한 편이다. 더구나 진도는 짙은 안개가 잦은 지역이다. 진도에서도 특히 조도 일대는 해수의 온도가 높아서 앞이 안 보일 정도의 안개가 끼는 날이 연간 40일 정도이다. 태풍, 거센 풍랑, 짙은 안개는 바다를 항해하는 사람들에게는 사고의 위험을 높이는 요소이다.

진도 일대의 해역을 포함하는 남해에는 쓰시가난류, 황해저층수, 중국대륙연안수, 한국남해안연안수, 양자강희석수 등의 해류가 있다. 특히 5월부터 10월 사이에 제주도 동쪽을 지나 대한해협으로 가는 쓰시마 해류가 거제도를 지날 때 섬에 걸려 한 가닥 흐름이 갈라져 나와 진도해역으로 흘러오는 최대유속 0.4Km 이상의 남반해류라는 해류가 형성된다. 이는 진도 사람들의 표류 위험을 높이는 요인으로 작용한다.

진도 사람들에게 유독 심각했던 흉년은 진도의 토양적 특성에 기인한다. 진도 지역은 연평균 강수량이 1,300mm 정도이나 6월부터 9월까지 강우가 집중되어 있어 토양 양분 유실이 많다는 특성을 나타내고 있다. 토양 자체가 박토인 것이다. 현재 진도 지역은 전체 면적 중 임야가 66.1%를 차지하고 있고, 13.8%가 논으로 이용되고 있으며, 밭이 15.7%, 과수와 초지가 0.4%, 기타 4%로 활용되고 있다. 활용되는 토지 면적이 넓지 않은데다가 토양도 박토라면 농작물 소출이 많지 않음은 당연한 결과일 것이다. 또한 현재 진도의 토지는 일제강점기 이후 본격화된 간척으로 인해 확보된 것이기 때문에 그 이전에는 상황은 더욱 열악했을 것이다. 이런 상황에서 흉년을 만나게 되면 진도는 심각한 어려움에 봉착했을 것이며 죽음에 이른 사람들도 많았을 것이다.

진도의 유행성 질병 또한 의료시설이 발달하지 않은 원인도 있지만 진도의 자연적 특성과도 관련이 있다. 진도는 온도가 높은데다가 바다로부터 다습한 기운이 늘 올라오기 때문에 바이러스가 활동하고 번식하기 쉬운 조건이 마련된다. 다른 지역에는 돌림병이 돌면 얼음골이나 풍혈 등을 찾아 병을 치료하기도 했지만 진도 지역은 그러한

첨찰산 정상에 있는 진도기상대

장소가 부재했기 때문에 속수무책으로 질병이 확산될 수밖에 없었다.

진도가 걸어온 역사적 발자취 또한 죽음의 요인을 증가시켰다. 유배인의 죽음을 목격하게 된 것이나 말목장지로서 호랑이의 피해가 심각한 것도 진도가 가진 지역적 특성이다.

과거 진도 사람들이 겪어야 했던 죽음은 자연적인 재해가 주된 요인이었다면 현대 사회로 올수록 죽음의 요인이 다양해지고 인재人災의 비중이 커진다는 점에 주목할 필요가 있다. 현대에는 배 사고로 인한 죽음 외에도 보험금을 노리기 위한 사고, 군대에서 가혹행위로 인한 자살, 간첩단사건으로 인한 죽음 등 한국사회의 정치적

안개낀 진도의 해상

사회적 현실과 맞물린 죽음이 늘어나고 있다. 이러한 죽음은 한국 사회의 보편적인 죽음의 양상이면서 또한 섬이라는 진도의 공간적 특수성이 반영되어 있는 죽음의 양상이기도 하다.

섬에서 발생한 죽음은 대부분 자연재해로 인한 죽음이었지만 죽음은 문화적으로 재해석되고 처리되었다. 태풍으로 인해 피해가 발생하면 나라에서는 위유사慰諭使를 파견하여 백성들의 고통을 위로하고 구제하였다. 해일로 인해 많은 사람들이 죽자 매장하고 건져내는 절차를 따로 마련하였다. 바다에서 죽은 사람들은 시신도 찾지 못하는 경우가 대부분이다. 자신의 가족이나 친지가 아닌데도 구천을 떠도는 객귀를 위한 거릿제가 진도에 발달한 이유도 결코 우연히 아니다. 지진으로 많은 사람들이 깔려죽는 사고가 일어나자 나라에서는 괴이한 것을 풀어내기 위해 해괴제解怪祭를 지냈다. 흉년이 계속되면 뭔가 원통한 일이 있어서 그러는 것인지를 살폈다. 호랑이로 인한 두려움은 바닷사람들의 의례인 영등제와 결합하여 신비의 바닷길 축제로 발전하였다. 천연두와 같은 질병으로 인한 죽음을 막기 위해 씻김굿을 벌였다. 자연적인 죽음을 인문학적으로 해석한 결과가 진도의 독특한 상장례문화일 것이다.

죽음에 대한 의례가 진도에서 유독 두드러지는 이유를 진도 지역이 지닌 인문학적 요인으로 해석할 수도 있다. 진도에 유배 온 외부의 지식인들이 진도에 대해 남긴 많은 기록에는 진도 사람들이 무속에 의지하는 경향이 높다는 사실이 나타난다. 구한말에 진도읍 성내리에 단골이 60여호였다는 증언이나 1925년까지도 20여호에 달했다는 기록은 이러한 사실을 입증하기도 한다. 동아일보 1936년 1월 1일자 기사에는 "진도는 율향律鄉으로 370여 년 전 무녀관노巫女官奴 부락인 성내리에 〈장악청獎樂廳〉을 두었을 만큼 무악이 성한 곳이다"라는 기록이 전한다. 진도 지역이 예로부터 의례를 집행할 수 있는 예인집단이 활발하게 활동했다는 것도 다른 지역과 비교되는 진도의 특성이라고 할 수 있다. 이러한 진도의 특성이 진도씻김굿, 진도다시래기, 진도만가와 같은 진도의 상장례문화로 수렴되었을 것이다.

2. 전쟁의 역사와 죽음의 집단기억

진도珍島를 인문학적 관점에서 보면, 상장喪葬 관련 민속의례의 독특성이 매우 강하고 그 전통성이 어느 지역보다 강하게 남아 있는 곳으로 유명하다. 그러면 그 유래는 어디에 있을까가 궁금하다.

우선 진도 사람들의 사유구조를 살펴볼 필요가 있는데, 이 점은 객관적 검증이 어려운 한계가 있다. 그렇지만 진도 사람들의 사유구조에 영향력을 미쳤을 것으로 추정되는 외적인 환경은 충분히 검토의 여지가 있는데, 그와 관련하여서 한반도의 최남단

진도의 옛 지도(출처 : 여지도서)

위치, 바다를 매개로 한 생업, 그리고 잦은 격렬한 전쟁 등 여러 가지를 떠올릴 수 있다. 그 가운데 전쟁戰爭의 역사를 주목하지 않을 수 없다.

진도 사람들의 잦은 전쟁 체험의 기원은 진도가 해상교통 상의 요지에 위치한다는 점에 있다. 진도는 해남과 진도 사이의 수로나 진도 서쪽의 외해를 통해 서해西海와 남해南海를 연결하는 중요한 뱃길에 위치할 뿐만 아니라, 한반도韓半島 중심부(개성이나 서울)와 제주도濟州道를 연결하는 중간 지점에 위치한다. 그리고 진도는 일본이나 중국 남방과 한반도를 해로로 연결하는 중간 지점에 위치하기도 한다. 이러한 지리적 사정 때문에 진도는 해로의 요지여서 해상교역이나 국가 재정 및 해양방어 측면에서 주목을 받아왔고, 그 결과 역사적으로 내란과 외침에 의한 전쟁의 참혹함을 자주 겪었다. 다시 말하면 진도의 지리적 이점을 살려 세력을 확장하기 위해 진도를 장악하려는 집단과 이를 막으려는 집단 사이에 치열한 격전이 진도 땅 안에서 빈번하게 벌어졌다는 것이다.

가령, 왕건王建이 나주를 점령하기 위해 먼저 진도를 침공하였고, 삼별초三別抄가 진도에 새로운 근거지를 마련하고 중앙정부에 대항하였고, 고려 말 왜구와 16세기 왜군의 침입으로 진도가 격전장이 되기도 하였다. 그리고 진도는 19세기말 동학농민운동의 최후 격전장이 되었고, 한국전쟁 때에도 진도 안에서 치열한 공방전이 펼쳐졌다. 한국 역사상 최대 규모의 전쟁을 진도 땅은 한 번도 비켜나지 않았다. 여기에 덧붙여 조선시대 내내 정치범이나 흉악범의 유배지로 진도는 진도인의 의사와는 무관하게 이용되었다. 또한 국내인은 물론이고 외국인까지 진도 해역에서 잦은 해난사고를 겪었다. 이러한 전쟁과 정쟁 및 날씨의 소용돌이 속에서 진도 사람들은 내부인이건 외부인이건 간에 원인도 모른 채 죽어가는 죽음의 참화를 목도할 수밖에 없었다. 진도 사람들에게 죽음의 의미가 그 어느 지역 사람보다 남다를 수밖에 없었을 것임은 분명하다.

앞서 언급한 전쟁과 정쟁, 그리고 궂은 날씨로 진도 땅에서 수많은 사상자가 발생하였다. 특히 전쟁은 그 어떤 요소보다 죽음의 대량생산을 초래하는 특성이 있다. 인류 최대의 사망요인이 전쟁인데, 진도는 한국사상의 대규모 전쟁을 거의 모두 겪었다. 그런데 죽음이란 사람들 가슴 속에 그에 대한 슬픔과 고통 및 무력감을 제공하는 속성이 있다. 주검을 보내는 산 자들의 형태가 다양한 것처럼, 그것을 진도 사람들은 진도 고유의 방식으로 풀었다. 그래서 그런지 진도의 민속은 죽음과 관련된 것이 많다는 점이 하나의 특징이라고 한다. 진도 사람들은 죽음을 문화가 되게 가꾸었던 것이다.

여기에서 진도에 남긴 전쟁의 상처가 얼마나 강력하였고, 그것이 진도에 어떤 형태로 투영되었는가를 주요 사건으로 나누어 하나씩 살펴보겠다. 그에 따라 여기에서는 후삼국 시대의 공방전, 삼별초의 항쟁, 여말선초의 왜구, 임진왜란을 중심으로 논지를 전개하겠다.[53] 이 점에 대해서는 기존의 향토사나 한국사 연구에서도 다루어졌다. 바

---

[53] 그러면 1950년 한국전쟁이나 조선시대 유배는 제외될 수밖에 없다. 정만조(鄭萬朝 : 1858~1936)가 진도에서 유배생활(1896~1907)을 할 때에 오늘날의 진도 풍속이 연희되고 있었던 점을 감안하면, 한국전쟁 이전에 진도의 상장의례는 이미 일정한 정형성을 갖추고 있었다고 볼 수 있다. 이 점과 관련하여 또 다른 증거도 있다. 김이익(金履翼 : 1743~1830)이 지은 『순칭록』이나 허련(許鍊 : 1809~1892)이 진도군수에게 건의한 변속팔조에 의하면, 상여 앞에서 북을 치는 장면이 묘사되어 있다(『진도군지』 하, 2007, 700쪽). 이는 우리가 오늘날 보고 있는 진도 풍속이 이미 이전에 형성되어 있다는 사실을 확인시켜 준다. 따라서 굳이 한국전쟁을 언급하지 않아도 될 성싶다. 그리고 진도는 조선시대 전국 최고의 유배지로 이용되었는데(김덕

로 그러한 점들을 새로이 발굴한 자료를 추가하여 체계적으로 정리하고 그에 대한 의미도 부여해 보겠다.

1) 견훤과 왕건의 공방전

(1) 삼국의 통일 전쟁터

서남해 여러 도서지역에서 신석기新石器 시대와 청동기靑銅器 시대의 유적이 발견되고 있어 선사시대 때부터 진도에도 사람들이 살았다는 것을 짐작할 수 있다. 특히 진도는 여타 지방의 것보다 많은 지석묘가 집중적으로 발견되는 점, 여러 형식의 것들이 혼재해 있는 점 등을 볼 때 지석묘 사회가 매우 오래도록 존속·번영되었으리라 생각된다. 이러한 대규모 지석묘의 축조는 보다 발달된 식량 생산법, 즉 농경의 발달, 목축이 실시 등을 바탕으로 한 생활 안정, 인구 증가, 그리고 통제집단의 강대 등을 반영하고 있다고 하겠다.[54] 그래서 진도에도 일찍부터 정치적 통치집단이 존재했을 것이지만, 자세한 사정을 알기는 어렵다.

하지만 백제百濟 시대에 진도에 군현이 설치되었던 점은 확인된다. 김부식金富軾 (1075~1151)이 편찬한 『삼국사기三國史記』에

인진도군因珍島郡은 해도海島이다. 도산현徒山縣은 해도海島이다(혹은 원산猿山이라고 한다). 매구리현買仇里縣은 해도海島이다.[55]

진, 「진도와 유배」, 『진도의 유학과 기록문화유산』, 심미안, 2009), 그 유배인들이 진도 현지에서 자연사하거나 병사 또는 사사되었기 때문에 그로 인한 진도 사람들의 죽음에 대한 경험은 남달랐을 것이다. 하지만 그들의 비운의 죽음은 현지인의 비운의 죽음에 비해 충격이 그리 크지 않았을 것으로 여겨지기 때문에 굳이 여기서 언급하지 않아도 될 것 같다.

54_　송정현, 「진도의 역사」, 『호남문화연구』 10, 전남대 호남문화연구소, 1979, 42쪽.
55_　『삼국사기』 37, 지리지 4, 무진주.

는 기록이 그것이다. 백제 시대에 현재의 진도 땅에 인진도군, 도산현, 매구리현 등 3개의 군현이 설치되어 있었음을 알 수 있다.

이 가운데 인진도군은 현재의 고군면 고성리 일대에, 도산현은 군내면 월가·분토리 일대에, 매구리현은 임회면 일대에 있었을 것으로 추정된다. 오늘날 진도 동서지역의 풍속이 서로 다른 점에 대한 기원은 여러 각도에서 추적할 수 있지만, 이와 같은 지역적 독립성에서도 접근이 가능하다. 인진도因珍島에 대해서 본래 '인진도'가 아니라 '진도'였다는 견해가 있다.[56] 반면에 인진도라는 말의 어원은 진도의 여러 산 가운데 하나인 '인달산'(첨찰산으로 추정)이라는 산에서 기원한다고 하는데, 이 '인달산'이 '인달섬因珍島'이라는 지명으로 바뀌었다는 견해도 제시되었다.[57]

1761년에 진도 출신 김몽규金夢奎가 편찬한 진도읍지인 『옥주지沃州誌』에 의하면, 백제 때에 진도 땅에 목장이 설치되어 향목구미香木仇昧에서는 말을 방목하고, 둔평芚平에서는 소를 방목했다고 한다. 그리고 여기에서 사육된 말과 소는 향목구미와 둔평에서 가까운 곳에 마재보馬載步와 우재보牛載步를 각각 두어 벽파진 건너 해남으로 반출되었다고 한다. 조선시대에 대규모 목장이 설치되었던 것으로 보아 충분히 그러했을 가능성이 높다. 그렇다면 말과 소는 이미 이 당시에도 주요한 교통 수단이자 전쟁 물자였기 때문에, 진도는 전략석으로 매우 중요한 지역이었음에 분명하다.

백제는 660년에 신라에 통합되었다. 이때 진도 땅에서 무슨 일이 벌어졌는지에 대해서는 자료가 없어 알 수 없다. 그러나 전략적 중요성 때문에 진도 지역에서 격렬한 통일 전쟁이 벌어졌을 것 같다. 전쟁으로 인한 죽음의 공포가 이때부터 진도 땅에 형성되기 시작하였을 것이다.

신라는 삼국을 통일한 후 대대적인 행정구역 개편을 단행하여 9주 5소경을 두었다. 그 가운데 지금의 전라남도 땅에 신문왕 6년에 무진주武珍州를 두었다가 경덕왕 때에

56_ 목포대학교박물관·전라남도진도군, 『진도군의 문화유적』, 목포대학교박물관·전라남도진도군, 1987, 15쪽.

57_ 최연식, 「삼별초 이전 진도 관련 역사자료의 재검토」, 『지방사와 지방문화』 14-1, 역사문화학회, 2011, 354쪽.

무주武州로 고쳤다. 진도 지역은 바로 이 무주에 소속되었다. 그리고 인진도군을 진도현珍島縣으로 고쳐 무진주 산하의 무안군에 소속시켰고, 도산현을 뇌산군牟山郡으로 고쳐 무진주 산하에 두고 그 아래에 매구리현을 첨탐현瞻耽縣으로 고쳐 두었다.[58] 이렇게 보면, 통일신라 때에도 현재의 진도 땅에는 진도현, 뇌산군, 첨탐현 등 3개의 군현이 있었고, 이들은 하나의 계통이 아니라 무안군-진도현과 뇌산군-첨탐현의 두 계통으로 이루어졌음을 알 수 있다.

신라-무진주-무안군-진도현
　　　　　-뇌산군-첨탐현

신라 말기 귀족들은 자신의 권력을 지키기 위하여 왕을 죽이고, 자신들의 뜻대로 움직여 줄 왕을 세우기까지 하였다. 흉년과 전염병으로 살기 어려워진 백성들은 고향을 버리고 떠돌아다니거나 도적이 되기도 하였다. 귀족 간의 왕위 다툼으로 왕이 자주 바뀌는 등 혼란이 계속되면서 중앙의 왕실은 지방을 다스릴 수 있는 힘을 잃게 되었다. 그러자 각 지방에서는 경제력이나 군사력에 바탕을 둔 호족豪族이 등장하였다.

통제력이 약해진 신라는 호족을 막을 수 있는 힘이 없었다. 각 지방의 호족들은 신라 왕실로부터 독립하여 자신들의 이익을 위하여 움직였다. 호족들은 자신만의 군대를 키우는 데에 노력하여 강한 군사력을 가지게 되었다. 이러한 군사력에 힘입어 새로운 나라를 세우는 사람들도 생겨났다. 신라의 군인으로 서남해 방면에서 활약하던 견훤甄萱은 무주(현재 광주)를 거쳐 완산주(현재 전주)에 도읍을 정하고 후백제를 세웠다. 이어 신라 왕족 출신이라고 전해지는 궁예弓裔는 경기와 강원도 지역 호족의 도움을 받아 송악(현재 개성)을 도읍으로 정하고 후고구려를 세웠다. 이 두 나라와 신라가 서로 경쟁하면서 후삼국 시대가 시작되었다.

58_　『삼국사기』 36, 지리지 3, 무주.

(2) 후삼국의 세력 각축장

후삼국은 기선을 잡기 위해 상호 간에 날선 공방전을 펼쳤다. 해양 전략 측면에서 지리적 이점을 지니고 있는 진도는 그 공방전의 주요 지점이 되었다. 그리하여 후삼국의 세력 쟁탈전은 진도 사람들에게 죽음의 그림자를 가져다주었다.

진도에 대한 공방전의 신호탄을 견훤甄萱이 처음 울렸다. 견훤은 순천의 해양세력을 복속한 이후에는 이를 기반으로 하여 무주 동남부의 호족세력을 아우르며 광주지역을 거쳐 전주지역으로 진군해 갔고, 또 한편으로는 해양을 통해 서남해 지방의 해양세력을 장악하려는 일에 나섰다.[59]_ 견훤

왕건이 점령한 것으로 전해지는 남도진의 홍교와 석성

은 900년에 전주에 후백제를 건국한 이후 지배영역을 확장하기 위해 제일 먼저 서남해 일대를 공략하였던 셈이다. 견훤의 입장에서 서남해 지방을 장악하지 않고서는 중국과의 해상교통이 곤란해질 뿐만 아니라, 다른 지역으로의 세력 확장에도 지장을 초래하는 것이기 때문이었다.[60]_

그 결과 후삼국이 쟁탈전을 펼칠 때에 나주와 진도 등 서남해 지역은 처음에 견훤의 후백제後百濟 세력권 안에 들어갔다. 광주와 전주 등 전라도 동부 내륙지역을 복속

59_　강봉룡, 「후백제 견훤과 해상세력 – 왕건과 해상쟁패를 중심으로」, 『역사교육』 83, 역사교육연구회, 2002, 122쪽.

60_　신호철, 「고려 건국기 서남해 지방세력의 동향 – 나주 호족의 활동을 중심으로」, 『역사와 담론』 58, 호서사학회, 2011, 5쪽.

한 견훤이 바로 이어 서남해 연안까지 진출하였다는 말이다. 이 점은 완산주에 도읍을 정한 다음 해 901년 8월에 "후백제왕 견훤이 대야성(현재 합천)을 치려다가 항복하지 아니함으로 군사를 금성錦城(현재 나주) 남쪽으로 옮기어 연변 마을을 약탈하였다."[61]고 한 점으로 보아 알 수 있다. 나주 남쪽이라면 당연히 지금의 무안, 함평, 영광, 신안, 영암, 해남, 진도 지역일 것으로 여겨지는데, 이들 지역을 견훤이 강력하게 공격하여 굴복시켰음을 알 수 있다.[62] 견훤이 일찍부터 서남해 방수군으로 활약하였기 때문에, 이들 도서와 연해 지역을 점령하기가 그리 어려운 일은 아니었을 것이다. 그 결과 오늘날의 전라도 전역이 견훤의 수중에 들어가고 말았을 것이고, 그와 함께 견훤은 해양 지역의 전략적 요충지대인 진도를 공략하여 수중에 넣고 말았을 것으로 여겨진다. 신라 땅 진도가 새로이 후백제 땅으로 들어간 것이다.

반면에 후고구려後高句麗 궁예의 부하 왕건王建은 후백제의 남중국 및 일본 등지와의 통로를 끊어 제해권을 장악하는 한편, 포학한 궁예의 곁을 떠나 화를 면하며 자기 실력을 배양하고자 서남해안 방면의 공략에 나섰다. 그는 먼저 나주 지역을 공략하였다. 이 점에 대해 『고려사高麗史』에는 "903년 3월에 수군을 거느리고 서해로부터 광주 경계에 이르러 금성군錦城郡을 공격하여 빼앗고 10여 군현을 공격하여 취하였다. 이에 금성을 나주羅州로 고치고 군을 나누어 지키게 하고 귀환하였다."[63]고 기록되어 있다. 이를 통해 왕건이 903년에 서해에서 나주에 이르는 10여 군현을 공격하여 굴복시킨 후 나주에 배속시켰음을 알 수 있다. 왕건이 나주에 처음 진출한 때가 바로 이 903년 인데,[64] 903년 왕건의 나주 공략은 한국 전쟁사에 매우 이례적인 사건으로 평가받는다.[65] 왕건의 나주 진출은 궁예 정권에 있어서도 중요한 사건이었으며, 서남해 지역에

61_ 『삼국사기』 12, 신라본기 효공왕 5년.

62_ 이 공략이 나주지역 호족세력들의 민심을 이반시키는 역효과를 양산하였다는 견해가 지배적이나(신성재, 「후삼국시대 나주지역의 해양전략적 가치」, 『도서문화』 38, 목포대학교 도서문화연구원, 2011, 104쪽), 적어도 진도는 이 공격으로 후백제 아래에 들어가게 되었을 것이다.

63_ 『고려사』 1, 세가 1, 태조 1.

64_ 정청주, 『신라말고려초 호족 연구』, 일조각, 1996, 150~151쪽.

65_ 김명진, 「태조왕건의 나주 공략과 압해도 능창 제압」, 『도서문화』 32, 목포대학교 도서문화연구소, 2008,

대한 새로운 지평을 열어준 계기가 되었다. 왜냐하면 나주는 영산강을 끼고 서남해 연안을 비롯하여 그 하류에 산재한 다도해를 중심으로 중국과의 해외무역의 요항이자 군사적 요충지였기 때문이다.

이때 서남해 지역의 대다수 호족과 지역민들이 후고구려와 왕건을 적극적으로 지지하지 않았다.[66] 진도 지역은 왕건의 공격 대상에서 제외되었거나, 아니면 공격을 하여 접수에 실패했던 것 같다. 따라서 진도 지역은 여전히 견훤 세력권 안에 들어 있었고, 나주의 왕건 세력을 배후에서 괴롭히고 있었다. 하지만 이도 잠시에 불과하였다. 해양 전략적 이점 때문에 진도를 차지하기 위한 공방전이 조만간 펼쳐질 수밖에 없었다. 6년 후 909년에 진도는 왕건의 공략에 무너지고 말았다.

> A-1) 909년 6월에 궁예가 부장部將을 명하여 군사를 거느리고 가서 진도군을 항복받고 또 고이도皐夷島(현재의 영광 서해 도서 또는 완도 고금도라는 견해가 있으나,[67] 전자로 보는 것이 타당함) 성城을 깨뜨리게 하였다.[68]

> A-2) 909년에 태조는 궁예가 날로 교학해지는 것을 보고 다시 곤외閫外에 뜻을 두었는데, 마침 궁예가 나주글 근심하여 태조에게 가서 지킬 것을 명하고 관등을 높여 한찬 해군대장군에 임명하였다. …(중략)… 수군으로 광주 염해현塩海縣에 머물다가 오월吳越로 들여보내는 견훤의 배를 포획하여 돌아왔다. 궁예가 매우 기뻐하며 포장褒奬을 더하였다. 또 태조에게 명하여 정주貞州에서 전함을 수리한 후 알찬인 종희宗希와 김언金言 등을 부장으로 삼아 군사 2천 5백명을 거느리고 광주 진도군珍島郡에 가서 치게 하여 이를 함락

281쪽.

66_ 신성재, 「궁예와 왕건과 나주」, 『한국사연구』 151, 한국사연구회, 2010, 23쪽.

67_ 현재의 신안군 압해도 북쪽 인근에 고이도(古耳島)라는 섬이 있는데, 바로 이 섬이 고이도(皐夷島)라고 하는 견해가 있다(강봉룡, 「압해도의 번영과 쇠퇴」, 『도서문화』 18, 목포대 도서문화연구소, 2000, 34쪽).

68_ 『삼국사기』 12, 신라본기 효공왕 13년.

시켰다. 다시 진격하여 고이도皐夷島에 이르니 성안 사람들이 군용이 엄정한 것을 보고는 싸우기도 전에 항복하였다.[69]

진도와 서남해를 기반으로 하는 견훤의 해상세력은 막강하여 나주를 배후에서 괴롭히고 있었다. 그리하여 나주는 정세가 안정적이지 못하고 불안한 상태였다. 궁예는 나주를 걱정한 나머지 왕건으로 하여금 나주의 배후지를 공략하게 하였다. 왕건은 수군을 거느리고 내려와 909년에 염해현(현재의 신안군 임자도, 또는 함평군 해제면)으로 진격하여 후백제와 중국의 연결을 차단하였다. 이어 군사 2천 5백 명으로 진도군을 쳐서 함락시켰다. 진도 공략 시기를 912년으로 보는 견해도 있지만,[70] 대부분의 연구자들은 909년으로 보고 있다. 진도가 나주의 최대 걸림돌이 되는 지역이었기 때문에 2천 5백 명이나 되는 대군으로 진도를 대대적으로 공략하였을 것이다. 당시 2천 5백 명의 군대는 대군 중에 대군이었다. 그민름 신도에서 격렬한 전투가 펼쳐졌을 것 같다. 진도인들에게 죽음에 대한 어두운 공포가 짙게 깔렸을 것이다. 여세를 몰아 왕건은 고이도에 이르니 성 안 사람들은 겁을 먹고 자진해서 항복하였다. 이로써 나주를 배후에서 괴롭히고 있는 진도가 새로이 후고구려의 세력권 안에 들게 되었다.

이듬해 910년에 견훤은 기병과 보병 3천을 거느리고 나주성을 공격하였으나 10일이 지나도록 풀지 아니하므로 궁예가 수군을 보내어 이를 습격하니 견훤이 군사를 이끌고 물러났다. 912년에는 왕건은 덕진포에서 후백제 견훤과 해전을 벌여 승리하였다. "나주 관내 여러 군들이 우리와 떨어져 있고 적병이 길을 막아 서로 응원할 수가 없었기 때문에 자못 동요하고 있었는데, 이때에 와서 견훤의 정예 부대를 꺾으니 사람들의

69_ 梁開平三年己巳 太祖見裔日以驕虐, 復有志於閫外, 適裔以羅州爲憂, 遂令太祖往鎭之, 進階爲韓粲 海軍大將軍. 太祖推誠撫士, 威惠並行, 士卒畏愛, 咸思奮勇, 敵境讋服. 以舟師, 次于光州塩海縣, 獲萱遣入吳越船而還, 裔喜甚, 優加褒獎. 又使太祖修戰艦于貞州, 以閼粲 宗希·金言等副之, 領兵二千五百, 往擊光州珍島郡, 拔之, 進次皐夷島, 城中人望見軍容嚴整, 不戰而降(『고려사』 1, 세가 1, 태조 1).

70_ 강봉룡, 「나말려초 왕건의 서남해지방 장악과 그 배경」, 『도서문화』 21, 목포대 도서문화연구소, 2003, 354쪽.

마음이 모두 안정되었다"라고 하였듯이, 당시까지만 해도 나주 관내 여러 고을들이 견훤과 왕건 양편에 줄을 서고 있었는데, 덕진포 전투에서 왕건이 대승을 거둔 이후에는 완전히 왕건 편에 서게 되었다.

그러나 그동안 고려의 지배하에 있던 나주를 비롯한 서남해 일대는 930년 이후에는 다시 후백제의 영향권 아래에 놓이게 되었다. 이와 관련하여 『고려사절요高麗史節要』에 다음과 같은 기사가 수록되어 있다.

> (태조 18년 4월) 왕이 제장諸將에게 말하기를 나주의 40여 군이 우리의 울타리가 되어 오랫동안 복종하고 있었는데 근년에 후백제에 침략되어 6년 간 해로가 통하지 않으니 누가 능히 나를 위해 이곳을 진무鎭撫하겠는가 하니 공경들이 유금필을 천거하였다. …(중략)… 유금필이 나주를 경략하고 돌아오니 왕이 또 예성강까지 행차하여 맞아 위로하였다.[71]

위 사료에서 태조가 935년 4월에 나주의 40여 군이 후백제에 침략되어 6년 동안 해로가 통하지 않았다고 한 것을 보면, 서남해안 일대가 그동안 후백제의 지배하에 있었음을 알 수 있으며, 그 6년 동안은 바로 930년을 선후한 시기부터 935년 사이임을 확인할 수 있다. 태조가 6년 동안이나 견훤의 지배하에 놓여 있던 나주를 수복할 수 있었던 것은 견훤 정권 내에서 내분이 일어났기 때문이었다.[72] 바로 이때 진도도 후백제의 지배를 받다 다시 고려의 지배를 받게 되었을 것이다. 또 다시 진도인들이 수모를 겪었을 것 같다.

71_ 『고려사절요』 태조 18년 4월.

72_ 신호철, 「고려 건국기 서남해 지방세력의 동향 - 나주 호족의 활동을 중심으로」, 『역사와 담론』 58, 15쪽.

2) 삼별초와 여몽연합군의 격전장

(1) 진도현의 용장성 이읍

고려시대에 들어와 진도지역은 무주에 속했던 이전과는 달리 새로이 나주에 속하게 되었다. 그리고 고려는 전국의 행정구획과 군현명을 고칠 때에 이전의 진도현을 그대로 진도현으로 하고 현령을 두었고, 뇌산군을 가흥현嘉興縣으로 고치고 첨탐현을 임회현臨淮縣으로 고치고 진도현의 속현으로 두었다. 이 점에 대해『고려사』에는 다음과 같이 기록되어 있다.

> B-1) 진도현은 본래 백제의 인진도군으로 해중의 섬이다. 신라 경덕왕 때에 지금 이름으로 고쳐 무안군의 영현으로 삼았다. 고려 때에 나주에 속하게 한 후 현령을 두었다. 충정왕 2년에 왜구로 인하여 내지로 옮겼고, 큰 나룻터가 있고 목지도라는 섬이 있고 속현屬縣이 둘이다.

> B-2) 가흥현은 본래 백제의 도산현(일명 원산)으로 진도 안에 있다. 신라 경덕왕 때에 고쳐 뇌산군이라 하였고 고려 때에 다시 지금의 이름(가흥현)으로 고쳤다.

> B-3) 임회현은 본래 백제의 매구리현으로 또한 진도 안에 있다. 신라 경덕왕 때에 이름을 첨탐현으로 고치고 뇌산군의 영현으로 삼았다. 고려 때에 다시 지금 이름(임회현)으로 고쳐 진도현에 내속시켰다.[73]

고려의 지방조직은 중층적 구조로 이루어졌다. 이에 따라 처음에는 나주목 산하에 진도현, 가흥현, 임회현을 속현(지방관이 없는 고을)으로 두었다. 그러다가 중기에 진도현

73_ 『고려사』 57, 지리지 2.

에 현령관을 파견하여 주현(지방관이 있는 고을)으로 삼고 그 아래에 가흥현과 임회현을 두었다. 진도에 현령이 파견된 해는 1143년(인종 21)일 가능성이 제일 높다고 한다. 진도 3현은 나주목의 속현屬縣이 되었지만, 나주와 멀리 떨어진 섬에 위치하기 때문에 나주목의 통치력이 원활하게 미치기 어려운 곳이었다. 따라서 이때 여러 지역에 새로 현령관을 파견할 때에 진도에도 현령관을 파견하여 독자적인 주현 – 속현 단위를 편성하였던 것이다.[74]

1143년에 진도현에 현령을 파견한 일은 진도현에 대한 중요성이 반영된 조치일 것이다. 이전 현종顯宗(1010~1031) 때에 재상으로 활약하였던 최사위崔士威(961~1041)가 국왕에게 보고하여 건립하거나 중수한 사찰 중에 진도현의 점찰원占察院(점찰산 자락의 진도현 치소 부근에 있었을 것으로 보임)이 보인다. 최사위가 고려 현종을 추대하는데 앞장섰고, 이후 현종대 정치를 주도하였던 것을 고려하면 그가 요청하여 건립하거나 중수한 사찰들은 일정 정도 이상의 비중을 갖는 사찰들로 볼 수 있다. 그중의 하나인 진도현의 점찰원도 일정한 비중을 갖는 사찰로 볼 수 있다.[75] 이러한 사찰이 진도현에 들어섰다는 점은 곧 진도현 위상의 상승을 반영할 것이다.

진도 지역에 3고을이 있었는데, 가흥현은 진도의 북쪽에, 임회현은 진도의 남쪽에, 그리고 진도 전체를 영도하는 진도현은 진도의 동쪽에 두었다. 이 가운데 진도현의 치소는 처음에는 고성古城(고군면 고성리)에 두었다가, 나중에 용장평龍藏坪(군내면 용장리)으로 옮겨졌다. 진도현이 고성에 있거나 용장평에 있건 간에 이 두 곳은 벽파진과 가까운 곳이다. 벽파진은 육지에서 진도로 들어가는 관문 역할을 하였기 때문에, 진도현을 새로이 진도 3현의 주현主縣으로 삼은 것은 진도현의 지리적 이점을 최대한 살려 진도섬 전체에 대한 통치권을 극대화하려는 조치였던 것 같다.

74_ 박종진, 「고려시기 진도현의 위상과 변화」, 『도서문화』 38, 목포대학교 도서문화연구원, 2011, 135~137쪽.

75_ 최연식, 「삼별초 이전 진도 관련 역사자료의 재검토」, 358~359쪽.

용장성 왕궁터

　　그러면 언제 고성에서 용장으로 치소를 옮겼을까? 앞에서 언급한 것처럼, 그 시기
는 진도현에 현령을 파견한 1143년(인종 21)일 가능성이 높다. 그리고 1170년(의종 24)일
가능성도 점쳐진다.[76] 진도현령을 역임한 바 있는 윤승해尹承解의 묘지명에 따르면, 당
시까지만 해도 진도는 더럽고 누추하기가 오랑캐의 풍습이 있었으며 무릇 빈객을 대접
하는 데에도 큰 길가의 다른 지방과는 같지 않아서 명을 받아오는 사람들이 힘들게
여겼다. 이때 윤승해가 부임하여 완전히 개혁하여 큰 고을처럼 만들었다. 그리고 백성
들이 고기 잡고 소금 굽는 것만을 믿고 농사에 힘쓰지 않았는데, 윤승해가 독려하여
농토로 돌아가게 하였다. 처음에는 백성들이 싫어하는 기색이 있었지만 수입을 얻게

76_　　이때 무신정권은 의종을 거제현으로 추방하고, 태자를 진도현으로 추방하였다(『고려사절요』 11, 의종 24
　　　년 9월). 태자의 탈출이나 반항을 사전에 막기 위해 읍치구조를 보강하였을 가능성이 점쳐진다.

용장성 전투 디오라마

된 뒤에는 도리어 즐겨 따라서 비록 흉년이 든 해라도 모자라지 않았다,[77]- 윤승해에 대한 찬양 일변도처럼 보이지만, 진도의 생업구조가 획기적으로 신장되었음은 분명한 것 같은데, 『신증동국여지승람新增東國輿地勝覽』의 풍속 조항의 "백성들은 고기와 소금에 의존하고 있으며, 그다지 농사에 힘쓰지 않는다"는 구절을 보아도 더더욱 그러하다. 바로 이러한 진도현령의 파견이나 경제력의 신장이 읍치를 육지와 보다 가까운 용장으로 옮기게 하지 않았을까 추정하게 한다.

이 용장평이 현재의 용장성이 있는 곳인데, 성곽의 규모가 어떠했는지에 대해서는 알 수 없다.[78]- 그런데 조선초기 15세기에 편찬된 『신증동국여지승람』을 보면, 용장성

77_ 김용선 역주, 『역주 고려묘지명집성』, 한림대 아시아문화연구소, 2001, 630~631쪽.

78_ 송정현, 「진도의 역사」, 45쪽.

의 규모를 짐작할 수 있다. 즉, "용장성龍藏城은 지금의 치소(현재의 진도 읍내) 동쪽 25리에 있다. 돌로 쌓았으며, 둘레가 3만 8천 7백 41자, 높이가 5자다. 고려 원종 때에 삼별초가 모반하여 강화부江華府로부터 들어와 이 섬에 자리를 잡고 궁전宮殿을 크게 지었으나 김방경金方慶이 그것을 쳐서 평정하였는데, 이것이 그 옛터이다."[79]-고 하였으니, 진도현의 치소성 규모를 짐작할 수 있다.

(2) 삼별초의 진도 진입

진도에 죽음의 그림자를 가장 강하게 가져다 준 역사적 사건이라면 당연히 삼별초 항쟁일 것이다. 삼별초 항쟁은 진도를 처음으로 한국역사의 전면에 드러나게 하였을 뿐만 아니라, 40여 년간 국토를 유린한 몽고에의 굴복을 거부하고 끝까지 항쟁하여 우리 민족의 자주정신을 빛낸 일대 사건이었다. 삼별초의 등장은 무신정권에서 기원하였으니, 우선 그것부터 살펴볼 필요가 있다.

고려는 문신에 비하여 무신들을 낮게 대우하였다. 문신은 관직을 독차지하였을 뿐만 아니라, 전쟁이 일어나면 군대를 지휘하는 높은 지위는 문신이 맡고 무신은 그보다 낮은 지위밖에 맡지 못하였다. 무신들은 이러한 오랜 차별과 문신 위주 정치에 불만을 품고 있었다. 마침내 무신들은 1170년(의종 24)에 난을 일으키고 권력을 차지하였는데, 이를 무신정변武臣政變이라고 한다. 이후 1백여 년 동안 무신들이 권력을 잡고 고려를 이끌었다.

무신정권은 정중부, 경대승, 이의민으로 이어지다 마침내 최씨정권으로 이어졌다. 최씨정권은 권력기반을 유지하고 강화하기 위해 각종 기구를 만들었다. 그 가운데 삼별초三別抄라는 군대를 조직하였는데, 삼별초는 치안유지나 국토방어에 투입되기도 하였다. 곧 삼별초는 최씨정권의 사병집단이면서 고려의 공적 군대이었던 것이다.

79_ 『신증동국여지승람』 37, 전라도, 진도군, 고적.

　한편, 고려에 무신정권이 들어서고 지배층이 권력 다툼을 벌이는 사이에 나라 밖
에서는 몽고가 세운 원元나라가 세계적인 대제국으로 성장하여 고려를 위협하고 있
었다. 몽고는 1231년(고종 18)에 고려를 침략하였으나, 고려의 군대와 백성들이 귀주
성과 충주성 등지에서 끝까지 막아내자 고려와 타협하고 물러갔다. 몽고의 무리한 요
구가 계속되자, 이듬해 1232년에 고려는 도읍을 강화도로 옮기고 몽고군과 계속 싸우
기 위한 준비를 하였다. 몽고가 다시 쳐들어왔으나 처인성에서 크게 패하고 물러갔으
며, 세 번째 침략 때에도 죽주성에서 패하여 물러갔다. 그러나 전쟁이 오래 계속되어
백성들의 피해가 너무 커지자 조정 내부에서 몽고와 강화를 맺으려는 분위기가 일어
났다. 도읍을 개경으로 다시 옮기고 화친을 맺으면 전쟁을 끝내겠다는 몽고의 강요도
잇따랐다.

　그 사이에 육지로 나오기를 거부하던 무인정권이 붕괴되고 새로이 정권을 잡은 국
왕과 문신은 몽고와 화의하기로 결정하고 수도를 개경으로 옮기기로 하였다. 마침내

1270년(원종 11) 5월 23일에 환도 기한 날짜가 정해졌고, 기일 안에 모두 강화도를 떠나 개경으로 나오라는 내용의 방이 거리마다 나붙었다. 그런데 방이 나붙자마자 삼별초 군사들이 갑자기 반발하고 나섰다. 그들은 국가 창고까지 마음대로 열어 젖혔다. 이른바 '삼별초 항쟁'이 시작된 것이다. 원나라에 입조했다가 개경으로 돌아온 원종은 관리를 강화도에 보내어 삼별초를 회유하며 해산을 명하였으나, 삼별초는 듣지 않았다. 문무관리들 중에는 죽음을 무릅쓰고 강화도를 탈출하여 개경으로 들어갔다.

항쟁의 주동자는 장군 배중손裴仲孫과 야별초 지휘관 노영희盧永禧였다. 배중손은 강화도의 각 관아에 있던 도서와 문서를 소각했다. 문서는 토지나 노비에 관한 것이었는데, 이를 소각한 것은 민중 봉기를 이끌어내기 위함이었다. 그리고 무기고를 장악하고 병장기를 꺼내어 군사들에게 나누어주었다. 또한 배를 타고 강화도를 탈출하는 사람들을 가로막았을 뿐만 아니라, 섬 안에 남아 있는 귀족·관리 및 기타 사서인을 억류하여 개경과의 교통을 차단하였다. 마침내 6월 1일에 배중손과 노영희는 무장한 군사들을 거리에 모아 놓고 왕족인 승화후承化侯 온溫을 새 왕으로 옹립하고 관부도 설치하여 삼별초 신정부를 출범시켰다.[80] 배중손은

배중손이 야별초 지유指諭 노영희 등과 더불어 변란을 일으키고서는 사람을 시켜 나라 안에 외치기를 "몽고 군사가 크게 이르러 인민을 마구 죽여대니, 무릇 나라에 힘이 되고자 하는 이는 모두 격구장으로 모여라"고 하였다. 잠깐 동안에 나라 사람들이 크게 모여들었는데, 혹은 달아나 사방으로 흩어져 다투어 배를 타고 강을 건너려고 하다가 물에 빠져 죽은 사람도 많았다.[81]

80_   윤용혁, 「삼별초 진도정권의 성립과 그 전개」, 『한국사연구』 84, 한국사연구회, 1994; 이승한, 『고려 무인 이야기』 4, 푸른역사, 2005, 331~332쪽; 윤용혁, 「고려 삼별초의 항전과 진도」, 『도서문화』 37, 목포대학교 도서문화연구원, 2011, 87쪽.
81_   『고려사』 130, 열전 43, 반역 4, 배중손.

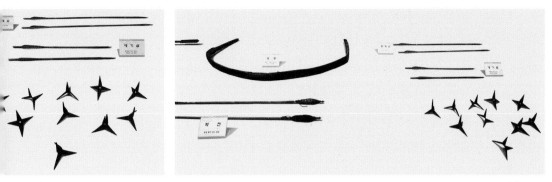

삼별초 무기

라고 한 바와 같이, 반몽을 기치로 하였다. 더불어 개경정권의 타도를 부르짖기도 하였다. 당연히 개경정부와 몽고의 강력한 합동작전이 예견되었다. 진도 사람들이 겪을 참혹한 참화도 예견될 수밖에 없었다.

2일에 삼별초의 병력이 이동하기 시작하였다. 여몽 연합군의 공격을 예상하고 신속하게 움직였던 것 같다. 3일에는 삼별초는 철수를 완료하고 보다 항구적인 근거지를 마련하기 위하여 강화도를 출발하였다. 삼별초가 강화도 포구를 떠날 때에 1천여척의 선박이 꼬리를 묶고 늘어섰다고 한다. 그 배에 탑승한 인원을 추정한다면 1만 5천 명 정도는 되었을 것이다. 서해안을 따라 남쪽으로 내려가면서 일대의 도서를 경략하는 동시에 조직을 정비하고 식량과 식수를 공급받으며 진도에 도착한 것은 최소한 8월 19일 이전이었다. 무려 74일 가까이 소요되었다.

그러면 그들은 애초부터 진도를 목표로 정하고 남행하였는지, 아니면 절박한 처지에서 무작정 남행을 하다 진도에 정박하게 되었는지가 궁금하다. 삼별초가 남행하자 개경 정부에서는 진도에 유배되어 있던 무인 집권자의 잔당을 나주로 이거시켰던 점을 고려하면, 적어도 개경 정부는 삼별초가 진도로 향할 것이라고 여겼을 것 같다. 그렇다면 삼별초의 진도행은 계획적이었다고 보아도 틀리지 않다. 실제 삼별초는 바로 1년 전에 진도를 포함한 서남해 연안을 순찰한 경험을 지니고 있었다. 구체적인 내용을 들자면, 일본에 표류한 제주도 사람이 돌아와서 일본이 병선을 갖추고 우리나라를 침략

할 것이라는 말에 정부에서는 삼별초와 대각반大角班을 보내서 해변을 순찰하게 하고 연해 군현으로 하여금 성을 쌓고 곡식을 저장하여 대비하게 하였다.[82] 이런 경험을 토대로 삼별초는 진도에 대한 상세한 정보를 지니고 있었을 것이다.

그들은 왜 진도를 선택하였을까? 강화도를 포기하고 더욱 멀리 떨어진 바다의 섬으로 도읍을 옮기려는 구상은 최씨정권 때부터 있었다. 최씨정권이 붕괴되고, 고려의 태자가 몽고에 들어감에 따라 여몽 관계에서도 새로운 국면이 전개되는 등 급변하는 국내외 정세에 위기감을 느끼던 집권 무인들 사이에서 진작부터 그것을 타개하기 위한 방안의 하나로 논의되었다. 그 대상으로 맨 먼저 언급된 곳은 늘 제주도濟州道였다. 하지만 새로 들어선 삼별초 정권이 막상 거점으로 선택한 곳은 진도였다. 고려 왕조의 정통을 계승한 정부임을 표방하던 그들로서는 본토에 일정한 영향력을 행사할 수 있는 위치에 거점을 정하지 않으면 안 되었다. 제주도는 본토로부터 지나치게 격리되어 매우 불리하기 때문에 본토와의 연계성을 전제로 할 경우, 지리적인 조건에서 진도만한 조건을 갖춘 곳을 찾기란 쉬운 일이 아니었다. 게다가 진도는 우리나라의 연해안에서 손꼽히는 큰 섬 가운데 하나이다. 풍부한 해산물과 함께 비옥하고 넓은 농토에서 산출되는 곡물이 적지 않아 외부로부터의 고립에 대비하는 데에도 유리하였다. 또한 강화도와 달리 개경과 상당한 거리를 둠으로써 독자적인 세력 기반을 구축하기에 적합하였다. 더욱이 연안 해상교통의 요충지로서 경상도와 전라도의 조운로를 장악할 수 있었음도 놓칠 수가 없다. 그리고 진도에는 그 전부터 이미 무인 정권의 기반이 마련되어 있기도 하였다. 최씨 정권의 제3대 집정 최항崔沆이 아직 승려(만전萬全)였을 적에 진도에 위치한 한 사찰의 주지였다는 기록으로 미루어 짐작할 수 있다.[83]

그들은 벽파진을 경유하여 진도에 들어갔다. 삼별초를 따라 진도까지 함께 온 사

---

[82] 慶尙道按察使馳報, "濟州人漂風, 至日本還言, '日本具兵船, 將寇我'" 於是, 遣三別抄及大角班, 巡戍海邊. 又令沿海郡縣, 築城積穀, 移彰善縣所藏國史於珍島(『고려사』 26, 세가 26, 원종 10년 5월).

[83] 변동명, 「삼별초와 항몽」, 『진도군지』 상, 진도군지편찬위원회, 2007, 233~234쪽.

람들은 하급 관료층, 말단 군인층, 일반 백성, 노비 등이었다. 이들의 숫자가 대략 1만 5천 정도는 되었을 것이다. 여기에 새로이 진도 정부에 합류하는 사람들도 많았다. 전라도 일대에서 진도까지 찾아와 삼별초 정부에 자진 투항했던 하급 관리들이 그들인데,[84] 그 숫자도 적지 않았을 것이다. 이렇게 보면, 삼별초 정부가 들어서자 진도에 들어온 사람들의 숫자가 상당히 많았을 것인데, 그들에 의한 군대 징집, 물자 징발, 축성 동원, 접대 요구 등으로 진도 사람들이 받았을 부담과 고통이 심대하였을 것이다.

용장산성

진도에 입거한 삼별초는 용장성 안에 궁궐을 지었다. 용장성은 삼별초에 의해 처음 축조된 것은 아니었다. 용장성은 앞에서 언급한 것처럼, 본래 진도현의 치소성이었다. 바로 이 진도현성을 확장하고 보강하여 용장성으로 삼았을 것 같다. 최근의 고고학적 발굴 결과, 용장산성은 삼별초가 진도에 들어오기 27년 전인 1243년(고종 30) 경 입보산성으로 이용하기 위해 축조된 것으로 조사되었다.[85] 이럴 경우 진도현의 읍치가 이때 고성에서 용장산성으로 옮겨졌을 가능성이 있다. 이러한 사실과 관련하여 『옥주지沃州誌』에 있는 "고려 때에 진도현을 고쳐서 군수 겸 방어사로 승격시키고, 관부를 바다 가까운 지금의 용장평으로 옮겼

84_   이승한, 『고려 무인 이야기』 4, 342쪽.

85_   목포대학교박물관·진도군, 『진도 용장산성』, 2006.

다"는 기사는 음미할 가치가 있다. 정확한 시기는 알 수 없지만 진도현의 치소를 고성에서 바다와 보다 가까운 용장평으로 옮겼던 것은 사실인데, 그때가 바로 삼별초 항쟁 이전 1240년대였을 것이라는 말이다. 이때에는 1249년에 아버지 최우의 사망으로 무신 집정자가 된 최항이 용장사(추정하여 그렇다는 말이다)라는 절에 주석하고 있었으니, 치소 이동과 용장성 축조에 무신정권의 영향력이 작용하였던 것 같다.[86]

진도의 새 정부는 스스로에게 고려의 정통성이 있음을 자부하였다. 풍수도참설을 내세워 삼별초 정권의 정당성을 강조하였다. 1271년에 일본에 보낸 외교문서에서도 자신들이 고려의 정통을 계승한 정권임을 주장하였고, 아울러 일본의 지원을 요청하였다. 이를 토대로 삼별초는 진도 입거 즉시 세력 확장에 나섰다. 1270년 8월에는 "삼별초가 진도에 들어가서 여러 주군을 침략하며, 황제의 명령이라고 속여 전라도 안찰사에게 백성을 독촉하여 추수를 서둘러 끝내고 섬으로 옮겨 살게 하였다."[87]고 하였듯이, 주변 고을을 공략하였을 뿐만 아니라, 심지어 안찰사에게 백성과 곡식을 가지고 진도로 들어오게 하였다. 이어 9월에는 장흥부에 들어가 개경에서 보낸 군졸 20여명을 살해하고 윤만장이라는 도령을 체포하고 재물과 양곡을 취하였다.[88] 이어 11월에는 제주도를 함락시켰다. 이듬해 1271년 2월에는 장흥부 조양현을 쳐들어가 다수를 포획하고 전함을 불태웠다. 3월에는 경상도 합포에 들어가 감무를 포획하였고, 이어 동래와 김해까지 침입하였다.

내륙지역에서 삼별초 정권에 대한 호응도 대단하였다. 삼별초 정권을 지지하는 봉기가 전국에서 잇달았는데, 경상도 밀양 사람들은 진도의 새 정권에 호응하여 대대적으로 일어나 수령을 살해하는 동시에, 다른 고을에도 호응을 요청하자 그에 동조하는

86_ 1240년대 용장성 축조를 외부 침입에 대비하기 위한 임시 수도용이었다는 지적이 있다(윤용혁, 「고려 삼별초의 항전과 진도」, 110쪽).

87_ 三別抄入據珍島, 侵掠州郡,矯帝旨, 令全羅道按察使, 督民收穫, 徙居海島(『고려사』 26, 세가 26, 원종 11년 8월).

88_ 將軍 楊東茂 · 高汝霖等, 以舟師討珍島, 賊入長興府, 殺京卒二十餘人, 擒都領尹萬藏, 剽掠財穀, 王遣使安撫(『고려사』 26, 세가 26, 원종 11년 9월).

고을이 줄을 이었다. 수도 개경에서는 관노官奴들이 무리를 모아 다루가치와 개정정부의 관리들을 죽인 다음 진도 정권에 투항하려 하였다. 경기도 대부도 주민들은 개경 관노들이 봉기하였다는 소식에 자극받아 섬에 들어와 횡포를 부리던 몽고군을 살해하며 개경 정부에 반기를 들었다.

전라도 지역의 상당수 고을이 진도 삼별초 정권으로 기울어 있었다. 개경 정부에서 삼별초를 진압하도록 파견된 전라도 토적사 신사전申思佺이 나주에 이르러 삼별초군이 상륙했다는 말을 듣고 개경으로 달아나버렸다. 전주부사 이빈李彬도 역시 성을 버리고 도망하였다. 나주부사 박부朴琈는 삼별초에 저항할 것인가 혹은 투항할 것인가 망설이며 눈치를 살피기까지 하였다. 삼별초가 전라도 안찰사로 하여금 인민을 독려해 곡식을 거둬 섬으로 들어오도록 하였다. 이런 상황에서 어떤 고을은 스스로 진도에 들어와 알현하기도 하였다.

이리하여 진도 삼별초 정권은 전라도 연해지역의 점령은 물론이고 멀리 합포, 동래, 김해 등지까지 진격하였다. 그리고 남해도, 거제도, 제주도 등을 위시로 하여 30여 섬이 삼별초에 복속하였으니 가히 해상왕국을 이루었다고 할 만하였다.

(3) 여몽 연합군의 정벌

남방에서 삼별초가 이처럼 위세를 떨치자 개경 정부에서는 추밀부사 김방경金方慶을 전라도 추토사로 삼아 몽고 원수 아해阿海와 함께 병사 1천명으로 진도를 토벌하게 하였다.[89] 그러나 이들은 삼별초군의 완강한 저항에 밀려 패배하고 말았다. 김방경이 진도에서 삼별초와 전투를 펼칠 때 아해가 겁을 먹고 싸우지 않았다. 그 틈을 타고 삼별초가 김방경을 포위하자, 양동무가 구원에 나서 김방경은 가까스로 살아났다.[90] 김방경은 삼별초와 내통한다는 혐의를 받고 개경으로 압송되었다가 복직되었고, 아해는

89_ 以金方慶爲全羅道追討使, 與蒙古元帥阿海, 以兵一千 討珍島(『고려사』 26, 세가 26, 원종 11년 9월).
90_ 金方慶, 與賊戰于珍島, 阿海怯懦不戰, 賊圍方慶, 將軍楊東茂救之, 賊解圍去(『고려사』 26, 세가 26, 원종 11년 12월).

고려의 요청에 의해 파면되어 본국으로 소환되고 대신 흔도炘都가 임명되었다. 이제 흔도는 여몽 연합군의 총사령관이었다.

진도 공격이 여러 차례 실패하자, 개경정부와 원나라는 군사력을 대폭 증강하였다. 여몽 연합군은 증원군을 받아 좌·우·중 3군으로 편성하고, 1271년(원종 12) 5월 15일을 기하여 일대 총공격을 개시하였는데, 용장성의 건너편 진도 대안인 해남 땅 삼견원三堅院에 교두보를 확보하고 그곳에서 출발하였을 것 같다. 여몽 연합군의 구성과 진도 총공세에 대해서는 『고려사』 열전의 김방경전에 상세히 기록되어 있다.

> 방경方慶과 흔도炘都는 중군中軍을 거느리고 벽파정碧波亭으로부터 들어가고, 영녕공永寧公의 아들 희熙·옹雍 및 홍다구洪茶丘는 좌군左軍을 거느리고 장항獐項으로부터 들어가고, 대장군 김석金錫과 만호萬戶 고을마高乙麽는 우군右軍을 거느리고 동면東面으로부터 들어가니 모두 백여척이라 적이 벽파성에 모여 중군을 막고자 하거늘, 다구茶丘가 먼저 올라가서 불을 놓고 협공하니 적이 놀라 무너져 우군으로 가는지라 우군이 두려워하여 중군으로 가고자 하니 적이 2척을 포획하여 모두 죽였다.[91]

고려의 김방경과 몽고의 흔도가 이끄는 중군은 용장성 입구인 벽파진을, 몽고의 홍다구와 고려의 영녕공(승화후의 친동생) 아들이 이끄는 좌군은 장항(원포)을, 고려 대장군 김석과 몽고 장수 고을마가 이끄는 우군은 동면(벽파진 아래의 군직구미軍直仇味)을 공격하였다. 병선은 백여척에 이르렀고, 병력은 6천명 정도였다. 삼별초군이 중군의 벽파진 상륙 저지에 총력을 기울이고 있을 때, 홍다구의 좌군이 장항으로부터 상륙하여 지막리와 오산리 방면을 거쳐 두시난골로 접어들어 용장성의 뒤편 골짜기로 진격하였다. 반면에

---

[91] 方慶·忻都將中軍, 入自碧波亭, 永寧公之子熙·雍及洪茶丘將左軍, 入自獐項, 大將軍 金錫·萬戶 高乙麽將右軍, 入自東面, 摠百餘艘. 賊聚碧波亭, 欲拒中軍. 茶丘先登, 縱火挾攻, 賊驚潰趣右軍. 右軍懼, 欲赴中軍, 賊獲二艘, 盡殺之(『고려사』 104, 열전 17, 김방경).

삼별초군과 함께 용장성에 머물다가 몽고군에 쫓긴 궁녀들이 빠져 죽은 것으로 전해지는 의신면 급창둠벙

우군은 군직구미로 상륙하여 도적골을 거쳐 용장성의 동쪽 측면인 난곡으로 진격하였다.[92] 좌우군으로부터 측면과 후방을 기습당한 삼별초군은 궤멸되고 용장성은 함락되고 말았다.

김방경의 묘지명에 의하면, 추토사로 내려간 1270년 9월부터 용장성을 함락시킨 1271년 5월까지 무려 15번이나 크게 싸워 이겼다고 한다.[93] 치열한 전투가 빈번하게 펼쳐졌음을 알 수 있다. 5월 15일 총공세는 그 어느 전투보다 격렬하였다. 이로 인해 진도가 받은 인적·물적 피해와 정신적 충격은 엄청났다. 이제 이 점을 하나씩 살펴보겠다.

용장성이 함락되자 삼별초 정부의 수뇌부는 진도 남쪽으로 이동하기 시작하였다.

92_   진도군, 『옥주의 얼』, 61쪽.
93_   윤용혁, 「고려 삼별초의 항전과 진도」, 95쪽.

김통정은 의신포(금갑포라는 설도 있음)를 거쳐 제주로 들어갔다. 이로써 진도에서의 9개월간의 생활은 끝나게 되었다. 그러나 온溫왕과 아들 항恒은 의신면 평야들에서 접전 중 피살되었다. 살아남은 진도 사람들은 온왕의 시신을 거두어 무덤을 써주고 그가 죽은 고개를 '왕무덤재'라고 불렀다. 왕을 시중들던 시녀들도 왕을 따라 둠벙에 몸을 던져 목숨을 바쳤다. 그 둠벙을 진도 사람들은 '여기급창둠벙'이라고 한다. 배중손은 남도성에서 최후까지 항전하다 전사했을 것으로 알려져 있다.

삼별초 정부의 수뇌부가 이렇게 죽고 피신가는 동안에 가까스로 살아난 사람들은 그 처참한 광경을 두 눈으로 목도해야만 하였다. 또한 살아남은 사람들은 잔당 소탕작전에서 목숨을 부지하기 위해 깊은 곳으로 숨어야 하였는데, 지산면 길은리吉隱里란 마을은 삼별초 항쟁 때에 나상서羅尙書라는 사람이 이 마을 찬물랭이 안고랑에 숨었기 때문에 생겼다고 하고,[94] 고군면 금호도는 삼별초 때 시랑 벼슬을 역임한 김연金鉛이라는 사람이 은거해 '김씨섬'이라고 불렀다고 한다.[95] 신롯개의 유래 가운데 "고려 고종 때 일어났던 삼별초란시 지금의 군내면 용장리에서 배중손이 몽고군에 항거하다 섬멸되면서 몽고군의 군견軍犬이 진도에 남아 진돗개의 시조가 됐다는 설"이 있는 것으로 보아,[96] 당시 소탕 작전의 격렬함을 짐작하고도 남는다.

목숨을 부지하기 위해 많은 사람들은 도망가고 숨어야 했지만, 그렇지 못한 많은 사람들은 그만 목숨을 잃고 말았다. 얼마가 죽었는지에 대해서는 자료가 없어 알 수 없지만 그 숫자가 적지 않았을 것인데, 이 점은 삼별초 항쟁 때 최후 항쟁지로 알려진 의신면 돈지리에 이때 죽은 많은 사람들을 집단 매장한 "떼무덤"이 있는 것으로 보아 짐작할 수 있다.

그리고 몽고나 고려의 군인 또는 고려 관리들에게 끌려간 사람들도 적지 않았다. 우선 그 실상을 전하는 기록을 검토해보자.

94_ 진도군지편찬위원회, 『진도군지』상, 2007, 818쪽.
95_ 진도군지편찬위원회, 『진도군지』상, 2007, 769쪽.
96_ 진도군, 『옥주의 얼』, 219쪽.

1	2
3	4

1 왕온의 묘
2 왕무덤재
3 궁녀둠벙(급창둠벙)
4 떼무덤 터

C-1) 관군이 분격奮擊함에 미쳐 적이 모두 다 처자를 버리고 도망하니 그 부로되 었던 강도江都의 사녀士女와 진보珍寶 및 진도의 거민들이 많이 몽고 군사들 의 노획한 바 되었다. 방경이 적의 무너짐을 보고 좇아가 남녀 1만 여인과 전함 수십척을 얻으니 여적이 탐라로 달아나는 지라, 방경이 진도에 들어가 서 미 4천석과 재보財寶 및 기장器仗을 얻어 모두 왕경에 실어 보내고 그 적에게 함락된 양민을 모두 생업에 되돌렸다.[97]

C-2) 배신陪臣 홍문계洪文系와 송순례宋松禮 등이 유무惟茂를 참하고 황수黃秀를
　　진도에 유배 보냈다가 뒤에 삼별초가 그곳으로 향하므로 황수를 옮겨 나주
　　에 구금하였다. 황수가 옥중으로부터 잠글쇠를 끄르고 도주하여 원나라로
　　들어갔다가, 금년에 홍다구를 따라와서 맘대로 악행을 자행하여 남의 토지
　　와 백성을 탈취하였으며, 진도를 공격함에 이르러서는 남녀 1백여인을 노획
　　하고 의복 50여건과 미맥米麥을 약탈하였으며, 또 전함을 탈취하고 선군船
　　軍·호공蒿工 등을 협박하여 가득 실고 돌아갔다.[98]

　　C-1)을 보면, 진도를 함락시킨 몽고 군사들은 수많은 사람들과 물자를 노획해 갔
는데, 사람들 가운데에는 삼별초들이 강화도에서 데리고 온 사람과 진도 원주민들이
포함되어 있다. 그리고 고려의 장수 김방경 또한 남녀 1만 명과 각종 재화를 얻었으
니, 남녀 안에는 원래 진도에 살고 있는 주민이 다수 들어 있을 것이다. C-2)를 보면,
임유무 제거 때에 진도에 유배되었다가 삼별초 항쟁 때에 나주로 이배된 후 탈출하여
몽고로 도망갔다가 몽고 장수 홍다구를 수행하여 함께 진도에 들어온 이황수李黃秀라는
자의 만행도 자못 심각하였다. 그는 진도에서 남녀 1백 명과 의복 및 곡물과 전함을
노획해 갔는데, 역시 무고한 진도 사람들이 외부에서 들어온 사람들과 함께 끌려갔을
것이다.

　　그러면 몽고 장수와 고려 장수에 의해 끌려간 사람들은 어디로 갔고, 어떻게 되었
을까? 관련 자료를 하나씩 살펴보자.

97_　及官軍奮擊, 賊皆棄妻子遁. 其所虜江都士女·珍寶及珍島居民, 多爲蒙兵所獲. 方慶見賊潰, 追之, 獲男女一萬
　　餘人·戰艦數十艘, 餘賊走耽羅. 方慶入珍島, 得米四千石·財寶·器仗, 悉輸王京, 其陷賊良民, 皆令復業(『고
　　려사』 104, 열전 17, 김방경).

98_　陪臣洪文系·宋松禮等, 誅惟茂, 流黃秀于珍島, 後以三別抄向其地, 徙黃秀拘于羅州. 黃秀, 自獄中解鏁而逃,
　　走入上國, 今年隨洪茶丘以來, 恣意肆惡, 奪人田民. 及攻珍島, 驅掠男女百餘人, 攘奪衣服百五十餘件及米麥,
　　又奪戰艦, 仍脅船軍·蒿工等, 滿載而還(『고려사』 27, 세가 27, 원종 12년 6월).

D-1) 정자여鄭子璵가 몽고로부터 돌아왔다. 중서성中書省에서 그에게 공문을 붙여 보냈는데 그 글에 이르기를, "이번에 황제의 지시를 받았는바 강화도에서 역적들에게 끌려갔던 백성들은 자기의 부모와 처자들이 서로 확인하고 다시 예전대로 살게 할 것을 허락하여 주며, 역적들의 가족과 노비로서 전사戰士에게 나누어 준 자들을 제외하고는 본래 진도에서 살고 있던 백성들도 모두 자기 가족과 단합하게 하되 본국(고려)에 명백히 지시하여 진도의 백성들을 왕경(개성) 부근 지방에로 옮기게 하고 토지를 경작하여 생업에 안착하도록 하게 하라는 교시를 받았다."라고 하였다.[99]

D-2) 홍다구가 돌아갈 때에 진도 거주 백성들을 모두 잡아 몽고로 데리고 가니 진도 경내가 텅 비게 되었다. 다시 인정을 징발하여 요역에 투입하였고, 여러 현과 향을 혁파하였고, 군의 통치는 옛 군 영역에만 미쳤다.[100]

D-3) 백양白羊이 남쪽으로부터 와서 갑자일에 북(원나라)으로 돌아갔는데, 진도의 사녀士女들 중에서 포로로 잡히어 가는 자들이 심히 많았다.[101]

D-1)을 보면, 여몽 연합군에게 나포된 사람 가운데 강화도에서 삼별초에게 납치되어 진도에 온 사람들은 확인 절차를 거쳐 원래 가족에게 돌려보냈다. 하지만 원래 진도에 살았던 사람들은 개성 부근으로 이주시켜 농업에 종사하도록 하였다. 아마 삼별초에게 협조하였고, 정벌군에게 저항하였다고 하여 이런 가혹하고 차별적인 보복을 가했을 것 같다. D-2)를 보면, 몽고 장수 홍다구가 본국으로 돌아갈 때에 진도 백성들을

99_ 是月, 鄭子璵還自蒙古, 中書省移文曰, "今奉聖旨, 自江華島爲賊人驅去百姓, 其父母妻子, 許令相認復舊. 除賊人家屬·奴婢, 分給戰士外, 據珍島元有百姓, 俱敎家屬圓聚, 明白分付本國. 仍將珍島百姓, 起移王京附近之地, 耕種安業"(『고려사』27, 세가 27, 원종 12년 8월).

100_ 洪茶丘歸時, 盡掠居民, 輸送於蒙, 境內空虛. 更抄人丁補役, 革罷諸縣鄉, 而郡治則因舊貫之(『옥주지』).

101_ 白羊至自南, 甲子北還, 珍島士女, 被擄而去者甚多(『고려사』27, 세가 27, 원종 13년 1월).

죄다 잡아가니 진도가 텅비게 되었다. D-3)을 보면, 몽고 장수에게 붙들린 진도 사람들 가운데에는 원나라로 압송된 사람도 적지 않았다. 몽고 군사에게 끌려가 포로생활을 하거나 몽고에 노예로 팔려갔던 사람들이 풀려나기 시작한 것은 22년 만인 1293년이었다. 이때 진도 사람 가운데 돌아온 사람도 있었다. 그 가운데

> 흘절사팔吃折思八은 번승蕃僧의 이름이고, 팔합사八哈思는 번사蕃師의 칭호이다. 사師(팔합사)는 본래 진도 사람인데, 신미년(1271년, 원존 12년)에 남적南賊을 토벌할 때 포로가 되어 서방으로 갔다가 드디어 황제에게 투항하였던 것이다. 사는 머리를 깎고 고향을 떠난 지 오래되어 부모의 생사를 몰랐다가 이때 서림현西林縣에서 찾았는데, 가난하여 먹고 살 수가 없어 남의 집에서 머슴을 살고 있었다. 왕이 쌀과 전토를 주고 교동현喬桐縣에 집을 마련하여 가족들이 모여 살게 하고 역역役役을 면제해 주었다.[102]

고 하여, 원나라에서 승려 생활을 하다 돌아온 사람이 있었다. 그는 어려서 포로가 되어 원나라로 끌려가 머리를 깎고 승려가 되었다. 부모도 함께 끌려갔는데 어디에서 사는지를 모르다가 이제야 서림현(현재 충청도 서천)에서 살고 있다는 사실을 알았다. 그런데 그의 부모는 가난하여 남의 집에 머슴을 살고 있었다. 이제야 부모와 자식이 상봉하여 국왕의 은전에 의해 교동에서 살게 되었다.

이처럼 진도에 원래부터 살고 있는 사람들은 삼별초 정부에 의한 군대, 물자, 축성, 접대에 대한 동원으로 많은 부담과 고통을 당하였을 것이다. 이어 여몽 연합군의 대규모 공습과 잔혹한 진압 및 끈질긴 추격전으로 수많은 사람들이 죽고 납치되어 진도는 거의 무인지경이나 다름없이 피폐해졌다. 경험한 적이 없고 상상을 초월한 이 고통과 죽음의 공포가 살아 있는 진도 사람들의 생각과 의식에 짙고 오래도록 깔렸을 것이다.

102_ 『고려사절요』 21, 충렬왕 20년 7월.

3) 왜구와 왜적의 경유지

(1) 왜구 침입과 진도현 출륙

삼별초 항쟁의 공포를 채 잊기도 전에 진도 사람들에게 죽음에 대한 깊은 두려움이 또 다시 찾아왔는데, 그것은 왜구의 침략이었다. 그런데 그 공포는 왜구 출몰이 잠잠해 지는 조선초기까지 장기간 지속되어 심각성을 더했다.

진도는 서해안으로 침략해 오는 왜구의 초입지에 위치하고 있다. 이 점에 대해『세종실록』에는

> 전라도 진도군은 사면에 큰 바다가 둘러 있고 왜적들의 초입지로서 요해지要害地
> 가 많이 있사오니, 병선兵船이 없는 요해지에는 비거도선鼻居刀船을 만들고, 도내의
> 각색군정各色軍丁과 공사노公私奴로서 사어射御에 능하고 선상에서의 활동에 관숙한
> 자를 뽑아 소패사격군小牌射格軍으로 정하고 그 선척에 나누어 타고는 적당히 배치
> 정박하며, 각기 군포軍鋪를 설치하고, 낮에는 연기, 밤에는 불로 신호하며, 5경更 때마
> 다 각角을 불어 차례로 서로 전해 호응하게 하고, 무사할 때는 그 선척은 군포 앞에
> 정박하게 하고, 연기가 나면 보수하게 하옵소서.[103]

라고 기록되어 있다. 진도는 바다 한 가운데 있어 왜적들의 초입지가 되기 때문에 방어책을 강화해야 한다는 내용이다. 특히 전라도는 한반도 최대의 곡창지대여서 그곳을 노리는 왜구들에게 역시 진도는 길목이었다. 그리고 진도 이남의 전라도와 경상도 지역의 세곡선이 벽파정을 경유하여 북쪽의 개성이나 한양으로 올라갔다. 조선시대의 경상도 남해현을 예로 들자면, 전세田稅를 본현 노량창에서 조운선에 적재하여 발선하는데 순천 구도狗島, 흥양 희연도喜然島, 장흥 우두도牛頭島, 영암 갈두포葛頭浦, 진도 벽파정碧波亭, 그리고 나주 역도亦島 등지를 거쳐 한강 용산에 이르렀다.[104] 고려시대에도

103_ 『세종실록』81, 세종 20년 5월 23일.

그러했을 것인데, 진도를 지나는 세곡선을 약탈하기 위해 왜구들이 진도를 집중 공략하였을 것임이 분명하다.

이처럼 진도가 왜적이 서해안으로 들어오는 길목에 위치하고 전라도 곡창지대로 들어가는 입구에 위치한데다 양남 세곡선의 경유지이기 때문에, 왜구의 침략이 격증하는 고려 말에 진도 사람들은 그 직격탄을 맞을 수밖에 없었다. 그로 인해 많은 인명과 재산 피해를 입다가 그것을 견디지 못하고 진도현을 진도를 떠나 육지로 옮기고 말았다. 이제 진도현의 출륙에 대한 이유와 과정 및 내용을 하나씩 자세히 살펴보자.

고려 중엽에 무신란과 몽고 침입 등을 겪으면서 국정이 소홀해지고 군비가 허약해졌다. 이 틈을 타고 왜구가 창궐함에 진도는 새로이 왜구 방어의 요충지로 중요시되기 시작하였다. 이 점과 관련하여 1269년(원종 10)에 왜구의 침입을 우려하여 경상도 창선현(현재 남해)에 있는 사고史庫를 진도로 옮겼다는 기록이 있다.[105] 국사國史를 진도에 보관하게 하였다는 말은 그만큼 진도를 방어요지로 인식했다는 점을 반영한다. 하지만 진도를 왜구 방어의 전진기지로 삼으려던 고려의 정책은 삼별초 항쟁으로 허사로 돌아가고 말았다.

한편, 1271년(원종 12)에 삼별초 세력이 함락되고 진도현이 복구될 때 가흥현과 임회현이 폐지된 것으로 보는 견해가 있다.[106] 그런데 1282년(충렬왕 8)에 진도현령 조득주趙得珠가 파견되었던 것으로 보아, 진도현령을 파견하면서 굳이 2개의 속현을 폐지할 필요는 없었을 것이다. 오히려 왜구 침입에 대비하여 그대로 두어야 할 필요성이 더 높았다. 하지만 이도 계속되는 왜구의 침입으로 오래 가기는 힘들었다. 앞에서 살핀 자료 B-1)처럼, 『고려사』 지리지에는 진도현이 1350년(충정왕 2)에 왜구 때문에 육지(내지)로 옮겨졌다고 기록되어 있다. 이 사실은 이후 지리지에도 그대로 기록되어 전한다.

104_ 『여지도서』, 경상도, 남해, 전세.

105_ 송정현, 「진도의 역사」, 46쪽.

106_ 윤경진, 「고려말 조선초 서해·남해안 교군 사례의 분석 – 전라도·충청도·서해도 지역의 사례」, 『한국사학보』 31, 고려사학회, 2008, 81쪽.

E-1) 진도군珍島郡은 본래 백제의 인진도군因珍島郡이었는데, 신라에서 진도로 고쳐서 무안務安의 영현領縣으로 삼았고, 고려에서 나주羅州의 임내任內로 하였다. (중략) 충정왕忠定王 2년 경인(원나라 순제順帝 지정至正 10년)에 진도는 왜구倭寇로 인하여 육지로 옮겼다. 태종太宗 9년 기축에 이르러 해남현을 합하여 해진군海珍郡으로 하였고, 12년 임진에 또 군郡을 영암靈岩의 속현屬縣 옥산玉山의 땅으로 옮겨 읍邑을 만들었다. 진도의 속현이 2이니, 가흥嘉興은 본래 백제의 도산현徒山縣이었는데 신라에서 뇌산군牢山郡으로 고쳤고 고려에서 가흥현으로 고쳐서 진도의 임내로 삼았으며, 임회현臨淮縣은 본래 백제의 매구리현買仇里縣이었는데 신라에서 첨탐현瞻耽縣으로 고쳐서 뇌산牢山의 영현領縣으로 삼았고 고려에서 임회로 고쳐서 진도의 임내로 하였다. 향鄕이 1이니 의신義新이요, 소所가 4이니 생강生薑·구향仇向·다염茶鹽·전포보田浦保이다. 염전鹽田은 대재염전大材鹽田이다.[107]

E-2) 충정왕 2년에 왜구로 말미암아 내지內地로 옮겼으며, 본조 태종 9년에 해남현과 합쳐 해진군海珍郡으로 하였다가 세종 19년에 다시 갈라서 각각 옛날대로 하였다.[108]

『고려사』는 물론이고, 『세종실록지리지』와 『신증동국여지승람』에도 진도현이 1350년(충정왕 2)에 왜구의 침입을 피해 내지로 옮겨졌다고 기록되어 있다. 하지만 실제로 진도현이 육지로 읍을 옮긴 것은 이보다 조금 뒷 시기로 보는 것이 합리적일 것 같다는

107_ 珍島郡 : 本百濟 因珍島郡, 新羅改珍島, 爲務安領縣, 高麗爲羅州任內. (중략) 忠定王二年庚寅(元 順帝 至正十年) 珍島因倭寇內遷, 至太宗九年己丑, 合海南縣, 爲海珍郡, 十二年壬辰, 又徙于靈巖屬縣玉山之地營邑焉. 珍島屬縣二, 嘉興, 本百濟 徒山縣, 新羅改牢山郡, 高麗改嘉興縣, 爲珍島任內. 臨淮縣, 本百濟 買仇里縣, 新羅改瞻耽縣, 爲牢山領縣, 高麗改臨淮, 爲珍島任內. 鄕一, 義新; 所四, 生薑、仇向、茶鹽、田浦保. 鹽田, 大材鹽田(『세종실록지리지』, 전라도, 나주목, 해진군).
108_ 『신증동국여지승람』 37, 전라도, 진도군, 건치연혁.

의견이 개진되었다.[109]- 1350년은 왜구가 본격적으로 출몰하기 시작하던 때였고, 그에 따라 국가에서도 그에 대한 대비책을 내놓는 단계였다. 따라서 이 시기에 섬 지방의 읍치를 육지로 옮겼을 가능성은 적다고 생각되기 때문이라는 점에서 그런 의견이 개진되었다. 진도현이 육지로 옮긴 때를 남해현과 마찬가지로 왜구의 피해가 격증하는 1358년(공민왕 7년) 무렵으로 보는 견해가 있어 참고된다.[110]- 사실 이때는 왜구의 피해를 막기 위해 연해지역의 창고를 모두 내륙지역으로 옮기게 하였으며, 관리의 녹봉을 지급하지 못할 지경에 이르렀다.[111]-

1350년이건 1358년이건 간에 진도현은 왜구의 침입을 견디지 못하고 치소를 육지로 옮겼다. 이때 가흥현과 임회현은 진도현으로 통폐합되었을 것 같다. 당시 왜구의 약탈과 방화 및 살육과 납치 행위는 고려 전역에 걸쳐 자행되어 전체 민중들의 삶을 도탄에 빠지게 하였다. 그런데 진도 사람들이 어떤 피해를 입었는지에 대해서는 많은 자료가 보이지 않는다. 『옥주지』에는 왜구의 침입으로 성이 함락되있다고 기록되어 있다. 하지만 왜구들이 1351년에 130척의 선단으로 인천 부근 도서를 침공하였고, 다음 해 1352년(공민왕 1)에는 개성 바로 앞 교동도까지 대선단으로 몰려와 갑산창甲山倉을 불지른 일을 상기할 필요가 있다.[112]- 이런 대규모 선단이 인천·개성 부근까지 진격할 때에 진도를 경유하여 갔을 것임은 자명하다. 바로 이들이 지나가면서 진도에 상륙하여 성을 함락시키고 온갖 살육을 자행했을 것이다. 실제 이 무렵 전라도 일대에는 왜구가 범람하고 있었다. 이로 인해 진도에 남긴 죽음의 공포는 심대하였을 것이고, 그것을 이기지 못하고 그만 진도현의 치소를 육지로 옮겼을 것 같다.

그러면 어디로 치소를 옮겼을까? 『옥주지』에는 진도 군수가 나머지 백성을 거느리고 나주 남쪽 월악月岳으로 피우避寓했다가, 잠시 후에 영암 북쪽 명산命山으로 옮기고,

---

109_ 박종진, 「고려시기 진도현의 위상과 변화」, 139쪽.
110_ 윤경진, 「고려말 조선초 서해·남해안 교군 사례의 분석 – 전라도·충청도·서해도 지역의 사례」, 81쪽.
111_ 박종기, 「고려 말 왜구와 지방사회」, 『한국중세사연구』 24, 한국중세사학회, 2008, 184쪽.
112_ 『고려사』 38, 세가 38, 공민왕 1년 3월.

또 다시 해남 금산金山으로 옮겼다고 한다. 18세기에 편찬된 『여지도서輿地圖書』에 따르면, 진도현은 월아지리月阿只里, 명산리命山里, 삼촌리三村里로 읍치를 세 차례나 옮긴 것으로 되어 있다.[113] 지루한 유랑의 길을 걸은 셈인데, 월아지리는 나주 월악(현재 영암군 시종면 월악리)에 있고, 명산리는 영암 명산(현재 영암군 시종면 구산리)에 있고, 삼촌리는 해남 금산(현재 해남군 삼산면 송정리)에 있다. 이동 경로를 보면, 진도와 보다 가까운 곳으로 이동했음을 확인할 수 있는데, 고향에 대한 그리움의 표출이 아닐까 한다.

이후 진도현은 1409년(태종 9)에 해남현과 통합되어 해진군海珍郡이 되었다. 이제 진도 사람들은 독자적인 고을마저 잃는 수모를 겪게 되었다. 합현 당시 해진군의 치소는 녹산역鹿山驛 옛터에 성을 쌓고 마련한 것으로 되어 있다.[114] 녹산역은 현재의 해남 읍내로부터 남쪽 10리에 있다. 그러다가 3년 뒤 1412년(태종 12)에는 치소를 영암의 속현인 옥산玉山 땅으로 옮겼는데,[115] 옥산은 "옥산 폐현은 현의 남쪽 10리에 있다. 옛날의 사라향沙羅鄕이었는데, 고려 때에 지금의 이름으로 고쳐 영암군에 예속되었으며, 지금은 본현의 치소治所로 되어 있다."[116]고 하여 진도가 본도로 돌아간 이후에도 해남의 치소가 된 곳이다.

이처럼, 진도 사람들은 삼별초 항쟁을 겪은지 80여 년 지난 1350년 무렵에 왜구의 침입을 피해 진도를 버리고 육지로 들어가 영암과 해남 땅을 전전하였다. 그러다가 조선왕조에 들어와서는 아예 그마저도 잃은 채 해남과 통합된 운명을 맞기까지 하였다.

(2) 80여년만의 귀환

진도 주민들이 왜구의 침입을 피해 진도를 버리고 육지로 나옴에 따라 진도는 공도

113_ 至正十年庚寅, 因倭寇遷內地月阿只里. 再遷命山里, 北抵羅州牧三十里南抵靈巖郡三十里, 土城遺址尙存. 三遷三村里, 北抵海南縣十里. 永樂七年己丑, 合海南縣爲海珍郡. 正統二年丁巳復析之, 各復舊員官郡守(『여지도서』, 전라도, 진도, 건치연혁).

114_ 『태종실록』 17, 태종 9년 2월 3일.

115_ 本朝太宗九年, 合于珍島郡爲海珍縣. 十二年徒邑治于靈巖屬縣玉山之地(『여지도서』, 전라도, 해남, 건치연혁).

116_ 『신증동국여지승람』 37, 전라도, 해남현, 고적.

空島, 즉 텅빈 섬이 되고 말았다. 그러나 비록 진도 현지에 관부는 없었지만, 점차 사람들은 하나씩 들어와 살기 시작하였다. 1437년(세종 19) 기사에 의하면, 해진·영암·장흥·강진 사람들이 진도에 들어와 살고 있었다. 이 가운데는 진도에서 살다가 이읍시 육지로 나와 살던 사람들이 대부분일 것이다.

그들에 대하여 육지에 있는 관부가 일정한 통치권을 행사하기까지 하였는데, 이 점은 1406년(태종 6)에 일본에 가서 외교 업무를 제대로 처리하지 못했다는 이유로 여의손呂義孫을 진도에 유배시켰던 점을 통해 알 수 있다.[117] 진도에 사람이 살고 있지 않았다면, 유배인을 진도에 보낼 리가 없기 때문이다. 1413년(태종 13)에는 제주에서 바친 말을 진도의 고읍에 방목하도록 하였던 점도 사람의 거주를 전제하지 않고서는 단행되기 어렵다.[118] 유배인을 보내고 목장을 설치한 일은 이후에도 진도 설읍設邑 때까지 종종 벌어지고 있었다.

1414년(태종 14)에는 신노민을 본노로 환원시키라는 조치가 내려졌다. 이 점에 대해 『태종실록』에는

> 지해진군사知海珍郡事에게 명하여 군민軍民을 거느리고 다시 진도 구치舊治에 들어가게 하였다. 진도군은 본래 남해 가운데 있었는데, 일찍이 왜구로 인하여 내지로 옮겼다가, 이제 해변이 평안하였기 때문에 이러한 명령이 있었다.[119]

고 기록되어 있다. 복읍復邑과 함께 전라도 당번선군當番船軍으로 하여금 섬 가운데에 목책을 세우고 목장을 만들게 하기도 하였다. 왜구가 어느 정도 평정되어 연해지역이 안정되어 있기 때문이었다. 그런데 독립고을을 유지할 만큼 인구가 많지 않았던 것 같다. 그래서 전라도 도관찰사는 "먼저 추자도에 거주하던 사람으로서 제주에 옮겨 간

117_ 『태종실록』 11, 태종 6년 2월 27일.
118_ 『태종실록』 26, 태종 13년 10월 14일.
119_ 命知海珍郡事, 率軍民復入珍島舊治. 珍島郡本在南海中, 曾因倭寇內徙, 今邊海寧謐, 故有是命(『태종실록』 27, 태종 14년 2월 26일).

자가 있으니, 반을 추쇄推刷하여 진도에 옮겨 두고, 또 각 고을의 시위군侍衛軍으로 하여금 윤차輪次로 수호守護하게 하고, 지군사知郡事로 하여금 살피게 하소서. 또 불긴한 여러 포구의 병선兵船을 추쇄하여 요해처要害處를 지키게 하는 것이 어떠하겠습니까?"라고 보고하였다. 주민이 부족하였던지 추자도 사람으로서 제주도에 들어간 사람을 진도로 옮겨오게 하였던 것이다. 그래도 부족하였던 지 수군도절제사水軍都節制使는 "각 고을의 유이流移하는 인물을 추쇄하여서 진도에 채우고 10년을 한限하여 조세租稅와 공부貢賦를 면제하는 것이 어떠하겠습니까?"라고 보고하자, 정부에서는 아뢴대로 따르겠다고 답하였다.[120] 그런데 제주에서 진도로 강제로 옮겨 살게 하고, 그들에게 많은 말을 사육하게 하여 반발이 심했던 것 같다. 그래서 1년도 못되어 다시 진도군을 육지에 옮기고, 이어서 목장을 혁파하였다.[121]

그러던 1432년(세종 14)에는 진도의 서쪽에 있는 소가포蘇可浦에 수영水營의 병선 3,4척을 매달 윤번으로 세워 정박하여 수호하게 하자는 의견이 제기되었다.[122] 이어 1433년(세종 15)에는 "전라도 진도는 왜인이 오는 첫 지면地面이므로 방어하는 일을 갖추지 아니할 수 없으니, 경상도 거제巨濟의 예에 의하여 수령을 두어 변경을 굳게 하소서."라는 의견에 임금의 윤허가 떨어지기도 하였다.[123] 그에 따라 정부에서는 진도에 수령을 두어도 좋은 지에 대한 의논이 벌어졌는데, 이미 진도 안에는 민가 113호에 인구 5·600명이 거주하고 있었다.[124] 앞서 언급한 것처럼, 진도를 떠났던 원주민들이 다시 들어온 결과일 것이다.

120_ 『태종실록』 27, 태종 14년 2월 26일.
121_ 『태종실록』 28, 태종 14년 11월 7일.
122_ 『세종실록』 58, 세종 14년 10월 20일.
123_ 『세종실록』 60, 세종 15년 6월 14일.
124_ 『세종실록』 61, 세종 15년 윤8월 14일.

복원된 진도읍성의 일부

　　마침내 1437년(세종 19)에 해진군은 해남현과 진도군으로 분리되었고, 진도군은 독
립된 고을로 회복되어 진도로 돌아왔다. 당시 병조에서 아뢰기를,

　　　　전라도 진도는 땅이 넓고 기름져서 해진海珍・영암靈巖・장흥長興・강진康津 등
　　　　고을의 인민들이 바다를 건너서 사는 자가 많은데, 관할하는 관리가 있지 아니하니
　　　　실로 적당하지 못하옵니다. 본도는 원래 석성과 목책에 있어서 수축하기가 쉬우니,
　　　　무략이 있는 이를 택하여 수령을 맡기고 만호를 겸임하게 하여 사는 백성을 진압하
　　　　고 호위하게 하옵소서.[125]

125_　兵曹啓:"全羅道珍島, 地廣沃饒, 海珍・靈巖・長興・康津等官人民, 多渡海而居者, 無有管轄官吏, 實爲未
　　　　便. 本道元有石城木柵, 易爲修築, 擇有武略者, 差委守令, 兼任萬戶, 鎭衛居民."從之(『세종실록』77, 세종

훼손이 심한 금갑진성의 일부(진도문화관광해설사협회 제공)

라고 건의하니, 임금이 그대로 따랐다. 실로 80년 이상의 유랑 생활에 종지부를 찍었다. 이로써 진도를 독립 고을로 복설하려던 진도 사람들의 오랜 숙원이 해결되었다. 여기에는 진도 사람들의 노력도 주효하였다. 1932년에 세워진 「진도향현팔선생추모비珍島鄕賢八先生追慕碑」에 따르면, 진도읍 복설에는 진도 출신의 조복명曹復明, 박연朴衍, 박근손朴根孫, 김석곤金碩崑 등이 설군을 하고 향교를 세우는 데에 앞장섰다. 이 가운데 조복명의 선대는 가흥현의 호장이었고, 박연은 부친과 함께 진도에 들어왔고, 김석곤 집안도 공도 상태에서 진도에 들어왔다고 한다.[126]

19년 4월 20일).

126_　목포대학교박물관 · 전라남도진도군, 『진도읍성 · 철마산성 지표조사보고』, 목포대학교박물관 · 전라남도진도군, 1992, 47~49쪽.

해남에서 돌아올 당시 치소를 외이리外耳里에 두고 석성을 쌓았다. 이 성을『신증동국여지승람』에서는 고진도성古珍島城 또는 신성新城이라고 하는데, 그 규모에 대해 "고진도성은 지금의 치소 동북쪽 15리에 있다. 돌로 쌓았으며, 둘레가 3천 8백 74자, 높이가 8자이고, 안에 샘이 셋이 있다. 지금은 반쯤 허물어졌는데 정통正統 정사년에 해남현으로부터 본도 외이리로 돌아왔고, 경신년에 지금의 치소로 옮기었다. 지금까지 외이라고 부르던 것이 신성이다."[127]고 기록되어 있다. 외이리를 현재의 고군면 고성리 일대로 추정한다. 그러니까 고려초기 진도현 치소 자리로 와서 옛터에 서둘러 석성을 쌓고 새로운 출발을 시작했던 것이다.

그러다가 3년 뒤 1440년(세종 22)에 현재의 진도군 중심지로 읍치를 옮겨 오늘에 이르고 있다. 진도읍성의 이설 배경에 대해 고진도성은 진도 섬의 동북단에 치우쳐 있기 때문에 진도군 전지역을 관할하기에는 불편하다는 점, 현재 진도읍성의 배후에는 철마산성이라는 천연의 요새가 있다는 점 등이 언급되고 있다.[128] 사실 고려시대에는 진도에 3개의 고을이 있었지만, 왜구 때문에 출륙해 있던 사이에 등장한 조선정부는 군현을 대대적으로 통폐합하여 진도 섬에 진도군이라는 하나의 고을만 두었다. 자연히 진도 섬의 중심부로 치소를 옮길 수밖에 없는 상황이었다.

이상에서 살핀 것처럼, 진도 사람들은 왜구의 침입을 피해 육지로 나가 80여년을 떠돌다 돌아왔다. 그 흔적으로 진도읍 내산월리 마을이 1424년 무렵 마씨의 정착으로 이루어졌다는 구전을 들 수 있다.[129] 그러나 기쁨도 잠시에 불과하여 또 다시 왜구의 침입을 받게 되었다. 이 점을 계속해서 살펴보겠다.

(3) 을묘왜변과 피란생활

진도읍이 복설되고 나서 진도지역에는 남도포진南桃浦鎭과 금갑도진金甲島鎭 등 2개

127_ 『신증동국여지승람』 37, 전라도, 진도군, 고적.

128_ 목포대학교박물관 · 전라남도진도군, 『진도읍성 · 철마산성 지표조사보고』, 58쪽.

129_ 진도군지편찬위원회, 『진도군지』 상, 2007, 738쪽.

의 수군진이 설치되었다. 이러한 수군진은 진도가 가진 지정학적인 조건과 함께 군사적으로도 매우 중요한 요해지였던 데서 그 설치 배경을 찾을 수 있다. 즉, 진도는 사면이 바다로 둘러싸인 섬으로서 이로 인해 왜구의 침입이 잦은 군사적 요충지였다.[130]

이러한 지정학적인 위치 때문에 진도는 조선시대에 들어와서도 왜구의 침입으로 인한 피해를 적지 않게 입었다. 가령, 1494년(성종 25)에는

> 의금부義禁府에 전지傳旨하기를, "전前 전라도 수군절도사全羅道水軍節度使 김사수金四守가 변방의 장수로서 방어防禦하는 여러 일들에 조치措置를 삼가지 아니하여 왜선倭船 5척艘이 남도포南桃浦 항도項島의 수호守護하는 곳에 들어와 수군水軍 3인을 죽이고 병기兵器를 모두 빼앗아갔는데도 숨기고 보고하지 아니하였으니, 추고推考하여 아뢰도록 하라."하였다.[131]

고 하여, 왜선 5척이 남도포를 습격하여 수군 3인을 죽이고 병기를 모두 빼앗아 간 일이 발생하였다. 이 일로 인해 남도만호南桃萬戶와 진도군수珍島郡守가 문책을 당하고 말았다. 그리고 1499년(연산군 5)에는 진도 금갑도와 남도포에 왜적이 들어왔는데, 수군과 민간인이 왜적을 만나서 물에 빠져 죽은 자가 18명이고 칼에 죽은 자가 2명이나 되었고 납치된 자도 있었다.[132] 또한 1553년(명종 8)에는 진도 남도포에 왜선倭船 한 척이 와서 정박하였는데,[133] 그 일행 가운데 일부가 초도라는 섬에 상륙하자 초순군哨巡軍이 추격하여 싸워서 한 명의 목을 베었다. 이 무렵에는 이 외에도 진도군수 김세명金世鳴이 흑산도에서 왜인을 사로잡고 참하는데 공을 세웠다는 보고가 있는 등 진도 주변에서의 왜인의 동향이 심상치 않게 돌아가는 기미를 보이고 있었다.

130_ 전남문화재연구원 · 진도군, 『진도 남도석성 선소유적』, 2006, 전남문화재연구원 · 진도군, 64쪽.
131_ 傳旨義禁府 : "前全羅道水軍節度使金四守, 以邊將, 防禦諸事不謹措置, 倭船五艘入南桃浦, 項島守護處, 殺水軍三人, 盡奪兵器, 而匿不以聞, 推考以啓"(『성종실록』 293, 성종 25년 8월 6일).
132_ 『연산군일기』 35, 연산군 5년 9월 23일.
133_ 『명종실록』 14, 명종 8년 6월 12일.

이어 1555년(명종 10)의 을묘왜변乙卯倭變 때에는 왜구의 대규모 습격으로 진도 사람들은 큰 피해를 입었다. 을묘왜변은 1555년 5월 11일에 왜구 6천여 명이 70여척의 선박을 동원하여 해남현의 달량진성(해남군 북평면 남창리) 부근에 상륙하여 먼저 인근의 마을을 약탈·방화하고 이어서 달량진성을 포위하면서 시작되었다. 당시 가리포첨사 이세린李世麟의 보고를 받은 전라병사 원적元積은 장흥부사 한온韓蘊, 영암군수 이덕견李德堅과 함께 군사를 이끌고 가서 맞서 싸웠으나 식량이 다함에 따라 항복함으로써 달량진성이 함락되고 원적과 한온은 피살되었으며 이덕견은 항복하였다.

계속해서 왜구들은 인근의 가리포진(완도군 완도읍), 마도진(강진군 대구면 마량리), 영암의 어란포진(해남군 송지면 어란리), 진도의 금갑도진(진도군 의신면 금갑리), 남도포진(진도군 임회면 남동리)을 함락시키고, 5월 22일에는 장흥읍성, 5월 26일에는 강진읍성과 병영성을 차례로 함락시킨 후 방화와 약탈을 일삼았다. 이 외에도 왜구는 영암군과 해남현에도 침입하였으나, 영암은 전주부윤 이윤경李潤慶이, 해남은 해남현감 변협邊協의 분전으로 격퇴 당하였다. 이 해남과 영암에서의 승전으로 왜구는 퇴각하였으나, 퇴로중인 6월 1일에는 흥양 녹도진(고흥군 도양읍 녹동리)을 포위하였다가 다음날 금당도(완도군 금일읍)로 물러났고, 보길도와 추자도를 거쳐 6월 21일에는 제주도까지 침입하였으나 제주목사 김수문金秀文이 격퇴하였다. 이로 인해 당시 위정자들은 이를 조선 건국 이래 대변란으로 인식할 만큼 남해안과 서해안 일대가 왜구들에 의해 크게 유린 당하였다.[134]

이때 진도도 왜구가 상륙한 바람에 진도 사람들은 큰 피해를 입었다. 당시 입은 피해 상황을 들면 다음과 같다.

달량이 함락한 뒤에 왜인들이 바다로부터 먼저 어란포에 들어왔다가 드디어 진도珍島로 가서 남도南桃·금갑金甲 두 보堡를 모두 불태웠습니다. 변협이 남도포 만호南桃浦萬戶 송중기宋重器와 함께 해남海南을 지키는데 성안의 군사가 적었습니다. 만

134_ 전남문화재연구원·진도군, 『진도 남도석성 선소유적』, 71쪽.

일 외부의 구원이 오지 않아 하루아침에 패하여 죽게 된다면 단지 해남만 함락당하게 될 뿐 아니라 연해沿海의 모든 고을들이 파죽지세로 격파당할 판국이니, 국가의 치욕이 이보다 심할 수 없을 것입니다.[135]

남도만호 송중기가 해남현감 변협과 함께 해남성을 지키기 위해 해남으로 나가 있는 사이에 왜구가 남도진과 금갑진에 상륙하여 두 진성을 불태워버렸다. 아마 왜구 가운데 일부는 진도 남쪽 곳곳을 헤집고 다니며 온갖 만행을 저질렀을 것 같다.

이에 놀란 진도군수 최인崔潾이 진도를 버리고 나와 버려서 온 고을 백성들이 서로 뒤따라 도망하여 피하느라 강을 메우며 건너와 온 섬이 비어 버리게 되었다.[136] 그런데 "죄인 최인은 진도군수로 있으면서 왜구가 경내에 들어오기도 전에 먼저 아속衙屬을 거느리고 성을 버리고 빠져 나와 백성들로 하여금 서로 먼저 강을 건너려고 배를 다투다가 많이 익사하게 하였습니다."[137]고 한 것처럼, 그는 왜구가 상륙하기도 전에 육지로 도주하였다.

이때 진도 안치에서 유배 생활을 하고 있던 노수신盧守愼(1515~1590)도 진도군수 일행과 함께 육지로 나와 피란생활을 하였다. 노수신은 을사사화에 연루되어 1547년(명종 2)부터 진도에서 유배생활을 하고 있었다. 왜구들의 공격으로 5월 13일에 달량성이 함락되자, 진도 사람들은 바다 밖으로 탈출하기 시작하였다. 달량성을 함락시킨 왜구들은 어란포로 향하였다가 바로 진도로 침입하였다. 왜구에 의해 두 성(남도성과 금갑성)이 도륙을 당하고 왜구가 이르자 섬 안은 놀라 궤멸되었다. 이때 노수신도 일단 지력산智力山으로 들어가 지력사라는 절로 몸을 숨겼지만, 왜구가 추격하지 않을까 전전긍긍하였다. 군수도 출륙하고 없는 상황에서 한 치도 앞날을 기약할 수 없는 노수신은 출도를 결심하고 5월 24일 개인 노비와 진도군 좌수·아전 등의 일행과 함께 벽파진을 거쳐 해남으

135_ 達梁陷沒之後, 倭人從外洋, 先入於蘭浦, 遂向珍島, 南桃金甲兩堡, 皆焚蕩矣. 邊愊與南桃浦萬戶宋重器, 同守海南, 城中兵小, 外援不至(『명종실록』 18, 명종 10년 5월 21일).

136_ 『명종실록』 18, 명종 10년 5월 26일.

137_ 『명종실록』 19, 명종 10년 12월 2일.

로 나왔다. 그리고 목포, 무안, 함평, 나주, 광주, 순창, 광주, 영암, 해남을 돌아 벽파진을 거쳐 7월 19일에 진도에 돌아왔다.[138] 무려 67일간의 힘든 피란생활이었다.

이처럼 진도는 조선시대에 들어와서도 잦은 왜구의 침입을 받았다. 그때마다 적지 않은 사람들이 죽고 잡혀갔다. 그 가운데 을묘왜변 때에는 군수를 비롯한 많은 진도 사람들이 왜구의 노략질을 피하기 위해 또 다시 섬을 나와 육지를 전전하였다. 정확히 언제인지는 알 수 없지만, 앞에서 살핀 진도읍 내산월리의 경우 아예 해남 황산으로 마을을 옮겼다고 한다.

(4) 정유재란과 명량해전

16세기 후기에 이르면 남쪽에서는 왜인이 준동하고 북쪽에서는 야인들이 심상치 않은 동향을 보이고 있었다. 그럼에도 불구하고 정부 당국에서는 사림士林들의 분열 과 정쟁으로 별다른 대책을 세우지 못하고 있었다. 이러는 동안 일본에서는 도요토미 히데요시豊臣秀吉가 일본 전국을 통일하고 지배권을 강화시켜가면서 대륙침략의 야망 을 품고 마침내 조선침략을 자행하기에 이르니 이를 임진왜란壬辰倭亂이라고 부른다.

선조 25년(1592) 4월에 15만의 왜군이 부산을 습격하여 옴으로써 임진왜란이 시작 되었다. 불의의 침공을 받은 조선은 별다른 저항을 보이지 못한 채 불과 20여 일 만에 서울을 함락당하고 국왕은 평양으로, 다시 의주로 피난길을 오르는 처지로 떨어지고 말았다. 육지에서의 전황이 이처럼 위기에 처했을 때 이순신李舜臣이 거느리는 수군이 적의 함대를 연전 연파하여 제해권을 장악함으로써 적의 해상보급로가 차단당하게 되 고, 이로써 일본군은 작전 수행계획에 심대한 차질을 보게 되었다. 아울러 점차 국난 타개의 전환점을 다져가는 형세가 되었다.

임진왜란 초기 진도지역의 피해상황은 사료의 부족으로 정확하게 알 수 없다. 『진 도군지』에는 『호남절의록』의 기록에 근거하여 임진년 초기에 왜장 이여수 수웅伊予守 秀雄의 일 부대가 벽파진 앞 바다에 나타남에 이대익李大益 · 정세신鄭世臣 등이 의병을

138_ 박병익, 「소재 노수신의 「피구록」 연구」, 『고시가연구』 29, 한국고시가문학회, 2012.

2013년 명량대첩축제의 해전 재현 장면(김기용 제공)

모아 방어에 임했으나 마침내 진도성이 함락당하는 바 되었고, 이대익도 전사하고 말았는데, 선전관 신여정申汝楨·창의사倡義使 최경회崔慶會가 공격하여 왜군을 패퇴시켰다고 기술하고 있다.[139] 『호남절의록』에는 다음과 같이 기록되어 있다.

> 이대익李大益 자는 군우君遇. 본관은 함풍咸豊. 함풍군 언彦의 후손이다. 임진란 때 진도 수성장守城將으로 의병을 모아 힘써 여러 차례 싸웠으나 마침내 적에게 죽었다. 선무원종공신에 녹훈되었다(장성長城).[140]
> 정세신鄭世臣 자는 국보國甫. 본관은 연일延日. 포은 몽주의 후손이고 대륜의 아들이

139_ 진도군지편찬위원회, 『진도군지』, 1976, 137~138쪽.
140_ 김동수 교감·역주, 『호남절의록』, 경인문화사, 2010, 183쪽.

다. 힘이 세고 또한 절개를 숭상하였다. 임진란 때 왜선이 벽파진 앞
바다에 정박하자 공은 군민들을 이끌고 관선官船과 사선私船 수십여
척을 내게 하여 곧바로 적진으로 돌격하였다. 왜선 3척을 불살라 격파
하고 적장 한 명을 참살하였으며 우수영 앞바다까지 추격하여 연거푸
크게 승리를 거두었다. 수사 이억기李億祺가 포상을 청하는 계를 올려
군자감 참봉을 제수 받았다. 숙종 때 정려를 명받았다(진도珍島).[141]

그러나 임란 초기의 정세에서 왜군의 일 부대가 진도까지 침공하여 왔다는 사실을
믿기 어렵다. 또한 1593년(선조 26) 6월 명나라 경략經略의 "조선의 군현 중 왜적의 침구
를 당한 곳과 그렇지 않은 곳을 가려서 보고해 달라"는 요청에 따라, 조선 정부에서
보고한 내용 가운데

전라도 진산珍山·금산錦山 등 군과 용담龍潭·무주茂州 등 현은 모두 분탕과 노략
을 겪었고, 그 외에 나주羅州·광주光州·남원南原·장흥長興·순천順天·담양潭陽·
제주濟州 등 부진과 보성寶城·익산益山·고부古阜·영암靈岩·진도珍島·순창淳昌·
김제金堤·여산礪山·영광靈光·낙안樂安 등 군과 창평昌平·임피臨陂·만경萬頃·금
구金溝·능성綾城·광양光陽·용안龍安·함열咸悅·부안扶安·함평咸平·강진康津·
옥과玉果·고산高山·태인泰仁·옥구沃溝·남평南平·흥덕興德·정읍井邑·고창高
敞·무장茂長·무안務安·동복同福·화순和順·흥양興陽·해남海南·구례求禮·곡성
谷城·장성長城·진원珍原·운봉雲峯·임실任實·장수長水·진안鎭安·대정大靜·정
의旌義 등 현은 모두 적이 침입하지 않았고, 다만 전주부全州府만이 적이 성 밑에 왔다
가 수비가 완고함을 보고 침범하지 못하고 물러갔습니다.[142]

141_ 김동수 교감·역주, 『호남절의록』, 226쪽.
142_ 『선조실록』39, 선조 26년 6월 5일.

고 하여 진도는 피해를 입지 않았다는 내용이 들어 있다. 이로 보아 진도성의 함락이나 벽파진 앞 바다에서의 해전 등의 사실을 그대로 따르기는 어렵다. 앞으로 좀 더 깊은 검토가 필요한 부분이라고 여겨진다. 어쨌든 남해에서 서해로 진출하는 길의 목덜미로 알려진 진도의 공략이 남해안 장악의 지름길이었기 때문에 왜군이 진도를 점령하고자 기도하였을 것임은 충분히 예견된다. 그러나 이순신 지휘 아래 우리 수군의 해로 차단 때문에 큰 피해를 입지 않았다.

이윽고 정유재란丁酉再亂 때 이순신 장군이 울돌목의 지형을 최대한 활용해 일본 해군을 격파한 명량대첩鳴梁大捷은 진도를 역사상에 또 한 번 크게 드러내준 중요한 사건이라 할 것이다. 명량해전은 통제사 이순신이 정유년(1597년, 선조 30년) 8월 18일 우수영 관내인 장흥 회령포에 당도하면서부터 작전이 개시된 것으로 보아야 할 것 같다. 여기에서 먼저 『난중일기』를 통하여 8월 18일부터 9월 16일 전투가 벌어질 때까지의 과정과 수군지휘부의 동향에 대하여 살펴보면 아래와 같다.

○ 8.18 – 수군통제사 이순신 일행 회령포 당도, 전라우수군 제장과 작전회의.

○ 8.19 – 회령포에 진을 침.

○ 8.20 – 해남 이진포로 진을 옮김.

○ 8.24 – 해남 어란포로 진을 옮김.

○ 8.26 – 적선단 이진포에 당도하였다는 정보 접수.

○ 8.28 – 적선 6척이 내침(50여 척 후원)하여 추격전 전개, 장도로 이진.

○ 8.29 – 진도 벽파진에 진을 침.

○ 9.02 – 경상우수사 배설裵楔 탈영.

○ 9.07 – 적선 12척의 내침 후 야간 재침, 교전 결과 자정 이후 퇴각.

○ 9.08 – 통제사 이순신, 관내 제장과의 작전회의.

○ 9.09 – 어란으로부터 적의 정탐선 출현.

○ 9.14 – 적선 2백여 척 중 55척 어란포에 정박함. 통제사, 근해 선단에 피난명을 내림.

난중일기(출처 : 문화재청)

명량대첩을 거둔 울돌목

○ 9.15 – 조수를 따라 우수영 앞바다로 진을 옮김(명량을 앞에 두고 진을 침).

○ 9.16 – 오전 일찍 적선 1백 30여 척이 명량해협으로 돌진해오면서 접전.

회령포에서 진을 친 다음 진도 벽파진으로 군진을 옮겨 17일 간 머물렀으니 전투준비가 모두 여기에서 이루어졌음을 알 수 있다. 당시 조선수군의 판옥선이 12, 3척이었으니 격군을 포함한 전투요원은 약 1천에서 1천 5백 정도에 이르지 않았을까 추측된다. 따라서 격군의 대부분은 전라우수영 관내, 특히 진도와 해남·영암지역 출신들이 대다수를 차지하였을 것으로 여겨진다. 그리고 향선을 이용하여 피란길에 오른 우수영 관내 피란민들이 일부 포함되었을 것이다.

당시 전라우수영 관내의 피란선들은 그 수효가 매우 많았던 것으로 보이는데, 현장을 목격했던 강항의 증언이 그것을 잘 설명해준다. 즉 정유년 8월 20일경, 남원성과 전주성이 잇달아 함락된 이후 전라도 내륙 전역은 일본군의 소굴이 되어버렸다. 명량해전이 벌어지기 직전의 상황에서 전라우도 연해지역의 실정을 보면, 일본군이 고을마다 온통 불바다를 만들어 다 태워버리고 산과 바다를 샅샅이 뒤져가며 현지 사람들을 잡히는 대로 살육하였다. 따라서 명량해전을 전후한 9월 중·하순 경 무안·목

명랑대첩 해전 상상도

포 이북의 서남해 일대의 바다에는 사방에서 모여든 수백 척의 피란선들로 북새통을 이루고 있었다. 영광의 강항, 함평의 정해득, 광주의 송제민 아들들이 일본군에 납치되어 일본으로 끌려간 것은 이 때문이었다.

　아무튼 명랑해전 시 전선과 병력면에 있어서 일본수군에 비교될 수 없을 만큼 열세에 놓여 있었음을 부인할 수 없다. 그럼에도 불구하고 조선수군이 명랑해전을 대승으로 이끌 수 있었던 요인의 하나는 피란민들이 1백여 척의 피란선을 이용하여 해전에 참여하였다는 사실이다.

　이들은 가까운 연해지역 열읍에서 모여든 다양한 신분집단이었을 것으로 생각되나 그 지도층은 사족들로 구성되어 있었다. 진도·해남·장흥·영암·강진 등지에서 우수영에 모여든 마하수馬河秀, 백진남白振南, 정명열丁鳴悅, 김안방金安邦, 김성원金聲遠, 문영개文英凱, 변홍원卞弘源, 김택남金澤南, 임영개任永凱, 백선명白善鳴, 오익창吳益昌

정유재란 순절묘역

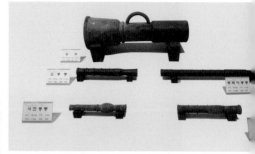

명랑대첩 때 사용되었던 무기들(진도역사박물관)

등이 그들 가운데 일부였다. 진도출신 인물들의 활약도 두드러졌다. 조응량曺應亮, 조
명신曺命新 부자, 절충장군 박헌朴軒과 선전관 김성진金聲振, 김홍립金弘立, 훈련부주 김
수생金水生, 소모장 이천구李天龜, 이진 만호 박종朴宗, 사복시 주부 양응지梁應池와 그
의 조카 의금부도사 양계원梁啓源 등이 이 전투에 참여하여 목숨을 걸고 의병활동을
펼쳤다.[143]

　피란민들은 이순신의 피적령이 있었음에도 명량해역을 떠나지 않고 군량·군복 등
을 조달하며 조선수군을 지원함으로써 대첩의 동력으로 작용하였던 것이다. 향선의
지도자 가운데 일원이었던 오익창의 경우엔 본진의 피란선단 사이를 왕래하면서 군수물
을 전달하거나 동과冬瓜를 조달하여 갈증을 풀어주기도 하고, 솜이불을 수습하여 물에

---

[143]　이외에 임란 전반에 걸쳐 참전해 공을 세웠거나 순절한 진도 출신 인물로는 중군장 조탁(曺鐸), 선전관
　　　조수의(曺守義)와 그의 아들 조유남(曺裕男)이 있다. 또 왜란 전반에 걸쳐 공을 세운 인물로는 1555년의
　　　달량포 해전에서 전사한 중군 박희령(朴希齡), 의병 수성장 이대익(李大益), 수성군 정세신(鄭世臣), 의병
　　　박영희(朴永希)가 있으며 선거이(宣居怡)를 이어 진도군수에 제수된 김만수(金萬壽) 등도 전사했거나 공을
　　　세웠다. 이와 함께 1592년의 1차 남원전투에서 전사한 의병 박후령(朴厚齡)과 아들인 훈련원 판관 박인복
　　　(朴麟福)이 있고 훈련원 봉사 하수평(河水泙), 박대기(朴大麒), 차환(車鐶), 3대에 걸쳐 종군했던 돌격장 박내
　　　종(朴鼐從) 등이 파악된다.

적신 다음 적의 총알을 막을 수 있는 조치를 취하기도 하였다.

그러나 잘 알려진 대로 명량해전은 지형지물을 절묘하게 이용하는 대첩을 거둔 관방전關防戰이었다는 사실도 부인할 수는 없다. 좁은 수로의 해역을 통해 흐르는 조류를 이용하여 승패의 대세를 좌우한 해전이었다고 보기 때문이다. 이에 관하여는 이미 자세한 연구가 나와 있어 당시의 사정을 잘 이해할 수 있게 해준다. 이에 따르면 정유년 9월 16일 명량해역은 대조기大潮期로서 가장 빠르게 급류가 흐르는 날이었다는 것이다. 그리고 이날은 접전이 가능한 전류시기轉流時期 즉 아침 6시 30분경에 적이 공격해 왔을 것으로 보며, 이때 조선수군은 피란선단을 본진의 후미에 진을 벌려 바다에 출몰케 하는 등 전투를 지연시키거나 유인작전을 구사하였고, 마침내 격전이 벌어졌을 때는 적측에 결정적으로 불리한 조류가 남동으로 흐르는 역조시기逆潮時期였다고 한다. 따라서 133척의 대선단을 이끌어 온 일본수군에게는 급류 또는 소용돌이가 전선을 가누기조차 어렵게 하였을 것이니 명량의 해역과 조류는 그들에게 결정적인 패인으로 작용하였다는 것이다.[144]

임진왜란으로 인해 진도가 받은 피해는 매우 컸다. 현존 주민의 직계 선조가 대부분 임란 이후 사람들로 알려져 있다는 점에서, 고려 말 내지로의 이주에 버금가는 피해를 보았음을 알 수 있다. 그 피해 규모를 짐작할 수 있는 것이 진도군 고군면 도평리에 있는 '무명용사 묘'이다. 벽파진과 4km 떨어진 그곳에는 임진왜란 때에 참전하여 순절한 진도 사람들의 무덤이 200기 이상이 있다고 구전되어 온다.[145] 이렇게 보면, 임진왜란 7년 전쟁을 통해서 진도 사람들은 또다시 엄청난 죽음의 공포를 맛보았던 셈이다. 여기에 더하여 명량대첩 당시 물에 빠져 죽은 일본 수군의 시체 100여 구가 고군면 내산리 마을까지 떠내려 오자 주민들이 시신을 거두어 왜덕산倭德山에 묻어주었다고 하니, 그 충격은 더하고 남았다.

이상에서 살펴본 것처럼, 진도는 고려후기부터 조선중기까지 왜구·왜적의 침략을

144_ 진도군지편찬위원회, 『진도군지』상, 2007, 245~248쪽.
145_ 진도군·목포대박물관, 『임진·정유왜란과 진도』, 진도군·목포대박물관, 1992, 128쪽.

빈번하게 받았다. 그로 인해 진도 사람들은 수많은 죽음을 목격하였고, 삶의 터전을 육지로 옮겨 영암과 해남 등지를 전전하기도 하였다. 그러면서 한편으로는 외적에 대한 대응책(수군진, 강강술래, 허수아비)[146]-을 강구하고, 또 한편으로는 죽음에 대한 기억을 나름의 방식으로 전승하였다.

4) 조일연합군의 동학 소탕전

(1) 동학 농민군의 봉기

우선 동학농민운동의 흐름을 정리하겠다.[147]- 동학東學은 1860년 최제우崔濟愚가 창도한 종교로 보국안민과 광제창생을 기초로 천주교인 서학에 대칭되는 이름을 붙였다. 최제우는 혹세무민의 죄로 몰려 사형 당하였다. 동학농민군이 궤멸되고 1905년 교도 손병희孫秉熙가 교명을 천도교天道敎로 바꿨다.

개항 이후 농촌경제가 피폐해지면서, 동학은 농촌지역에 널리 퍼져갔다. 이에 힘입어 동학의 지도자들은 교조신원운동을 펼치며 전북 삼례(1892년), 서울 광화문 앞(1893년 3월), 충북 보은(1893년 4월), 전북 금구(1893년 4월 무렵) 등지에서 집회를 열었다.

그러던 1894년 2월 10일, 고부군수 조병갑의 가렴주구에 통분을 느낀 농민들이 접주 전봉준全琫準을 중심으로 고부관아를 습격하였는데, 이를 고부봉기 또는 고부민란이라고 한다. 이로 인해 조병갑은 파면되었으나 고부군수로 새로 임명된 박원명朴源明과 안핵사 이용태李容泰는 민심 수습보다는 동학교도 탄압에 보다 열중했다. 이에 전북지역의 동학접주들이 4월에 탐관오리의 숙청과 보국안민의 기치를 내걸고 창의할 것을

146_ 옛날 고군면 내산리 황조마을 앞바다에 대군선단이 몰려와 곧 상륙하려함을 본 마을 사람들은 모두 의논하여 호새비(허수아비)를 만들어서 호새비재(내산리 동편 뒷산에서 연동리로 넘어가는 재)에 일렬로 세워 아군 군병이 많이 있는 것으로 위장전술을 써서 겁에 찬 적병이 단념하고 돌아가서 마을이 무사했다는 구전이 전해온다(진도군, 『옥주의 얼』, 139쪽).

147_ 이에 대한 용어로는 크게 '운동', '전쟁', '혁명' 등 세 가지가 사용되고 있다. 여기에 '갑오', '동학', '농민' 등 세 단어를 조합하고 있는 실정이다. 이중에서 여기에서는 '동학농민운동'으로 통일하여 사용하겠다.

결의하자, 10여 고을에서 1만여 명의 농민들이 무장을 갖추고 봉기하였다(제1차 봉기). 가장 먼저 고부와 부안을 접수한 동학군은 황토현 싸움에서 전주에서 출동한 감영의 군대를 패퇴시키고 5월 10일 정읍으로 진격했다.

홍계훈이 이끄는 중앙 정부군이 해로로 법성포에 도착하자 동학군은 전남 장성으로 후퇴해 4월 27일 황룡촌 싸움에서 또다시 승리했다. 패주하는 정부군을 쫓아 4월 27일 전주에 입성한 동학군은 6월 11일 24개 폐정개혁안을 제시 정부군과의 사이에 화약을 맺었다. 이 화약에 따라 동학군은 해산하고 그 대신 탐관오리나 억울한 민원 해결을 위해 53개 고을에 동학교도의 집강소執綱所가 설치되었다. 이에 따라 고을 수령은 명분뿐이고 아전들은 동학교도에 입적해야 자리를 보전할 정도로 변화가 일어났다.

6월 21일 일본군이 경복궁에 침입 민씨 정권을 몰아내고 대원군 정권을 수립했다. 6월 23일 청나라 군대가 경기도 풍도楓島(청일전쟁 후 일본에 의해 풍도豊島로 이름이 바뀜) 앞바다에서 일본 수군에 참패를 당하고 친일 김홍집金弘集 내각이 수립되었다. 동학농민군은 항일구국투쟁을 선언하고 다시 무장군을 일으켰다(제2차 봉기). 그러나 10월 22일부터 시작된 공주 우금치 싸움에서 일본군에 참패해 11월 12일 이후 후퇴를 거듭하다가 20여 일만에 해산했다. 12월 2일 전봉준은 순창에서 체포되어 서울로 압송되었다. 이로 인해 동학농민운동은 사실상 종결되고 말았다.

그러면 진도에서의 동학농민운동은 어떻게 전개되었을까? 진도 동학농민운동의 배경은 1862년(철종 13)으로 거슬러 올라간다. 1862년 한 해에 전국 70여 개 고을에서 농민봉기가 발생하였는데, 전라도 지역은 38개 고을이나 되었다. 전라도의 경우 봉기는 발생했으나 자체 처리하여 중앙에 보고하지 않은 고을로는 임피臨陂, 장수長水, 용담龍潭, 고창高敞, 무안務安, 화순和順, 진도珍島, 순창淳昌, 태인泰仁, 구례求禮, 진안鎭安, 금산錦山 등이 있었다.[148] 이렇게 보면, 진도에서도 1862년에 농민봉기가 발생하였던 것은 분명하다.

148_ 『용호한록』 3, 京營奇.

진도에는 1892년 1월 나주사람 나치현羅致炫이 의신면 만길리晩吉里 원두마을로 들어와 동학을 포교하기 시작하였다. 진도 지역의 동학 포덕 상황을 기록하고 있는 『진도종리원 연혁』에 의하면, 1892년 1월에 나주 접사接司인 나치현이 진도군 의신면 만길리로 들어와 그 마을에 사는 나봉익羅奉益, 양순달梁順達에게 세상 이야기를 하면서 사람이 곧 하늘이요, 덕을 천지에 펴서 광제창생과 보국안민 등을 이룩한다고 설법하여 두 사람이 동학을 믿게 되어 진도의 동학은 세 사람에 의해 전파되기 시작했다고 한다.[149] 이를 보면, 진도에서는 나주 출신에 의해 의신면 만길리 일대에서 동학이 최초로 전파되었음을 알 수 있다.

교조신원운동기에 이르면 진도의 동학교도들이 1893년 3월 10일부터 시작되는 충청도 보은 집회에 참석했다는 기록이 남아 있다. 앞에서 예로 들었던 『진도종리원 연혁』에 의하면, 1893년 2월에 진도의 동학교도 나치현, 나봉익, 양순달, 이문규李文奎, 허영재許暎才 등이 충청도 보은에서 열리고 있던 보은집회에 참가했다고 기록되어 있다.[150] 이를 보면, 동학을 처음 전파하고 받아들인 사람들을 중심으로 보은집회에 참석했음을 알 수 있다.

1894년 4월에 동학농민군이 봉기하자, 진도의 동학교도들도 봉기하게 된다. 『천도교회월보』에 의하면, 영암 출신의 동학 접주 김의태金義泰가 1894년 5월 이후에 농민군 지도자가 되어 영암, 해남, 강진, 진도 등지의 농민군과 연합하여 여러 차례 관군과 접전하였다고 한다.[151] 어디에서 접전을 펼쳤는지에 대해서는 기록되어 있지 않지만, 진도와 그 인근 고을 출신의 농민군이 연합군을 편성하여 관군과 대적하였음은 분명하다.

149_ 진도군 · (사)동학농민혁명기념사업회, 『동학농민혁명 지도자 유골봉환을 위한 학술연구 및 동학농민혁명 역사공원 조성계획』, 진도군 · (사)동학농민혁명기념사업회, 2005, 31쪽.

150_ 진도군 · (사)동학농민혁명기념사업회, 『동학농민혁명 지도자 유골봉환을 위한 학술연구 및 동학농민혁명 역사공원 조성계획』, 33쪽.

151_ 진도군 · (사)동학농민혁명기념사업회, 『동학농민혁명 지도자 유골봉환을 위한 학술연구 및 동학농민혁명 역사공원 조성계획』, 36쪽.

(2) 수성군의 저항

동학군에 의해 전주감영이 함락되었다는 소식이 전해지자 당시 진도부사 이희승李
熙昇은 종적을 감추고 인심이 흉흉해졌다. 그에 따라 보수적인 유생과 서리를 중심으로
치안유지를 위한 수성군이 결성되고 초대 수성장守城將에 고군면 석현 출신 김익현을
추대했으나, 나이가 많아 읍내 출신 조용기曺龍耆로 바뀌었다. 이제 농민군과 반농민
군(수성군) 사이에 일전이 펼쳐질 수밖에 없었다. 이런 양상은 진도만의 일이 아니었고,
대부분 지역에서 일어난 일이었다.

7월 들어 고군면 내동리 출신의 손행권孫行權 등 동학도들이 금갑만호진과 남
도만호진을 급습하여 병기고에서 조총, 화약, 삼지창, 환도 등을 탈취하였다. 무기
를 탈취한 후 어떤 일을 하였는지에 대해서는 자료가 없어 알 수 없다. 그러나 손
행권은

> 고군내면古郡內面 내동리內洞里의 손행권이란 자는 올해 7월 어느 날엔가 이번
> 난리에 참여한 두려움 때문에 해남 땅으로 도망하였다가 이미 돌아와 안도하였습니
> 다. 그런데 같은 면面 석현리石峴里에 사는 김수종金秀宗이 손행권에게 사악함이 물들
> 어 움집에서 날마다 주문을 왼다는 소문이 들리므로 손행권·김수종 두 놈을 저번에
> 이미 잡아 가두었는데 저간에 속이고 미혹한 정황과 거짓말을 누차 더욱 엄히 심문
> 하였으나 오로지 스스로를 비호하는 계책에 급급하여 핑계 댈 뿐 끝내 사실을 자백
> 하지 않아 우선 둘 다 엄히 가두어 놓았습니다.[152]

고 하여, 두려움을 참지 못하여 곧이어 해남으로 피신하였다가 12월에 체포되었다. 손
행권에 의해 동학에 입도한 고군면 석현리 출신의 김수종은 자택으로 피신하였다가 12
월에 체포되었다. 이 두 사람은 함께 활약하다 수성군의 반격을 견디지 못하고서 피신
하다가 체포되어 진도부 감옥에 감금되고 말았다. 이들에 대해 중앙정부에서는 일반인

152_ 『순무선봉진등록』 5, 1894년 12월 20일.

은 각별히 타일러 단속할 것이며, 손행권과 김수종 두 사람은 읍에서 형률에 따라 결정하여 처리한 후에 보고하라고 지시하였다.

같은 무렵에 진도 집강소의 개설을 위해 조도 출신 박중진朴仲辰이 일단의 동학군을 이끌고 읍내 쉬미항으로 들어와 저항하는 수성군과 전투가 벌어졌다. 그때 박중진은

> 올해 7월 어느 날 본 고을 진도부의 조도면鳥島面에 사는 괴수 박중진朴仲辰이 영광·무장 등지에서 무리를 불러 모아 배를 타고 와서 쳐들어와 성을 공격하여 죽이고 약탈하고 무기를 빼앗고 이어서 촌락으로 가서 불을 지르고 재산을 부수며 백성의 물건을 약탈함에 끝 간 데가 없었기 때문에, 여러 백성들이 일제히 모여 저 괴수 몇 놈을 붙잡았는데, 잡아서 옥에 가둔 지가 여러 날이 되자 실낱같은 목숨을 스스로 끊은 것입니다.

고 하여 영광·무장 등지에서 무리를 모아 배를 타고 들어와 진도성을 공격하여 수성군을 살상하고 무기를 탈취하였다. 이로 인해 진도부사 이희승은 수령으로서 방어를 못하고 군물을 잃어버렸다고 하여 처벌을 받았다.[153] 그러나 박중진은 수성군들에 의해 체포되어 감옥에 수감 중 자결하고 말았다. 이때 그의 딸은 동외리 청년의 전리품이 되었다 한다.[154]

수성군의 저항과 반격이 만만치 않았다. 이는 8월 14일에 신임 진도부사로 윤석신尹錫莘이 부임하고, 9월 18일에는 진도 감목관이 도착함으로써 가능하였다. 10월 10일 진도감독관은 "10월 초 10일부터 읍내와 촌마을의 민간 장정을 취합하니 그 수가 1,322명이 되어 수영水營과 함께 힘을 합하여 방어하였습니다."[155]고 하여, 읍내와 외

153_ 『승정원일기』 고종 31년 10월 13일.
154_ 진도군지편찬위원회, 『진도군지』 상, 2007, 255쪽.
155_ 『순무선봉진등록』 5, 1894년 12월 20일.

촌에서 1,322명을 모아 수성군을 조직하여 동학군을 공격하였던 것이다.

수성군의 반격에 밀린 진도 동학도들은 진도를 벗어나 나주 동학도에 합류하였다. 무안 고막포에서 11월 16일부터 18일까지 관군과 충돌하여 나치현이 사살되고, 나머지 김광윤, 나봉익, 양순달, 허영재 등 의신 만길 사람들은 진도로 압송되었다. 12월 들어 공주 전투에 참가했던 동학군이 패주하면서 장흥 접주 이방언 산하 동학군들은 12월 5일 장흥군을 접수하고 10일 병영성을 불태웠으나, 15일의 읍내 석대들 전투에서 일본군에 궤멸되었다. 이때 패잔 동학군들은 관산을 거쳐 섬으로 숨거나 강진 칠량만을 거쳐 완도와 진도 조도 일대로 몸을 피했다.

(3) 조일 연합군의 소탕

연말에 접어들면서 일본군 토벌대가 파견되었다. 서울에서 내려온 일본 토벌대는 목포를 거쳐 해남 읍내에 진주하여 동학 관련자들을 숙청하였다. 그리고 보병 19대 1대장 미나미 고시로(남소사군南小四郎) 대위는 해남 우수영을 거쳐 12월 26일 벽파진에 도착했다. 진도 동학 농민군뿐만 아니라, 장흥 석대전투 이후 섬으로 들어간 동학 농민군을 소탕하기 위해서였다. 당시 미나미가 인천의 사령관에게 보고한 바에 의하면, 2·3천명의 동학도가 해남에서 진도·제주도 사이에 있었던 것 같다.[156]

12월 27일 진도읍에 도착한 일본군과 동학순무 좌선봉진 이규태는 수성군으로부터 감옥에 가둬둔 죄수들을 인계받았다. 죄인들을 문초하고 주민들과 대질해 50여 명을 철마광장(당시는 읍내장터였다)에서 총살하고 무혐의자는 석방했다. 이때 상황을 전한 사료에 의하면

이 달 26일 경군영관京軍領官이 병정을 거느리고 경내에 들어와서 벽파진참碧波津站에서 유숙하고 다음 날 27일 진시辰時(오전 7~9시) 무렵 읍참邑站에 이르러, 본부의

156_ 진도군·(사)동학농민혁명기념사업회, 『동학농민혁명 지도자 유골봉환을 위한 학술연구 및 동학농민혁명 역사공원 조성계획』, 53쪽.

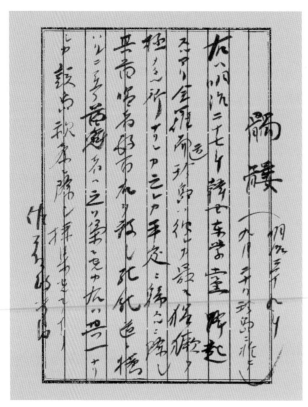

1 통학당 수창자 문서
2 동학당 수창자 유골

성을 지키는 군인과 백성들을 모두 헤쳐 보내고 갇혀있는 죄인들을 차례로 취조한 뒤에 손행권, 김윤선, 김대욱, 서기택은 민중 앞에서 죄의 경중을 따라 처단하고, 나머지는 모두 훈방하여 각각 본업으로 돌아가게 하였습니다.[157]

고 하여, 감옥에 갇혀 있는 손행권, 김윤선, 김대욱, 서기택 등이 고향 사람들이 보는 앞에서 광장에서 처형당하였다. 진도종리원연혁에는 동학농민운동 때에 본군에서 관군에게 학살을 당한 도인만 7·80명이었다고 기록하고 있다.[158] 확인된 숫자만 해도

157_ 『선봉진정보첩』 1894년 12월 30일.

1백여 명이 넘는다. 이때 총살된 동학군은 송현재에 옮겨 묻혔고, 그로 인해 한동안 송현재에 사람의 왕래가 끊겼고 주변에 악취가 진동했다고 한다.

그런데 실제 진도 땅에서 처형된 숫자는 이보다 훨씬 많았다. 이를 알아보기 위해 다음을 살펴보자. 1906년 9월 20일 목포권업모범장 출장소 직원 좌등정차랑佐藤政次郎이 진도에 출장을 와서 송현재(일본 식민지 시절 공동묘지)에서 두개골 1구를 채집해 갔다. 이 유골이 1995년 7월 15일 일본 북해도대학 인류학 표본창고에서 '진도동학수괴'라는 표지가 붙여진 채 청소 중이던 아이누족에 의해 발견되어 일본 일간지들에 보도되었다. 한국에서는 8월 14일자 한겨레신문이 보도하고, 10월 13일 일본 북해도대학 인권 문제 조사위원회 조사위원 2명이 진도를 방문했다. 1996년 5월 30일 이 유해는 정읍시 황토현 동학혁명기념관에 봉환 안치되었다. 그런데 그 두개골 속에 첨부되어 있는 문서에는

> 이것은 명치 27년(1894년) 한국 동학당이 궐기하였다. 전라남도 진도는 그들이 가장 극심하게 창궐한 곳이었다. 그들을 평정하고 돌아올 때, 그 수창자首唱者 수백명을 살해하여 시체가 길을 가로 막고 있었다. 수창자는 효수되었으며, 이것은 그 중의 하나이다. 해도該島를 시찰할 때 채집한 것이다.[159]

고 하여, 수백명이 처형당하였다고 하여, 50여명 혹은 7·80여명이 처형되었다는 앞에서 살핀 기록과는 다른 상황을 전해주는데, 가해자 측인 일본인이 남긴 이 기록이 더 사실에 가까울 것이다.

그렇다면 진도의 인구수를 감안하면 진도에서 엄청난 사람이 죽어간 셈인데, 그 이유는 동학도가 진도 땅에서 크게 창궐했기 때문이다. 물론 그 중에는 진도 사람 외에

158_ 이상식 외, 『전남동학농민혁명사』, 전라남도, 1996, 240쪽.
159_ 진도군 · (사) 동학농민혁명기념사업회, 『동학농민혁명 지도자 유골봉환을 위한 학술연구 및 동학농민혁명 역사공원 조성계획』, 57쪽.

외부에서 들어온 사람도 있겠지만, 수많은 사람의 처형 장면을 목격한 일반인이나 처형인의 일가친족이 받은 충격은 실로 심대하였을 것이다. 그런데 동학농민운동이 진압된 뒤 역적으로 몰렸던 탓으로 족보상에서 이들 이름을 찾아볼 수 없다는 점을 상기하면, 그 체감 정도는 상상을 초월할 것이다.

5) 전쟁으로 인한 죽음의 집단기억과 의례화

진도 사람들은 한국 역사상 가장 격렬했던 전쟁을 놓치지 않고 거의 다 겪었다. 그것은 진도라는 지역이 해양 지리적 이점을 지니고 있고 한반도 최서남단에 있기 때문이었다. 원인이야 어디에 있건 간에 사상 유례 없는 격렬한 전쟁으로 인해 진도 사람들은 참혹한 죽음을 몸소 당하고 목격하였다.

가령, 왕건은 견훤이 점령하고 있는 신도를 빼앗기 위해 당시로서는 대군이라고 할 수 있는 2천 5백 명이라는 막대한 군사를 거느리고 진도를 대대적으로 공략하여 무너뜨렸다. 모르긴 몰라도 수많은 사람을 살상하여 진도 땅을 거의 초토화시켜 버렸을 것 같다. 이후 공방전까지 생각하면 그 숫자는 상상을 초월할 것이다.

진도에 죽음의 그림자를 가장 강하게 가져다 준 사건은 다름 아닌 여몽 연합군에 의한 삼별초 진압이었다. 세계 최강을 자랑하는 원나라 군대 앞에 진도 사람들은 수없이 죽고 끌려갔다. '떼무덤', '왕온 무덤', '여기급창둠벙'으로 보아 상상을 초월한 숫자가 죽었을 것이고, 납치된 사람은 수만 명에 이른다는 기록이 있다. 산 사람들은 죽음을 목도하면서 살기 위해 어딘가로 숨어야 했고, 끌려간 사람들은 고향을 잊지 못해 뒤늦게 돌아오기도 하였다.

죽음의 공포를 채 잊기도 전에 진도 사람들은 왜구의 대대적인 침략을 받고 진도를 떠나 영암과 해남을 전전하다 80여 년이 지나서야 되돌아 왔다. 조선이 건국되어 국방이 튼튼해졌지만, 왜구들의 침략은 여전하여 진도 사람들은 계속해서 죽음의 공포에 시달리다 을묘왜변을 맞고 또 다시 진도를 떠나 육지를 전전하다 돌아왔다. 그 상처가 아물기도 전에 왜란이 일어나 진도 사람들은 명랑해전에서 죽음을 불사하다

'무명용사 묘'에 묻히게 되었고, 패전으로 몰사한 왜군 시신을 왜덕산에 묻어주기도 하였다.

죽음의 공포가 잠잠하던가 하더니 동학농민운동이 일어나 진도 사람들은 또 다시 대규모 참화를 겪어야만 하였다. 진도 출신 동학군의 위력은 그리 크지 않았지만, 우금치 전투와 장흥 석대들 전투

한국전쟁 당시 갈매기섬에서 처형된 사람들을 위한 위령제

이후 수세에 몰린 동학군이 진도로 몰려들면서 진도는 동학군의 아성이 되는 듯 했다. 이를 소탕하기 위해 수성군이 활약하고 정부군과 일본군이 진주하여 수백명의 주검을 양산하였다. 그 주검을 진도 사람들은 솔개재에 묻고 기억하였다.

이처럼 진도 사람들은 잦은 전쟁의 역사를 통해 죽음의 대량 생산을 계속해서 체험할 수밖에 없었다. 죽음이란 공포이다. 따라서 죽음을 받아들이지 못하면 불안이 된다. 진도 사람들은 공포와 불안을 이겨내기 위해 그 죽음을 떼무덤, 왕온 무덤, 여기급창둠벙, 무명용사 묘, 왜덕산, 솔개재 등에 안치하고 죽음의 기억을 이어갔다. 그리고 그 죽음에 대한 기억은 곧 진도만의 독특한 상장민속으로 의례화되어 전승되었으니, 그 민속의례는 죽음이 제공한 슬픔과 고통의 완화제 역할을 하였던 것이다. "경기도 강화의 부인네를 곡으로는 으뜸으로 치는 속사정은 강화가 겪은 옛적 그 무시무시한 병란에까지 거슬러 올라가지 않고서는 이해할 수 없다."[160]는 지적을 상기하면, 진도의 독특한 상장의례도 전쟁의 역사와 죽음의 기억을 상정하지 않고서는 이해할 수 없는 형편이다.

160_ 김열규, 『메멘토 모리, 죽음을 기억하라』, 궁리, 2001, 62쪽.

Ⅲ.
진도에
전승되는
죽음의
민속의례

1. 대문 밖이 저승일세, 진도씻김굿

1) 진도씻김굿의 절차와 내용

진도씻김굿은 호남지역의 대표적인 무속의례로서 오래 전부터 주목받아 왔다. 학술적인 가치는 물론 예술적인 완성도가 높고 음악적으로 세련됐다는 점이 크게 평가를 받아 1980년에 국가지정 중요무형문화재 제72호로 지정되었다.

씻김굿은 굿의 목적이나 상황에 따라 조금씩 다른 모습을 띤다. 상가에서 하는 굿은 곽머리씻김굿, 날을 받아서 하는 굿은 날받이씻김굿, 물에 빠져 죽은 혼을 건지기 위한 굿은 혼건지기굿, 미혼으로 죽은 이를 위한 굿은 저승혼사굿이라고 한다.

굿의 절차는 상황에 따라 조금씩 달라지기도 한다. 수사자를 위한 굿에서는 물가에서 혼건지기굿을 한 후에 집안으로 영혼을 모셔와 굿을 하며, 객사한 영혼을 위한 굿에서는 안당을 한 후 골목 어귀에서 혼

맞이를 해서 불러들인 후 본격적인 굿을 한다. 그리고 미혼으로 죽은 영혼을 위해서는 혼맞이와 결혼굿을 한 후 씻김을 한다. 또한 어떤 경우 죽은 사람을 위한 '진굿이 아니다'는 관념적 구분에 의해 조왕굿을 추가하는 경우도 있다.

넋건지기굿

어느 경우나 씻김굿은 크게 세 부분으로 나누어 전개된다. 전반부-중반부-종반부 구성이 그것이다.[1] 안당부터 선영모시기까지의 과정은 산사람들의 복덕을 축원하는 전반부에 해당하고, 그 뒤부터 길닦음까지는 망자를 천도하기 위한 중반부이며, 마지막 종천은 굿을 마감하는 종반부다.

산 사람들의 복락을 축원하기 위한 굿거리들이 전반부에 속한다. 처음에는 건물 안에서 굿을 하다가 마당으로 공간이 옮겨진다. 굿청은 마당에 차일을 치고 3면을 포장으로 막아 놓은 임시 천막인데 그 안에 병풍을 세우고 굿상을 차려 놓는다. 일반적으로 다른 지역에서는 중반부부터 굿청에서 하는 곳이 많은데 반해서 진도에서는 초가망석 이하의 굿을 굿청에서 연행한다.[2]

진도씻김굿의 절차와 구성

순서	절차	구성	대상	장소
1	조왕		조왕	부엌
2	안당		가택신	마래
3	초가망석	전반부	조상신	굿청(마당)
4	손님굿		손님	〃
5	제석굿		제석, 성주 등 가택신	〃
6	조상굿		조상신	〃
7	고풀이			〃
8	씻김			〃
9	넋올리기	중반부	망자	〃
10	희설			〃
11	길닦음			안방-마당
12	종천	종반부	객귀 및 제신	대문간(골목)

1_　나경수, 「진도씻김굿 연구」, 『호남문화연구』 18, 전남대학교 호남문화연구소, 1988, 69~97쪽.

2_　황루시, 『진도씻김굿』, 국립문화재연구소, 2001.

1	2
3	4
5	6

1 초가망석
2 손님굿
3 제석굿
4 조상굿
5 굿풀이
6 씻김

1	2
3	4

1 넋올리기　　2 희설　　3 길닦음　　4 종천

1) 조왕굿은 부엌의 조왕님 전에 부정을 아뢰어 그것을 물리고자 하는 굿이다.
   무녀 혼자 앉아 징을 치며 무가를 부른다. 무가내용은 부정을 물리고 집안의
   우환을 제거하고 가족의 재수를 비는 내용으로 되어 있다.

2) 안당은 집의 최고신인 성주신에게 굿을 하게 된 내력을 아뢰고, 성주신을 청해
   들이는 거리다. 여기서 모셔지는 성주신은 집안의 평안과 부귀를 관장하는

것으로 믿어지는 신격이다. 이외에도 조상, 지신, 조왕, 삼신, 철륭 등도 청배되는데, 모두 가택신이라는 공통점이 있다. 요컨대 안당은 성주를 비롯한 가택신을 청해들여 축원하는 거리라고 할 수 있다.

3) 초가망석에서 모셔지는 신격은 조상이다. 그리고 최근에 죽었다고 하여 '신망조상'이라고 부르는 망자도 청배된다. 영암·목포·광주의 선부리, 순천·화순 등지의 조상굿이 같은 성격의 굿이다.

4) 손님굿의 손님은 일반적으로 천연두를 옮긴다는 마마신이라고 비정되는데, 대개 객귀적인 속성을 지닌 신격으로 묘사된다. 이 거리에서는 손님노정기를 통해 손님을 청해서 해를 끼치지 말고 좋게 해주고 가시라는 축원을 한다.

5) 제석굿은 가정의 번창과 자손의 수복壽福, 재수를 관장하는 신격으로 여겨지는 제석신을 청배해서 복덕을 축원하는 거리다. 이 굿에서는 무녀가 한복 위에 장삼을 걸치고 목에 염주를 걸고 머리에 고깔을 쓰고 굿을 진행하게 된다. 다른 굿거리들에서는 일반 한복만을 입고 굿을 하다가 이 굿에서는 위와 같은 복색을 갖춰 굿을 연행한다. 제석굿에서는 서사무가 제석풀이와 집안의 복과 재물을 축원하는 다양한 무가들이 불려진다. 특히 진도에서는 성주거리가 독립하지 않고 제석굿에 포함되어 있는 것이 하나의 특징이다.

6) 조상굿은 조상에게 복덕을 축원하는 굿거리다. 다른 지역에서는 제석굿에 첨부되어 있기도 하다.

중반부는 모두 망자와 관련되어 있어 '망자굿'이라고도 부르는데, 여기서 망자의 영혼을 위로하고 달래는 내용의 굿거리들을 연행하게 된다. 다른 지역에는 서사무가 바리데기가 불리는 오구굿거리가 있지만 진도에서는 전승되지 않는다.

7) 고풀이는 긴 무명베를 일곱 매듭으로 묶어서, 굿청의 명두대나 차일 기둥에

묶어놓은 다음 반대쪽 끝을 잡고 매듭을 풀어가면서 무가를 부르는 방법으로 진행된다. 고는 망자가 이승에서 살면서 맺혔을 한과 원을 구상화具象化한 것이다. 그러므로 이 고가 잘 풀려야 망자의 원한이 풀린 것으로 간주되며, 그렇게 되었을 때 망자가 순탄하게 저승길을 갈 수 있다고 여긴다.

8) 씻김은 망자가 저승으로 잘 들어갈 수 있도록 깨끗이 씻기는 정화의례로서 씻김굿의 핵심적인 거리다. 그래서 이 거리의 이름이 굿 전체의 이름이 되어 있기도 하다. 씻김은 망자의 육신으로 간주되는 '영돈'을 말아서 씻는데, 영돈은 대개 다음처럼 만들어진다. 먼저 돗자리를 깐 후 그 위에 망자의 옷을 놓고, 돗자리를 둘둘 말아 세 매듭으로 묶는다. 그리고 이렇게 말린 돗자리를 세워, '넋'을 담은 밥그릇을 얹고, 그 위에 누룩을 놓고 마지막으로 솥뚜껑을 덮어 놓는다. 망자가 여자일 경우는 바가지를 씌운다. 무녀는 영돈의 솥뚜껑을 숟가락으로 두드리거나 물로 씻기면서 무가를 부른다. 씻김에서 사용되는 물은 향물, 쑥물, 맑은 물이다. 이 물을 차례로 빗자루에 적셔 위로부터 아래까지 골고루 씻겨내리는데, 무녀는 씻김을 하면서 망자의 천도를 비는 무가를 부른다.

9) 넋올리기에서 사용되는 '넋'은 한지를 사람 모양의 형상으로 오려 만든 30cm 정도 길이의 무구이다. 무녀는 이 넋을 망자의 옷가지 위에 놓고 지전紙錢이나 신칼의 꽃술로 들어 올리면서 무가를 가창한다. 이 절차는 굿이 성공적으로 잘 되었는지를 알아보고 또한 망자 이승을 떠나 저승으로 갈 준비가 되었는지를 시험하는 의미를 담고 있다.

10) 희설은 무녀 혼자 망자상 앞에 앉아 무가를 부르는 방법으로 연행된다. 그 내용은 망자가 극락에 가는 과정에서 만나는 관문을 통과하기를 바라는 축원으로 되어 있다. 이 무가에는 불교적 저승 세계가 자세히 묘사되고 망자의 육십갑자에 따라 통과하는 시왕문十王門이나 불교적 신격 이름이 차례로 등장한다. 이 때문에 '문자文字가 있는' 어려운 무가라고 얘기되며, 큰무당으로 칭송받는 노무들이 주로 가창한다.

11) 길닦음은 망자가 가는 저승길을 닦아주는 거리다. 고풀이나 씻김 등을 통해 이승에서의 한이 풀렸으므로 이제 망자의 넋이 천도하도록 길을 닦아 주는 것이다. '길'은 안방으로부터 마당으로 길게 펼쳐 놓은 무명베이다. 때문에 '질베(길베)'라고도 부르는데, 여기서 길베는 이승과 저승을 이어주는 길 또는 다리를 상징한다. 이 길을 지나 망자가 저승에 들어가게 된다고 여긴다. 질베 양쪽 끝을 가족들이 붙잡고 서면 무녀는 넋을 담은 넋당석을 질베 위로 조금씩 움직이면서 길을 닦는다.

12) 종천은 잡귀잡신들을 잘 달래 먹이는 굿거리다. 굿판에는 정식으로 초대받은 신격말고도 머물 곳이 없이 떠도는 객귀들이 굿하는 소리를 반겨 듣고 몰려와 있는데, 이들을 잘 먹여 보내는 배송굿이 종천이다. 여기서의 잡귀는 대개 비정상적인 죽음 때문에 한을 품은 원혼들로서 정식 신으로 대접받지 못하는 존재들이다. 그러나 무속에서는 이런 객귀마저 소홀히 대하지 않는다. 객귀들은 한을 품고 죽은 귀신이기 때문에 인간에게 해악을 미치게 된다고 한다. 그래서 마땅히 대접을 해서 보내거나 축귀해야 하는 것으로 여겼던 것이다.

2) 진도씻김굿의 무가

이 자료는 1979년 무형문화재조사보고서 제129호로 문화재관리국에 제출한 진도 씻김굿 무가를 옮긴 것이다. 박병천, 정숙자 구연, 지춘상 채록이다.

(1) 안당

아! 인금아 공심은 젊어지고 남산은 본이로세. 조선은 국이옵고 발많은 사두세경 세경두 본서울은 경성부 동불산 집터잡아 삼십삼천 내리굴러 이십팔숙 허궁천 비비천 삼화도리천 열시왕 이 덕 마련 하옵실쩍, 오십삼관 칠십칠골 충청도 오십오관 오십오 골 돌아들어 관은 곽나주, 나주는 대모관, 영안은 군수구관, 해남은 선지선관이오, 우수영 금성문 안에 진도는 지관이요, 골은 옥주골이요 앉으신 면의 지덕은, 해동조선 전라도 진도군 지산면 인지리, 그 한 지덕은 김씨가문이요, 정중은 김씨 정중이요 김씨 가문 김정중께서 정성이 지극허여 대궐같은 성주님을 모셔놓고 원근 선영님을 모셔놓고 이 잔치를 나서자 상책놓고 상날가려 중책놓고 중날가리고 생기복 덕일을 받어서 이 잔치를 나셨습니다.

찬독술 왼독술에 산해진미 장만하여 마당삼기 뜰삼기 염천도우 시우삼기 야력잔치 나서서 불쌍하신 망제님을 씻겨서나 천도하자 이 잔치 났습니다.

좌우생천하니 하날이 생기시고 지에 축하니 축시에 땅 생기고 인은 상하니 인시에 이수인간이 낳습니다.

천황씨는 철의인사를 통래하고, 지황씨는 나서 지리역사를 통래하고, 인황씨는 인간구행 마련했습니다.

태호 복희씨는 싹가죽 씨여내려 사마부화합지에를 마련했습니다.

염제신농씨 농사법을 마련하고, 황제 흔훤씨 물을 마련하옵시고, 수인씨는 불을 비벼 화씨법을 마련하고 흔원씨는 배를 내여 수중통래를 했습니다. 그후 공자님 나서 인의예지 삼강오륜 마련하고, 한나라 무고사는 신법마련 하옵시고 석가여래씨는 탄생하여 불법마련했습니다.

안으로 돌아 들어 올라 사십 오세 십칠에 중궁자발 받던 우도감성주, 좌로감성주, 모루잡던 성주, 대공잡던 성주입니다. 성주아관 모셔놓고 철리 갔던 선영, 만리호상에 오실적에 명주머니 목에 걸고, 자손치시 품에 안고, 복줌치는 손에 들고 배날듯이 실날 듯이 청자받어 오실적에 김씨 할아버지 할머니 양위질성에 차리차리 오셔서 매진지 석반에 자수음향하옵소서.

　※ 장사하는 사람이 있을 경우
　　×살 먹은 김씨 대주가 상업체로 지나나서 외상잡발은 자쳐놓고 맞전지전 관
　　돈 줄돈 왕얼기 시얼기로 금전지화로 안을 복을 재겨주고 받을 복은 재겨 주옵
　　소서.

초분이장굿　　　　　　　　　　　진도 옛 초분(진도문화원 제공)

※ 배타는 사람이 있을 경우

　　월강건너 대경건너 월타주거상을 해도 맹지바다에 실바람없이 남주월북주월
　　다 다녀도 거칠문적 없이 모진 바람결 물결제사를 시켜주옵소사.

※ 군대 간 사람이 있을 경우

　　×살먹은 자손이 색난옷을 입고 빛난 갓을 쓰고 화살같은 총칼을 메고 산으로
　　들고 다 다녀도 어둔데로 등도주고 밝은데로 앞을 둘려 상관눈에 꽃으로 밀로
　　상급시켜 권성덕화성을 입혀주옵소사.

※ 학교 다니는 사람이 있을 경우

　　×살먹은 자손이 타지타관에서 남의 부모를 친부모 삼에 가지고 번개같이 지
　　나나도 만인의 입담살이 천인에 해담살이 눈섭에 떨어진 관재구설은 제사를
　　시켜주고 글책명은 눈에 안고 말책명은 속에 안어 문접갑품을 도다주옵소사.

※ 아기들

×살먹은 자손 일년열두덜 삼백육십일이 번개같이 넘어가도 먹는대로 살로가
고 먹는대로 보신되야 해달크듯 노적이 불어나듯 키워주시오.

※ 아픈사람이 있는 경우

우연히 득병하야 흐늘가지 드들가지 두활개 두질성 네활개 네질성 허리안 내
안 숨든 가슴이 쑤시고 아프다니 바람결을 걷우어서 오색구름에 각색칠염 만
물추심으로 시로 걷우고 때로 걷우내서 기미도두고 식미도두고 기운설기를
돌아서 성출성납을 시켜주옵소사.

※ 아픈어린애가 있을 경우

어린 지양자손이 겉머리 속머리 밴두머리 양두머리 코골고 내건간새를 시연
히 걷우워 주옵소사. 청산에 구름걷고 만산에 안개걷듯이 어름위에 배밀고
수박에 백이걸 듯 전나래 전지왕 우리나래 불사약먹고 우왕포룽환을 먹고 보
고 재근듯이 새왕산 약물을 재겨주옵소서.

(2) 초가망석

늙어늙어 만년주야	다시젊지 못하리라
하날이 머다해도	초경에 이슬오고
북경이 머다해도	세월따라 백발이요
저성길이 멀다해도	아차한번 죽어지면
대문밖이 저성일세	

　　　신이로~나아냐 장성고나라도고나

　　　에~에~에이야 나니냐실어헤이야

굿을불러 외야보고	석을불러 다녀보세
굿은한님에 굿이요	석은단님에 석이로세

선영님네 오시라고 두대바지 첼을치고

화초평풍 둘러치고 선영님께 축원하네

　　신이로~나아냐 장성고나라도고나

　　에~에~에이야 나니냐실어헤이야

낙양산 십리허에 높고낮은 저무덤아

백연동실 춘양동호 영웅호걸 넉이로세

넉일랑은 넉반에 모셔놓고 흔일랑은 흔반에 모셔놓고

옷지어 영돈놓고 보시주어 배선놓아

마당삼기 뜰삼기 염천도문 시우삼기

씻겨나서 천도하야 일반세기 다리놓아

새왕전으로 인도를 하세 혼이로세

이혼이 뉘혼인가 불쌍하신 김씨망제 혼이로세

혼이되어 오셨거든 혼반에다 모셔놓고

천도 나선다네

(3) 손님굿

　손님네 본을 받고 대신에 안철을 받세. 손님네 나오실제 손님네 근본이 어데매가 근본인가. 강남나래 대한국이 손님네 근본이요, 대신에 본은 어데매가 근본인가. 대신에 본은, 삼도네거리 허바중천이 대신에 근본이세. 손님네 나오실제 청기한쌍 홍기한쌍 쌍쌍이 거느리고, 조선국 나오실제 선두거리 나오셔서, 궁아사공아 주야선주야, 니배잠깐 빌리자나. 내배라 하는배는 나라님국 실은배라, 선가가 많습니다. 손님네 하시는 말씀 선가가 많으시면 명주닷동 비단닷동 천을 걸어 주시거니, 손님네 배를 건내 주시라하니 내배라는 배도 명주닷동 비단닷동 어귀어귀 쌩이고 눌른디 씨였습네. 또한모루 돌아들어 주야선주야. 니배잠깐 빌리나면 내배라 한배는 나무배라 절이 못하고 돌매자 가라앉어 못답니다. 그러라면 니무엇을 눈에 걸고 배아니 건내 주시는가. 손님네 전설애기 저버리고, 후실애기 눈에걸고 신에걸면 손님네 배아니 건너 주시리오.

　그제는 손님네 깜짝놀라 회를내고 청금산 헐어내야 금덕으로 배를지어 바늘로 접집얽어 용천금 머리줄에 삼성돗을 지여달고 손님네 나오실제, 저기오는 저바람 저물결 무슨 바람결 물결인가. 손님네 배깰 바람결 물결일세. 물밑에 청섭이 바위위에 물위에 혹세껴 바위위에 석삼년을 떠다녀도 종이버선에 물안젖든 손님이세. 저기오는 조선국 떴는배야. 손님네가 나오실제 이름없이 나오시며 성명없이 나오실가. 손님네 성은 정정업씨 손님이고 이름은 왕건태전씨 손님일세. 손님네 나오실제 순풍만나 배질하야 오리장에 점진하고 골골이 통문놓고 자자히 마음놓네. 손님네 나오셔서 하시는 말씀 너의골에 은기 녹기 없거들랑 떡가랑잎 띄여내야 은기 녹기 사렴우나. 아니 우리 조선국 은 옷은 나뻐도 밥이 좋아 어백미 실은 쌀로 은술곳고 놋술곳아 삼시고향 사시우납 하옵소사. 강남내려 대한국은 밥은 나뻐도 옷이 좋아 맹지닷동 비단닷동 천을 걸어 주

故 지춘상 선생 2주기 추모굿으로 거행된 저승혼사굿(전남대학교 대강당)

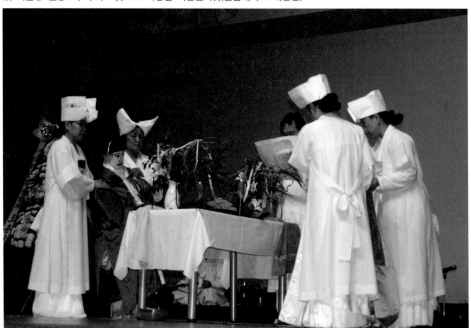

시는데 우리 조선국은 밥은 좋아도 옷이 나빠 무명부평으로 천을걸어 주십니다. 손님
네 나오셔서 정성이 지극한 김씨 가문안에 붉은 도리약점 재겨놓고 정성없는 가문안에
검은 낙점을 주십니다.

(4) 제석굿

오시드라 오시드라   천황지석 일월지석
불의지석이니 나려를왔네
  에이야~에헤~
  지석이 왔네 에이야

지석님이 오실적에   해가돈아 일광지석
달이돈아 월광지석   낙산관악 제불제천
원불지석이 오실적에   명줌치 목에 걸고
자손줌치 품에 안고   복줌치는 팔에다 걸고
산중지석이 나려를 왔네
  에이야~ 에헤~
  지석이 왔네 에이야~

지석님이 오실적에   신으로 다리놓아
불로 너 오시던고   불로 다리놓아
신으로 너 오시던고   해당화 그늘밑에
흐늘거리고 오시더라
  에이야~에헤~
  지석이 왔네 에이야~

지석님이 오실적에   김씨가문을 들어서서

명산을 둘러보니
이간대청 둘마래는
내화경 월명당은
농승방승 들충오등은
푸른중속 속잎속에
앵무궁자가 더욱좋네
　　에이야~에이야~
　　지석이 왔네 에이야~

팔괘높아 인담치고
강원도가 훤듯하고
명문당이 불어업고
양기청산 품어를 있고
육무궁도 좋으려니와

지석이 오실적에
눈위에 반반 수겨를 쓰고
흐늘흐늘 ㅣ려를 읽네
　　에이야~에이야~
　　지석이 왔네 에이야~

순대명 시대삿갓
백팔염주 목에다 걸고

지석지석
지석님 알림을받세
근본이야 지석님네
달도돌는 금도도처마당국이
지석님네 할아버지
지석님네 할머님
지석님네 아버님은
지석님네 어머님은
지석님네 아드님은
지석님네 딸애기난
낮에가 중에거든

지석님네 본을받고
지석님네 그어데며
근본은 해도돋고
지석님네 본이로세
성덕장군 아니시며
성덕비운 아니더냐
국발원서 아니시며
원발원서 아니던가
일월대제 아홉형제
인물좋다 솟으드라
아홉골 아홉선부

재를재려 나오실쩍
황금산 황에중이
너 어짠중이더냐 하옵거든
하도곱다 하옵길제
선부님네 못한구경
선부님네 못했으되
구경을 하옵니다.
재석님네 삼문밖에
노승대 방승대
바랑벗어 걸어놓고
삼문밖에 섰던중이
이화중이 보옵니다
동양주리가 전혀없네
동양주리 전혀없나
동방금지 가고업네
동양주리 전혀없나
신에비선을 가고없네
앞노적을 나를주리
뒷노적을 나주리요
소리없이 배껴나야
은부로 떠내야
주는동양 아니받고
허허그중 괴씸하고나
꿈에봐도 엄직한데
이중저중 체체마소
애철한중 아닐세

천금산 청에중
인도하고 내려오거든
지석님네 딸애기
구경차로 났습니다.
소승녀는 어이할거나
소승은 부쳐님도술로
내기동당 들었구나
무슨나무 새겼든가
찜꼭대가 새겼거든
굴갑벗어 걸어놓고
삼문안에 들어서며
동양한줌 달라고하니
아버님은 어데가시고
앞에라 앞동산에
어머님은 어데가시고
뒤에라 뒷동산에
아버님이 오신불로
어머님이 오신불로
아버지 은뽁찌깨
어백미 실은쌀을
두손받어 동양주니
이내팔을 삼삼쥐네
중이라 하는 것은
생에어인 중이려야
관대한중 아니고
중돌아간 석달반에

밥에서는 못내나고 상추에서는 풋내나고
안동안에 들든허리가 안동밖을 벗을세라
이름이나 짓고가고 성명이나 짓고가소
아들애기 낳거들랑 산이라소 산이라소
만수산 산이라소 삼년장마가 든불로서
만수산이 헐어지손가 딸애기를 나시거든
강이라소 강이라소 대천바다 강이라소
칠년가뭄이 든불로서 대천바닥이 마를손가
그래두고 질맞이고나 아버지어머님 오시던이
아가돈동 큰각씨야 너혼자 있는방에
중에냄새 왠일이며 의론냄새 왠말이냐
아버지어머님 말씀마오 열두칸 차는방에
나혼자 두었으니 중에냄샐 아니나며
으론낸들 아니나리요 오라버니 오시던이
진중에 지목다줘 저갈때로 보내소사
천상금 앞을스고 후상금 뒷을스고
골로 가자하니 바람이 자자하고
산으로 가자하니 이슬이 자자하고나
재석님네 딸애기 한번을 내야짖으니
누웠던중 일어나네 천화에 내이름 알리없고
지하에 내이름 알리없고나 좋은바람 불거들랑
다시만나 보자세라 삼순의 사순의
열두무남송이 피었거든 한송이꺾어 머리에꽂으니
천황지석 나온다. 두송이꺾어 어깨다꽂으니
원불지석 나오고 세송이꺾어 손에다드니
천에올라 천지석 지하나려 용궁재석님이

우리김씨가문을 찾어올적에
오드랍니다.
저중에 치리보고
시넙이 바지덥지
당홍뛰를 들러뛰고
충전으로 끈을달아
주홍당사 고흔뛰는
순대명 시대삿갓
육날미트리 꼽들깨고
지고루 길게달아
흐늘거리고 내려온다.
산에올라도 염불이요
염불하며 내려올쩍

중타령을 꼭이렇게하고
중나려온다 중나려온다
저중에 거동보소
백제포 장삼에
구루백통 반원장은
속옷고름 늦이메고
숭당에다 눌러메고
삼선보선 통행전에
소산반죽 열두매두
철철철 둘러짚고
중이라 허는것
속가내려도 염불이라
나무아미타불 관세음보살

제석굿 장면

원앙상 원앙상   원상화상 절밑에

행명맞어 수불절   자타일시 생불로

대미불도 되야가시오   나무정토 극락세계

삼십육반 기천오백   동명동초 다자대비

금석여래 아미타불   염불하며 나려온다.

흐늘거리고 나려온다.   천에올라 천지석

지하나려 용궁지석님이   비단 한산섬에

더위잡어 노실적에   삼현육각 거상풍류로

즐겁고 반갑게   거룩한번 놀아보는디

※ 여기서 제석춤을 추며, 춤이 끝나면은 당골은 밥주발 뚜껑을 양손에 하나씩 들고 앉아 두들기면서 다음과 같은 무가를 노래한다.

왔네왔네 선사왔네, 선사오고 대사오고, 스승오고 상제오고, 육관대사 석가여래 산중 제석님이 왔네.

이중은 근본있는 중이로서 가실동봄등 춘추양등으로 동양다니는 중도 아니오 법당 앞에 준양하는 화기중도 아니니 이중에 근본을 잠간들어 보시기를 바랍니다그려.

중에 근본을 찾자하면 해도돋고 달도돋는 금도도쳐 마당국이 지석님네 근본이요, 이 지석님이 정성이 지극한 김씨가문을 찾어올쩍에 어찌그냥 올 리가 있으리오. 명주머니 목에걸고 자손주머니 품에품고 복주머니 손에 들고 염불주머니 바랑에담고 김씨가문을 찾아올쩍에 서쪽 칠성님께 일대성군 남쪽 칠성님께 삼옥성군 일탄문 일거문(이거문?) 삼녹주 사거문 오영장 육목궁 칠패관 목재하야 좌우로 둘러앉아 낮이면 은쟁기 밤이면 놋쟁기 바둑쟁기 장기쟁기 쩟쩟히 뛰노라니 하늘에 옥황상제 실하에 주옵시든 육관대사 성진이 소승같은 중을불러 분부말씀 하시기를 인간조선 천하동편 한가지 지추초 있으나 옛날에는 적심 현공이 지극키로 성현충신 명현장군 효자열녀 홍아장면 하드니만은 지금은 법자 큰줄만알고 양근지법을 쓰기로 억조창생들은 전과 같이 천근하라 명을 나리시기에 또 한가지 큰일은 우리김씨 가문에서 김씨궁주께서 정성이 지극허야 없는것도 없다 아니하고 드는일도 생각을 아니하고 불쌍하신 망자님 가시는날은 있어도 오시는날이 없다기에 옷지워 영돈놓고 보신주워 배선을놓아 마당삼기 뜰삼기 영천도무 시후삼기 야력잔치를 나선끝에 싯겨서나 천도해서 극락세계로 인도하면 몰근 넋이 되야가고 몰근혼이 혼이 된다기에 어떠한 일이라고 일각을 머물손가.

선녀 불러 그말 잠깐허고 오리금 나리시던 천황지석이 김씨가문을 찾어올적에 팔도강산을 나려서서 새명당 들어가 정채를 바라보니 일국진 명산이고 이국진 대절일세. 이곳에 석중소리 나는듯하야 무혹나혹 제불들은 살아서 다니는 뜻 귀신이 불으난뜻 천불천탑 소합하니 큰법당 삼층경은 허궁에 솟아있고 작은법당 이층경은 초승달이 걸려 있습니다. 도구백락 짙어넘어 돈국에 다다르니 칙광치 대들보 비스릿대 구수에 잉어 구경 잠깐하고, 새왕님 생일에 제마지하는데서 곤법당 섭쩍올라 부처님께 시주하고 명과복과 아장기미 노비전미 주시거든 김씨가문에 갖다주려고 아무리 무겁제만은 바랑안에 가득담아 으식비식 걸어매고 통첩송사 편고산 샘일포, 야양 낙산사, 울진 매년개, 간정 청간정, 삼척 촉석루, 강능 경포대를 구경하고, 돈국에 들어가서 사면을 살펴보니 십이접동 연망봉은 좌우로 둘러있고 색색이 기린화초 바위마다 단초한데 곡곡이 새로 나니 명연이 여론하세 탐환이 분분하야 두건잡던 제개사는 화륜중에 낭자하고 이화경 저화경 월수연에 비쳐있고 시연이 노승에 천만봉 걸린달은 염불하는 등불이요, 구부당 귀봉산은 구구연불하니 연불이 노송이라. 밤이면 칠성을 위하고 낮이면 옥황상제를 위하옵고 밤이면 운애줄로 낮이면 안개줄로 서기방공 금다리줄로 오리금 나리시는 오실자는 거수승생격으로 지곡청청 어사하니 칠백이 군사는 물속에 버려있고 삼천사해는 약수로 둘렀는데 하수로 초대하고 강궁시를 사시로 옳으시며 월하강산의 어적소리 하담하고 경수우수 한수낙수 양진패진 평여호며 소산동정호에 팔선녀를 휘롱하는 육관대사 성진화요 만고 홍미를 차례로 분간하시던 천황지석이 어찌 가문을 모르고 정을 모르고 찾어올 리가 있으리오. 오늘날 불쌍하신 망자님 새왕극락으로 인도하라 내려온 중이니 이스님께 시주를 하시오.

※ 시주를 받는다.

시주시주 스님전에   시주많이 하시오

이중께다 시주하면   명도타고 복도받으니

스님께다가 시주많이 하시오

명산대절 태락한데   법당중창 나무시주하시오

     시주 시~주야   시주 시주나 합시다

장명부귀 축원할쩨   부쳐님전의 타우시주 하시오.

     시주 시~주야   시주 시주나 합시다

평생소원 극락세계   사후조사 불량시주를 하시오

     시주 시~주야   시주 시주나 합시다

무자졸손 토재줍생   천장법당 가시시주 하시오

     시주 시~주야   시주 시주나 합시다

팔자액자 호승인간   삼불정문 창호지시주 하시오

     시주 시~주야   시주 시주나 합시다

장탄수 깊은물에   만인공덕 다리시주를 하시오

     시주 시~주야   시주 시주나 합시다

노제예불 탁재상은   우황든 황우시를 하시오

     시주 시~주야   시주 시주나 합시다

원득자손 성공인간   제불나한 재미시주를 하시오

     시주 시~주야   시주 시주나 합시다

일년신수가 가택얼량   이십팔수 인등시를 하시오

     시주 시~주야   시주 시주나 합시다

연연 사월초파일에   합불공양 천등시주 하시오

     시주 시~주야   시주 시주나 합시다

단명무복 칠백인간   대절사문 인경시주 하시오

시주 시~주야   시주 시주나 합시다

※ 다음은 말로 한다.

시주마다 좋거니와 일년일도 야력후에 적선지하 피리여전이요 저학저학 필유에액
이라. 악한 사람은 악형이 돌아오고 선한 인간은 선심이 돌아 봄에 김씨가문에서 이정
성을 나섰으니 어진마음에 이공덕을 봐서 부귀다남 하옵소사.

불설명당 신주경 천강대지 수명당이요 일성칠성 내위지에 동방에는 청제지신 남방
에는 적제지신 서방에는 백제지신 북방에는 혹제지신 중앙에는 황제지신 여래지신 하
감하사 소원성취 발원이요 당산학발 양친일랑 오동나무 상상지에 봉황같이 점지하고
실하자손에만 섀여이라. 무쇠목숨에 독근달아 천만세나 점지하고 이댁가중에 금년신
수가 대통할쩨 동절문을 닫은뜻이 오뉴월 문열뜻이 쟁반에 물을 담은뜻이 옥반에 진주
담은뜻이 낮이면은 물이 맑고 밤이면은 불이밝아 수하는 명연하야 비단에 수결같고 한
강수 물결같이 그냥 그대로 내리시옵고 이댁 금옥같은 자손들이 태산같이 높았으되 나
라에는 충신동, 부모에는 효자동, 형제에는 우애동, 일가에는 화목동, 친구에는 유신동,
세상천지 읍등동인데 동방석에 명을 빌고 강태공에 날을빌어 선팔십 후팔십 일백예순
살을 점지시켜 주옵시고 석순에 복을빌어 물복은 흘러들고 인복은 걸어들쩍에 시시개
문에 만복랩니다. 일월소지 황금출이라 동내방내전에 나무눈에 꽃이피고 이내몸에 잎
이 피어 밤길마다 향내가게 점지시켜 주옵시고 험한놈의 입성수며 귀성수며 월액액화
화재관재 구설삼재 팔랑일랑 철리말리로 방송을 재겨서 어여쁘고 얌전하고 기진하고
갈죽일랑 이댁김씨네 가문으로 다실어다 주옵소서.

스님이 시주를 많이 받고보니 어찌 그대로 있으리오. 옥황상제님께서 명을 받으실
때는 불쌍한 망제님을 연불로 길을 딱아 극락으로 인도하라 하셨지만은 제미공덕을 많
이 받았으니 망제님 극락으로 인도하기전에 이 집터를 한번 살펴 봅시다.

산에다 쇠를 놓고 보니 산이 물로 흐르난 듯 물어다 쇠를 놓고보니 물이 산으로
오르는 듯 검수거북쇠를 놔, 용해머리터를 닦아 학의등에 집을 지어 호박지추 유리기
둥에 산허로시 걸어노니 명당일시 분명하고 지턱일세 와연합니다. 용삼아 득삼아 이명

당을 의지할쩍 거울명당 거풀명당 소문난 명당이 아닙니까. 동남간 둘러보니 각경반이 안울하고 청용산이 괴았으니 부귀하실 명당이요 학봉이 중착하야 수뢰봉이 높았으니 무과당산도 날명당, 앞에안산을 바라보니 노적봉이 비쳤으니 대대 장자로 날명당이요 옆주산을 바라보니 노인성이 비쳤으니 백발당상도 날명당이요 백호를 둘러보니 놀랜 용이 뛰어서 머리를 슬쩍 두르나니 남자손은 발복하고, 청용을 바라보니 놀랜뱀이 뛰 노라니 여자손이 홍성화야 다단서인이 이수치를하니 오관대장도 날명당일시 분명하고 지덕일시 와연합니다

명당을 잡았으니 성국토를 한번 바래 봅시다. 동은 갑을목인데 목성이요, 남은 병 진화데 화성이요, 서는 경진김인데 금성이요, 북은 임계순데 수성이라, 중은 무구톤데 토성이라.

성국토를 잡았으니 동계 개골산 동게막고, 남에 지리산 일문막고, 서에 구월산 서 축을 막아있고 동계골 남지래 북상산 이십사산 강사를 다루와 유의사 일자지 옷을찾아 입으려고 차츰차츰 들어가는 성국이요 대로연풍이라 탄탄대로에 바람맞는 성국이요 백화분수음이라 흰새비가 대우에서 물먹는 성국이요 반월운리피주라 반달이 구름속에 다름질하는 성국이요 노계탁곡성은 늙은장닭이 지네쫓는 성국이요 노서망곡하절이라 늙은쥐가 만곡을 바라보고 들로 생긋웃고 나려오는 성국이요, 옥여탄금성은 어여쁜 기 집아이 칠부단장하고 거문고 앞에놓고 팔괘를 짚어가니 봉학이 너흘너흘 춤을추는 격 이요, 옥여직금성은 어여쁜 기집아이 칠부단장하고 비단짜는 성국이요, 와우동초하니 조그만한 아이 초비여 가지고 엎진 소 앞에 차츰차츰 들어가는 성국이요, 갈마음 수성 은 목마른말이 물먹으러 들어가는 성국이다.

성국토를 잡았으니 성국토 잔이좋고 지덕도 잔이조니 이명당 터에다 지경닦아 김 씨가문 집을 신에성방술법으로 거룩하게 짓어줍시다.

명당터 잡아 성국토를 잡았으니 성국도 잔이좋고 지덕도 잔이조니 이토주 이명당 에 다 명당지경을 다과봅시다.

지경다구기

　　　혜~여　혜헤헤

　　　여이여루　어기야청청　지경이로고나.

나무가라는 칡줄매고　　　　　　　쇠가래는 쇠줄을 매야

알아감실로　지경을닥세

　　　혜~여　혜헤헤

　　　여이여루　어기야청청　지경이로고나.

금가래에다 금줄매고　　　　　　　은가래에다 은줄매야

알아감실로　지경을닥세

　　　혜~여　혜헤헤

　　　여이여루　어기야청청　지경이로고나.

높은데 밀어다가　　　　　　　　　평지를 채워놓고

상제님들 쉬지말고　　　　　　　　지경을 닥세

　　　혜~여　혜헤헤

　　　여이여루　어기야청청　지경이로고나.

일세동방 주추밑에　　　　　　　　봉한쌍이 묻혔으니

봄에 미리 거지치않게　　　　　　　알아감설로 닥아나보세

　　　혜~여　혜헤헤

　　　여이여루　어기야청청　지경이로고나.

이세남방 주추밑에　　　　　　　　업한쌍이 묻혔으니

업에머리 거치지않게　　　　　　　알아감실로 닥가나보세

　　　혜~여　혜헤헤

　　　여이여루　어기야청청　지경이로고나.

삼세서방 주추밑에　　　　　　　　금두꺼비 묻혔으니

금두꺼비 거치지않게　　　　　　　알아감설로 닥아나보세

　　　혜~여　혜헤헤

여이여루 어기야청청 지경이로고나.

사세북방 주추밑에   거북한쌍 묻혔으니

거북머리 거치지않게   알아감실로 닥가나보세

     헤~여 헤헤헤

     여이여루 어기야청청 지경이로고나.

반안지경 다글적에   청용한쌍이 묻혔으니

용의머리 거칠세라   알아감설로 다가보세

     헤~여 헤헤헤

     여이여루 어기야청청 지경이로고나.

정저지경 다글적에   황용한쌍이 묻혔으니

용에머리 거치지않게   알아감실로 다가보세

     헤~여 헤헤헤

     여이여루 어기야청청 지경이로고나.

마탕지경을 다글적에   백용한쌍이 들었으니

용의머리 거치지않게   알아감실로 다가나보세

     헤~여 헤헤헤

     여이여루 어기야청청 지경이로고나.

마구칸지경 다글적에   우마한쌍 들었네

우마머리 거치지않게   알아감실로 다가나보세

     헤~여 헤헤헤

     여이여루 어기야청청 지경이로고나.

곡간지경 다글적에   업한쌍 들었으니

업의 머리를 거치지않게   가만히 살짝 다가라

집을 집을지어 봅시다   갈마운수성에 방을 놓고

옥여작반성에 정제놓고   와복초봉성에 마래놓고

만복슬립성에 곡간짓고 경술방에 방애놓고

우마방에 마구간짓고 청용방에 담을치고

대로방에 길을내고 귀신당에 서당짓고

배로당에 별당짓고 화초방에 장쫴놓고

장쫴밭에 더덕심고 담밖에다 대를심고

무목소 묵간방에 칙간짓세

집을 둥그렇게 지었으니 어찌 입춘이 없을손가 입춘을 부쳐봅시다.

성조대모리 살펴보니 경신년 경신월

경신일 경신시 강태공의 소작으로

반초로 흘려지여 일체대로 붙여있고

상기둥에 붙인입춘 당산탁발 천년수요

실하자손 만세여이라 일체대로 붙여있고

중기둥에 붙인입춘 천중세월 인증수요

춘만건곤 복만가라 일체대로 붙여있고

벽당에다 붙인입춘 한모법당 춘풍월은

명월하라 밝았으니 일체대로 붙여있고

곡간에다 붙인입춘 일용천석이 아관만지전이라

일체대로 붙여있고 마구간에 붙인입춘

마향은 철리노요 우군백마장이라

일체대로 붙여있고 안중문에 붙인입춘

본명은 남산월이고 황모는 부개풍이라

일체대로 붙여있고 밖 때문에 붙인입춘

국태는 민안타고 세화는 연풍이라

일체대로 붙여있네

대궐같은 성주 모시고 관라같은 성주님을 모시고 우도감성주 좌도감성주 십이 성주대감을 모셔놓고, 오방철륜 오방지신에서 다 정성이 지극한 김씨가문에서 성주님을 모셨으니 어떠하신 성주님이신데 모를 리가 있으리까.

※ 다음의 성주경은 독송한다. 만약 집안에 환자가 있거나 관제구설수가 있는 경우는 대청에 모신 선영앞에 가서 「안심성」, 「도액경」 등을 독송한다.

천지만물이 필수지즉 대인은 등록하고 소인은 낙음하니 비상이 부연측 이가중에서 금일로 택일하야 야력잔치를 나섰습니다.

성주팔신과 성주대신은 감응감동 하소서

천황씨 시절에는	천에다 단제하니
칠성개비 복고로	옥황님이 나계시고
지황씨 시절에는	지부에 단제하니
후토산영 오방토지	토주지신이 나계시고
인황씨 시절에난	천오지도 상랍하니
오십삼불 나계시며	제석나불 나계실대
유소시 시절에난	수목이 위수하야
집짓게 마련되니	성주신이 나계셨네
수인씨 시절에는	찬수가 생합하야
교인화식 하였으니	조왕신이 나계시고
태호복희씨 시절에는	하도낙서 구궁팔괘 마련되니
팔대장신이 나계셨네	마당에 벼락장신
굴뚝에 굴때장신	지붕에 용초부인
춘추에 양잠부인	변소간에 축신장
내외문에 수문장	안토지신 명당신
사중팔신 중에	입주상양 대길창에

성주탈관이 재일이요	성주대신 성주관관
십이 성주대감	목신성주 각신성주
년내월내 시기성주	동방에 목신성주
남방에 수성성주	중앙에 토성성주
금목수화토 오행성주	일월성신 조림성주
북두칠성 장명성주	개견육축 번성성주
각위성주 제위신은	금일로 강림하옵소사
십이대감 문명대감	판관대감 호주대감
병조대감 이조대감	형조대감 공조대감
예조대감 금심대감	목신대감 수신대감
화신대감 토신대감은	금일금시로 차가중에
은사조림 강림하옵소사	

　오늘 김씨가문에서 이정성을 나섰으니 김씨가문 자손들이 말책명 눈에 안고 글책명 속에 안어 문접가품을 돋아서 말재간 도드고 글재간 재기여서 일등급 상등급으로 점지시켜 달라헐제 옛날 성현님께서 말씀 하시기를 삼령이 있다 했습니다. 천령, 지령, 인령 이래서 삼령이라 했습니다. 즉 지령 산소 하나만 잡아도 삼대정성이 나고, 집터 하나만 잡아도 대대장자가 난다 했으니, 김씨가문에 오늘 이정성을 나섰으니, 지령을 받어서 우리나라 백두산부터 산정기 물정기 다받어 훌륭한 자손 점지시켜 달라 벼슬궁을 도듭시다.

팔도강산 가봉할째	함경도 백두산은
압록강이 둘러있고	평안도 잠월산은
대동강 둘러있고	황해도 구월산은
황하수가 둘렀구나	강원도 금강산은
홰로강이 둘러있고	경기도 삼각산은

임진강이 둘러있네　　　　충청도 계룡산은

소산강이 둘러있고　　　　경상도 태백산은

낙동강이 둘러있고　　　　전라도 지리산은

영산강이 둘러있네　　　　거기서 떨어져

광주무등산 생기시고　　　무등산이 떨어져서

영암월출산 생기셨네　　　월출산이 떨어져

해남두륜산 생기시고　　　두륜산이 떨어져

우수영 바삐건너　　　　　진도 만금산이라

만금산이 떨어져　　　　　금골산이 생기시고

금골산이 떨어져　　　　　첨찰산 생기셨네

첨찰산의 문필봉이　　　　이댁자손에 정기주어

못아드님 나시거든　　　　독서당에 글을배워

천자건적 동문성서　　　　주역대확 논어맹자

권권히 독성하야　　　　　자자이 외야두고

국가에 태평하야　　　　　정관을 주시거든

서찰을 품에다안꼬　　　　장궁에 드어가서

선지판을 바라보니　　　　글절이 걸렸거든

앵앤에다가 먹을갈아　　　선산에다 붓을들고

위힐필 휘지하니　　　　　문무 가지묘라

문천은 불행인데　　　　　채극은 성복이라

일착에 선착하야　　　　　장원급제 하얏기야

월궁에 솟아올라　　　　　단괴를 건거지고

오삭은 깊은곳에　　　　　천하에 사배하고

하위로 내려와서　　　　　머리에는 어사화요

몸에는 청삼인데　　　　　달아나니 선달이요

불어나니 실례로세　　　　천지자막에 제일진태는

진성궁에 초풍이라   단산채월은 채월이 넘난한데

인간세상에 귀한 것은   급자밖에 또있느냐

선산에다 소문나고   고소당에 참예하고

부모님전 영화배고   일가간에 기품배고

반인수색 생생하니   어이나 생여날까

홍문간 조리삼천   사한수 깊은 장양

이주참외 호주참외   맥칠도 하려니와

외객인들 아니할까   작은부사 부상천사

갑진부사 좌우영장   남편부사 삼도탱괴사로 치불러놓고

자우정우의정 영에 전영들영   부성궁 부엉주아

배슬길로 치불렸구나   둘째아들 나시거든

기운이 담노하야   호반으로 활을쏠때

큰활중활 삼갈까   크나큰 쟁경나무

백보천장 하볼쩍에   일궁에 무쌍이라

무아간에 낸명걸고   가는데 구산대보

편전일전 관대리고   이업전 삼전사전

극광이 슬동하야   장원급제 하야귀야

어영대장 훈련대장 자손일세   대느마시 광운감사

순풍으로 정기삼아   팔로감사 다지내고

여자손이 나시거든   문부인 간부인

정열부인 순절부인   우앙비운 가진기재로

치불려 주옵소사

불법으로 놀았으니 신법으로 고해 드리면 불쌍하진 망자님 이굿받어 잡수시고 꽃 꺾어 머리에 꽂고 자상부채는 품에다안고 청사초롱에 불을밝혀 연에연불로 양석을 싸고 활팔은 근근안에 장안 바대를 가실적에 몰근 넋시되고 몰근혼이 되야 비린내 단내

가시고 진옷봇고 모른옷입고 생왕극락으로 간다하였으니 불법으로 놀았으니 신법으로
고해해 드립니다.

나무야 남무야　　　　　　　남무푸리가 새로아미났네
　　남무야 남무야
　　남무푸리가 새로아미났네
산에 나무를 심어　　　　　　유절유절 길러내야
고물고물이 단청일세
　　남무야 남무야
　　남무푸리가 새로아미났네
동해로 뻗은가지　　　　　　목토보살이 열리시고
남해로 뻗은가지　　　　　　화보살이 열렸네
　　남무야 남무야
　　남무푸리나 관세음보살
서해로 뻗은가지　　　　　　금호보살 열리시고
북해로 뻗은가지　　　　　　화보실 열렷네
　　남무야 남무야
　　남무아비타불 관세음보살
일탐난 이검운　　　　　　　삼녹주 사검난
오영장 육목궁　　　　　　　팔패관으로 하감통촉하소서
　　남무야 남무야
　　남무아비타불 관세음보살

　김씨가문에서 작년농사는 그렁저렁 지었습니다. 금년농사자원해서 일등급 상등급
으로 점지시켜 앞에 앞노적 뒤에 뒷노적 구수노적 싸노적을 여기저기 눌루고 억만노적
을 청할쩍에 어찌 진도노적 가지고 만족하리요. 져위 서울노적까지 끌어드려 팔만장안

에 억노적을 청합시다.

어기야청청 노적이고나   어기야 끌여드리자 노적이로고나
서울에 치날리여   억만장안에 팔만객이 노적
팔만장안에 억만객이 노적   이댁김씨집으로 다들어오소
     에야 에헤야야
     어기야청청 노적이로고나
앞노적은 삼천석   뒷노적은 오천석
다물다물이 노적이야
     에헤야에헤데야
     어기야청청 노적이로고
남창노적도 이천석   뒷창노적 삼천석
이댁가문으로 다들어오시오
     에헤야에헤데야
     어기야청청 노적이로고
진당산 쇠줄을 굴려서   당기어주시오 노적이로고나
     에헤야에헤데야
     어기야청청 노적이로고
배늘이 삼천이래도 유지지가 으뜸이라
배늘밑에 업이 없으면 삼년지탁을 못한다니 업이나 잠깐 청하세.
     에헤~어기야청청 업이야
     에헤~어기야청청 업이야
일원성신 밝으날   해달없이 들어걸랑
오방신장을 밝혀주시오
     에헤~어기야청청 업이야
     에헤~어기야청청 업이야

만첩청산에 깊은골 　　　　　　　뚜깨비업이 들어오거들랑

이댁곡간에 대령하시오

　　　에헤~어기야청청 업이야

　　　에헤~어기야청청 업이야

닭이울어 김양축시 　　　　　　　인산업도 다들어오시오

　　　에헤~어기야청청 업이야

　　　에헤~어기야청청 업이야

앵면쟁쟁 요량간에 　　　　　　　깐치업이 들었거든

사랑깐으로 대령하소

　　　에헤~어기야청청 업이야

　　　에헤~어기야청청 업이야

떠들어온다 떠들어온다 　　　　　어기야청청 업이야

　　　에헤~어기야청청 업이야

　　　에헤~어기야청청 업이야

풀이녹던 단상산에 　　　　　　　봉황업이 들어거든

이댁으로 다들어오시오

　　　에헤~어기야청청 업이야

　　　에헤~어기야청청 업이야

생비울리 녹수방에 　　　　　　　원앙업이 들어거든

마구깐으로 대령하시오

※ 여기서 양손에 들었던 밥주발 두껑 하나에 쌀을 담고, 또 다른 뚜껑으로 덜어
　주인의 부인에게 준다. 그러면 이를 앞치마로 받아 춤을 추면서 대청으로 들어
　가 성주동우 속에 넣어 놓는다. 삼일 후 아침밥을 지을 때 그 쌀을 넣어 밥을
　지어 성주독에 밥한 상을 차려놓으면서 농사 잘 되게 해달라고 축원한다.

170

당산 할아버지 당산 할머님 모시고 당산주산을 잠깐치면 오방신장 육방철융에서 잡귀잡신을 몰아낸다니 당산주산을 잠간 칩시다.

※ 이때 시간이 있으면 당산주산 오방굿을 친다.

노적이로고나 백대천순 노적이요 만대유진 노적이로고나. 앞에는 남노적 뒤에는 여노적 구수노적 싸노적 억만노적을 여기저기 쟁여놓고 마루에난 재떠한님 되로 떠내면 말로 불어내고, 말로 떠내면, 섬으로 가마니로 불어낼쩍, 일관살이 시관살이 대대충충 연저놓고 방안에는 풍덕각씨 자손발복 시켜주고 은다지 빼따지 죄괘함농 관돈줄돈 어귀귀 불어내고 사랑에 제공각씨난 은기놋기 대양판 소양판 돈내 관전술로 어귀귀 불어낼쩍 마당에 별락 대장군 기르니 날찐이 개돠야지까지 채리없이 불어내주 주옵소사.
궁웅대왕을 놀아보고 궁웅 성주를 놀아보세.
대화대 대군웅 소화대 소군웅 군웅대왕 나오실째 모루 잡던 군웅이고 대공잡던 군웅인가. 강남은 총재군웅 우리나라 서재군웅 우아래 남성군웅 물우에는 수능군웅 서울은 궁에군웅 제주는 백만군웅님 차리로 나오실째 차리로 보래기면 애로시 맹근총촌 맹일에 뒷가새 도총비단 도총철윤 집만잡어 별쳐 입고 애비린니 메미간가 어두머 대두덤 군웅님네 나오실째 술안주 보래기면 늙으난 개오리 질근한 채산에 채같은민어 덩덕숭어 소조구 대조구 싯김받어 나오실제 온소머리 칼고째고 은소다리 칼고째야 소고기는 누린나요 바다고기 비린나와 산고기는 노린나요 산으로 올라서 꼬사리 살추배 짠지째 미나리 수군채 능금다래 포도연출 우줄우줄 따먹어서 나오시던 군웅일세.

※ 여기서 술잔 3잔을 올리고 첨작한다.

그러나 씻길 망자에는 삼잔만 올리고 첨작은 안한다.
조상님을 모실때는 그 날 밤 지방을 모신 분은 누구나를 막론하고 모두 모시나 내외분은 같이 모시고 사신을 한다. 그러나 씻기실 망제에게는 다른분은 다 가시드래도

가시지 마시고 씻김 받으시라 청하고 그 외 분들은 편안히 가시되 가신 후라도 자손들을 잘 돌보아 달라고 축원한다.

씻기지 않은 분들에게는 다음과 같이 축원을 한다.

즐거히 오셨다가 반가히 잡수시고 편안히 돌아가오실쩍 온상이아버지 각상도량에 즐거히 놀다가시오. 놀다가실쩍 살아생전 다르면은 사후연들 다르리요. 명줌치 점지하고 자손줌치 점지하고 복주머니 자손들께 점지시켜 주옵시고 x살먹은 김씨자손 우연히 득병하여 두활개 두질성 네활개 네질성 허리안 내안 숨든가슴 육천만 매두가 쑤시고 아프다니 바람절을 걷우고 물결을 걷우어서 성출성납을 시켜 주시오.

[합창] 경상도는 대풀이요 전라도는 중천풀이로고나. 잔도잔도 새로성입이 났네 에라대신아 에라중천아 많이 흠향하시고 편안히 돌아 가옵소사.

※ 다음은 씻김 망자에게 하는 축원

나오소사 나오소사 김씨아버지 김씨어머니 황자받자 나오소사, 청자받자 나오소사. 연불로 양석하고 활활은 근근만에 새왕가자 야력잔치 아정성을 나셨으니 만판진수 흠양하고 연불꽃을 꺾으로가자. 나오소사 넋이로고나, 넋인줄 몰랐더니 오날보니 넋이로가세, 혼인줄 몰랐더니 오날보니 혼이라고나. 넋이되어 오셨다면 넋반에다 모셔놓고 혼이되어 오셨다면 혼반에다 모셔놓고 싯게천도 가자세라. 진옷벗고 모른옷입고 상탕에 모욕하고 중탄에 메를 짓고 하탕에 모욕할때 쑥물 항물 청계수로 모욕제거 하신후에 꽃은꺾어 머리에꽂고 좌상부채는 품에다안고 청사초롱 불을밝혀 십왕전에 가옵실쩍 연불중생 되야 가시오. 연불한자 외고가면 법이 된답니다 연불한자 못외고가면 귀신이 된답니다.

신에성반 설법연불 모두다 듣고 가시오. 이세상에 나온사람 뉘덕으로 생겼던가 아버님전 뼈를 타고 어머님전 살을 빌어 칠성님께 명을타고 지석님께 복을빌어 인생일생 탄생트니 불쌍하신 금일망재 인간백년 다산데도 잠든날과 병든날 근심걱정 다지하면

단사십을 못사는세상 하산명
월이 되야갔으니 원혼이야 넉
이로고나. 엇그께 살아쓸적
일가친구 서로만나 너왔느냐
나왔느냐 이리앉소 저리앉소
한잔들소 또한잔먹소 하더니
만은 어느새끼 넉이되야 적적
공산 깊은산에 친구없이 누었
은들 어느누가 찾아보며 어느

성주굿

누가 말을하리 일가친척이 많단불로 어느일가 날찾으며 친구벗네 많단불로 어느뉘가
날차리야 두견접동 벗이되야 산월로 등촉하고 단혼자 누었으니 자석들이 성심들여 상
책놓고 상날가려 중책놓고 중날가려 생기복덕일 택일하야 ×해머리 ×상달 ×날에 이
정성을 나섰으니 혼이라도 나오셔서 만판진수 좌수흠양 하옵시고 싯게마당 가라세라.

천근만근 천근이야 약수천근 득수지천근이야

※ 지방을 뜯어 축원하여 태운다.

액을액을 액을막세 액을막어 예방하고 액을막어서 석체화세 ×살먹은 대주 ×살먹은
김씨자손 액을 막어서 예방하세, 액을막어 석제할쩨 한마웃을 막어내고 열에옷을 막어내
서 부모에는 천상살기 막고 부부에는 이별살기 자손에는 공방살기 물우난 신물수 제사
를 시겨주고 불에는 화재살기 물에는 용왕살기 산에는 산신살기를 막어내고 도량살기를
막어낼쩍 지신살기 막어내야 나뭇잎 담사리 헤담살기 막어내고 눈썹에 떨어진 관재구설
없이 다 동서남북 방방곡곡 두루구름 다다녀도 상부살기를 막어내고 상부상채를 막어내
고 상부상채 유월살기 수록살기를 막어내고 정신살기 품안살기 하부살기를막어낼쩍 정
칠월 이팔월 삼구월 사시월 오동지 육석달로 신액을 막어내고 대액을 막어내세.

손님을 여우노라, 대신을 여우노라. 하늘이 물어천둥대신, 땅이 울어 지둥대신 구

중대신을 여우노라 동네손녀 손님을 여울쩍 안에 참석 못한 손님네, 거리중천 거리노중에서, 줄거웁고 반가웁고, 방자웁고 즐거웁게, 자수흠향 하옵시고, 속거철리 원기출성 하옵실쩍, 김씨 가문에 불을 밝혀 주옵소사.

(5) 씻김(이슬털기)

※ 영돈을 세우고 그 위에 누룩을 놓고 누룩위에 놋그릇을 놓는데 놋그릇 주발안에는 넋을 넣고서 뚜껑을 덮은 다음, 길배로 그 위를 다시 덮어 놓는다. 그 옆에는 쑥물 향물 맑은 물 비자루를 준비해 놓고 다음과 같은 무가를 부르면서 씻긴다.

나오서사 나오서사 불쌍헌 김씨망제 싯금받어 나오실쩍 초제왕전 말미타고 이제왕전 말미타고 삼제왕전 말미타고 사제왕전 말미타고 오제왕전 말미타고 육제왕전 말미타고 칠제왕전 말미타고 팔제왕전 말미타고 구제왕전 말미타고 십제왕전 말미타고 불쌍헌 금일망제 넉이되야 오시고 혼이되 오셨으니 넋방에 모시고 혼방에 모시고 비린내도 가시고 단내도 가시자 씻겨서나 천도를 허옵시면 사죄를 여우고 동갑을 여우시고 불어내든 사자님 외야내든 사자님 모셔가든 사자님 일족사자 원족사자 시즉사자님 장안복이 명덕궁사자님 조공멸리 조리지방 황천선왕 인노왕 감노왕 세계갈리왕 중악신사자 강림사자는 일시소멸 하옵시고 불쌍헌 망제님 가신길이 있어도 오시는 길 없다기에 옷지어 영돈놓고 보신주어 배석놓아 마당삼기 뜰삼기 영천도무 시우삼기 야력잔치 나섰으니 차차리 오시고 지차리 오시고 배날같고 실날같이 청자받어 오시고 지하받어 오시고 즐겁고 반갑게 흠향하시고 연불로 양식싸고 활활온 근근안에 장안바대 가실쩍 도산지옥 명하옵고 화탄지옥 면하옵고 한빈지옥을 면하옵시고 금수지 옥발설지옥 지장왕 보살님아 일천편 연불하면 연불하신 공덕으로 망제님이 옥경연화 몰근 넉이되야 십왕전에 가실쩍에 상탕에 향물로 모욕하고 중탕에서 쑥물로 모욕하고 하탕에 청계수로 모욕하고 진옷벗고 모른입고 비린내 가시고 단내 가시고 십왕전에 가옵소사. 분향길로 스기를 삼우시고 용천감로 정화수로 저의도량에 감응내림 하옵소사. 씻김마당에 강림하야 해원경에 원을풀고 육갑해원에 길을찾아 인도황생 화류경에 건원득섬 원을

망자의 영대인 영돈말이를 정화수, 향물, 쑥물로 씻기는 씻김거리

풀이 십왕세계 문을 열고 극락세계 들어가서 인도환생 하옵소서, 금일종천에 회원신 영결종천 돌아가시요. 초제왕은 증관대왕 이제왕은 초관대왕 삼제왕은 초관대장 삼제왕은 송제대왕 사제왕은 오관대왕 오제왕은 염라대왕 육제왕은 병서대왕 칠제왕은 태산대왕 팔제왕은 평등대왕 구제왕은 도시대왕 십제왕은 철윤대왕님에 말미타고 앵이로고나. 원앙생 원앙생 원생화생 연해경 행명마저 수불절 사타일씨 생불도 대미불도 되야가시오. 나무정토 극락세계 동명동호 대자대비 금석여래 아미타불.

※ 여기서 쑥물 향물 맑은물로 목욕시킨다. 비자루로 쓸고 길배를 가지고 다시 닦아 낸다. 그런 후에 영돈을 들고서 "천지개폐문"을 연다.

오늘날 불쌍한 금일망제 어느곳에가 쟁겼드냐 나무함에 쟁겼으면 나무함을 열어주교 돌함에 쟁겼으면 돌함을 열어주고 쇠함에 쟁겼다면 쇠함을 열어주자 천번물을 잡으시던 우드듭이 잡으시고 둘하문 잡으시던 가련뱀군이 잡으시고 셋찬문 잡으시던 백천 만인이 잡으시니 이문널이 뉘있는가 신에성방 술법으로 어그정성 열어주세.

⑹ 왕풀이

※ 영돈을 풀고 넋만 들고 왕풀이를 한다.

초제왕도 앵이드냐 이제왕도 앵이드냐 삼제왕도 앵이드냐 사제왕도 앵이드냐 오제 왕도 앵이드냐 육제왕도 앵이드냐 칠제왕도 앵이드냐 팔제왕도 앵이드냐 구제왕도 앵 이드냐 십제왕도 앵이드냐. 초제왕은 증광대왕 이제왕은 초관대왕 삼제왕은 송제대왕 사제왕은 오관대왕 오제왕은 염라대왕 육제왕은 변성대왕 칠제왕은 태산대왕 팔제왕 은 평등대왕 구제왕은 도시대왕 십제왕은 철윤대왕 건곤은 실이곤곤 장군은 백마장군 소덕시 강림자로 알어가소사 왕이로고나.

넉이로다 넉이로다 혼이로고나

낙양산 십리허담 높고 낮은 저무덤은 백년동실 춘향호동 영웅호걸이 넉이런가 오 늘날 망제님은 동냥자 넉이런가 금낭자 넉이러냐 그넋도 아니로세 동지섯달 어름누에 잉어한쌍 구에다가 자기모친 곤양하던 맹호자에 넉이런가 그넋도 아니로세 동지섯달 어름우에 대죽순을 구에다가 자기모친 공양하던 심랑자 넉이라드냐 그넋도 아니로고 나 불쌍한 김씨망제 넉이로세.

천둥꽃을 따러가세 지둥꽃을 따러가세 청청다래 남다래 꽃이피어 자우는뜻 자추는 듯 오늘날 망제님 간난애기 넉이런가 자는애기 혼일러냐 그넋도 아니로고나 낙향산 심 리허담 높고낮은 저무덤아 백년동심 춘향호동 영웅호걸이 넉이되야 넉일랑은 넋반에 모시고 혼일랑은 혼반에 모시고 시첼랑은 사기하담에 담어서 이성반대 청으로 나오서 사 넉이로고나 넉을 불러 십완전에 받혔으니 약수지천 근을 불러 십왕전에 받혀보세, 불쌍한 망제님 약사발 옆에놓고 인삼불 옆에놓고 병세를 구완할쩨 강원도 은방죽에 은 기놋기 띄였거든 은기놋기 열고보니 전나래 전치황 우리나래 불사약이 갖가지 담겼어도

박병천씨(보유자)　　채계만씨(보유자)　　김대례씨(보유자)　　박병원씨(후보)　　이완순씨(조교)　　정숙자씨(조교)

그약다 못다 잡수시고 원통케 죽는 약수지천근이로고나.

천근이로고나 천근이야 천근이야 약수지천근이야 득수지천근이야 일월에 천근이
고 단님에다 천근이야 동갑에 천근이고 갑장에 천근일세 천근천근 천근이야 약수지천
근이고 득수지천근일세, 아그문전에 득수지천근이로가나.

(7) 고풀이(넋풀이)

※ 넋올린다. 그리고 고를 푼다.

넋이로고나 불쌍한 밍제님 넋이되이 오셨다면 너이라소 오르소 호이라도 오셨다면
김씨가문에 오르소사 불쌍한 망제님 천고에가 맺혔는가 만고에 맺혔든가 천고만고에
맺었으면 천고만고 풀것이요
순중에 맺었던마음 만고에 다
풀고 백천만고 서리서리 풀리
소사 오르소사 넉이로다 김씨
게 오르소사 넉이로고나 넉이
로고나 노량신상 넉이로다 김
씨망제님 싯겨 천도화야 십왕
전 모시자고 자손께서 두대바
지 챌을치고 화초평풍 둘러치

곽머리씻김굿에서 고풀이

고 산해진미 장만하여 이정성 나섰으니 메진지 석반에 자수흠량 하옵시고 새왕극락 가신후에라도 어찌자손은 모르리요 뒷몰가 조옵소사.

(8) 희설

※ 희설은 당골 혼자서 한다.

초제왕은 증광대 왕님이요 명호난 정태봉씨요 탄일은 이월초하루 증광여래 제일이요 지옥은 도산지옥 차지난 경오신미 임신계유 갑술을혜생은 다 초제왕님께 메었으니 증광대왕님 호상의 증광여래 염하옵시고 제불제천 백만권속 거나르시고 상수설법 도재중생 지랑왕보살님이 부처님께 이름을 걸고 일천편 연불하면 연불하신 공덕으로 김씨망제님 도산지옥을 면하옵시고

　　　사자는 연즉사자 월즉사자 일즉사자 시즉시자 세석궁 사자님 장안복이 명덕
　　　궁사자 조공멸지 졸지지방 병종권속 황천선왕 인노왕 감노왕 세계갈리왕 중
　　　악신사자 일시 소멸 하옵시고 김씨망자님 옥경연화대 금품도중생 팔공덕 수
　　　금풀 밑에 봉불 되옵시고 일시성불 허오리다. 나무정찰 지장왕보살.

이제왕은 초강대왕 명호난 정극단씨요 탄일은 이월일일 월불은 초파일 약수여래 제일이요 지옥은 화탄지옥 차지난 무자기축 경인신묘 인신기사생은 이제왕 초강대님께 메였습니다. 정극단씨 호상의 약사여래 염하옵시고 제불제천 백만권속 거날리시고 상수설법 도재중생 지장왕 보살님이 부처님께 이름걸고 일천편 연불하면 연불하신 공덕으로 김씨 망제씨난 화탄지옥 면하옵시고

　　　사자는 연즉사자 월즉사자 일즉사자 시즉사자 세석궁 사자님 장안복이 명덕
　　　궁사자 조공멸지 졸지지방 병종권속 황천선왕 인노왕 감노왕 세계갈리왕 중
　　　악신사자 일시 소멸 하옵시고 김씨망자님 옥경연화대 금품도중생 팔공덕 수
　　　금풀 밑에 봉불 되옵시고 일시성불 허오리다. 나무정찰 지장왕보살.

삼제왕은 송대대왕 명호난 송정월씨은 탄일은 이월팔일 월불은 십사일 헌겁천불 제일이요 지옥은 한빙지옥 차지난 임오계미 갑신을유 병술정해생은 삼제왕 송재대왕

님께 메였습니다. 송정월씨 호상의 헌겹천불 염하옵시고 제불제천 백만권속 거날리시고 상수설법 도재중생 지장왕 보살님이 부처님께 이름걸고 일천편 연불하면 연불하신 공덕으로 김씨망제씨난 한빙지옥 면하옵시고

　　　　사자는 연즉사자 월즉사자 일즉사자 시즉사자 세석궁 사자님 장안복이 명덕 궁사자 조공멀지 졸지지방 병종권속 황천선왕 인노왕 감노왕 세계갈리왕 중 악신사자 일시 소멸 하옵시고 김씨망자님 옥경연화대 금품도중생 팔공덕 수 금풀 밑에 봉불 되옵시고 일시성불 허오리다. 나무정찰 지장왕보살.

사제왕은 오관대왕 명호난 정태봉씨요 탄일은 일월팔일 원불은 십오일 아미타불 제일이요 지옥은 검수지옥 차지난 갑자을축 병인무진 기사생은 사제왕 오관대왕님께 메였습니다. 정태봉씨 호상의 아미타불 염하옵시고 제불제천 백만권속 거리시고 상수설법 도재중생 지장왕 보살님이 부처님께 이름걸고 일천편 연불하면 연불하신 공덕으로 김씨망제씨난 검수지옥 면하옵시고

　　　　사자는 연즉사자 월즉사자 일즉사자 시즉사자 세석궁 사자님 장안복이 명덕 궁사자 조공멀지 졸지지방 병종권속 황천선왕 인노왕 감노왕 세계갈리왕 중 악신사자 일시 소멸 하옵시고 김씨망자님 옥경연화대 금품도중생 팔공덕 수 금풀 밑에 봉불 되옵시고 일시성불 허오리다. 나무정찰 지장왕보살.

오제왕은 염라대왕 명호난 조단명씨요 탄일은 삼월팔일 월불은 십팔일 지장보살 제일이요 지옥은 발설지옥 차지난 경자신축 임인계묘 갑신무사생은 오제왕 염라대왕님께 메였습니다. 조단명씨 호상의 지장보살 염하옵시고 제불제천 백만권속 거날리시고 상수설법 도재중생 지장왕 보살님이 부쳐님께 이름걸고 일천편 연불하면 연불하신 공덕으로 김씨망제씨난 발설지옥 면하옵고

　　　　사자는 연즉사자 월즉사자 일즉사자 시즉사자 세석궁 사자님 장안복이 명덕 궁사자 조공멀지 졸지지방 병종권속 황천선왕 인노왕 감노왕 세계갈리왕 중 악신사자 일시 소멸 하옵시고 김씨망자님 옥경연화대 금품도중생 팔공덕 수 금풀 밑에 봉불 되옵시고 일시성불 허오리다. 나무정찰 지장왕보살.

육제왕은 변성대왕 명호난 조임담씨요 탄일은 이월이십칠일 원불은 이십삼일 대재

지보살 재임일이요 지옥은 독사지옥 차지난 병자정축 무진기묘 경진신사생은 다 육제 변성 대왕님께 메었습니다. 조인담씨 호상의 대재지보살 염하옵시고 제불제천 백만권 속 거날리시고 상수설법 도재중생 지장왕 보살님이 부쳐님께 이름걸고 일천편 염불하 면 연불하신 공덕으로 김씨망제씨난 독사지옥 면하옵시고

사자는 연즉사자 월즉사자 일즉사자 시즉사자 세석궁 사자님 장안복이 명덕 궁사자 조공멸지 졸지지방 병종권속 황천선왕 인노왕 감노왕 세계갈리왕 중 악신사자 일시 소멸 하옵시고 김씨망자님 옥경연화대 금품도중생 팔공덕 수 금풀 밑에 봉불 되옵시고 일시성불 허오리다. 나무정찰 지장왕보살.

칠제왕은 태산대왕 명호난 백송씨요 탄일은 삼월이일 원불은 이십사일 관세음보살 제일이요 지옥은 차침지옥 차지난 갑오을미 병신정유 무술기해 다 칠제왕 태산대왕님 게 메었습니다. 백송씨 호상의 관세음보살 염하옵시고 제불제천 백만권속 거날리시고 상수설법 도재중생 지장왕 보살님이 부쳐님께 이름걸고 일천편 연불하면 연불하신 공 덕으로 김시망제씨난 차침지옥 면하옵시고

사자는 연즉사자 월즉사자 일즉사자 시즉사자 세석궁 사자님 장안복이 명덕 궁사자 조공멸지 졸지지방 병종권속 황천선왕 인노왕 감노왕 세계갈리왕 중 악신사자 일시 소멸 하옵시고 김씨망자님 옥경연화대 금품도중생 팔공덕 수 금풀 밑에 봉불 되옵시고 일시성불 허오리다. 나무정찰 지장왕보살.

팔제왕은 평등대왕 명호난 정기성씨요 탄일은 사월일일 우너불은 이십팔일 노사나 제일이요 지극은 거해지옥 차지난 병오정미 무신경술 신해생은 다 팔제왕 평등대왕님 께 메었습니다. 정기성씨 호상의 노사나 염하옵시고 제불제천 백만권속 거날리시고 산 수설법 도재중생 지장왕 보살님이 부쳐님께 이름걸고 일천편 연불하면 연불하신 공덕 으로 김씨망제씨난 거해지옥 면하옵시고

사자는 연즉사자 월즉사자 일즉사자 시즉사자 세석궁 사자님 장안복이 명덕 궁사자 조공멸지 졸지지방 병종권속 황천선왕 인노왕 감노왕 세계갈리왕 중 악신사자 일시 소멸 하옵시고 김씨망자님 옥경연화대 금품도중생 팔공덕 수 금풀 밑에 봉불 되옵시고 일시성불 허오리다. 나무정찰 지장왕보살.

구제왕은 도시대왕 명호난 하철윤씨요 탄일은 사월칠일 원불은 이십구일 야광보살 제일이요 지옥은 철상지옥 차지난 임자계축 갑인을묘 병진정해생은 구제왕 도시대왕 님게 메었습니다. 하철윤씨 호상의 야광보살 염하옵시고 제불제천 백만권속 거날리시고 상수설법 도재중생 지장왕 보살님이 부쳐님의 이름걸고 일천편 연불하면 연불하신 공덕으로 김씨망제씨난 철상지옥 면하옵시고

    사자는 연즉사자 월즉사자 일즉사자 시즉사자 세석궁 사자님 장안복이 명덕 궁사자 조공멀지 졸지지방 병종권속 황천선왕 인노왕 감노왕 세계갈리왕 중 악신사자 일시 소멸 하옵시고 김씨망자님 옥경연화대 금품도중생 팔공덕 수 금풀 밑에 봉불 되옵시고 일시성불 허오리다. 나무정찰 지장왕보살.

십제왕은 절윤대왕 명호난 기연변씨요 탄일은 사월 이십칠일 원불은 이십일 석만 불 제일이요 지옥은 흑암지옥 차지난 무오기미 경신신유 임술계해생은 십제왕 절윤대 왕님게 메었습니다. 기연변씨 호상의 석가문불 염하옵시고 제불제천 백만권속 거날리 시고 살수설법 도재중생 지장왕 보살님이 부쳐님께 이름걸고 일천편 연불하면 연불하 신 공덕으로 김씨망제씨난 흑암지옥 면하옵시고

    사자는 연즉사자 월즉사자 일즉사자 시즉사자 세석궁 사자님 장안복이 명덕 궁사자 조공멀지 졸지지방 병종권속 황천선왕 인노왕 간노왕 세계갈리왕 중 악신사자 일시 소멸 하옵시고 김씨망자님 옥경연화대 금품도중생 팔공덕 수 금풀 밑에 봉불 되옵시고 일시성불 허오리다. 나무정찰 지장왕보살.

가봅시다 좋은국토 가봅시다 살던세상 뒤로두고 극락으로 가봅시다 극락이라고 하 는곳은 황금으로 땅이되고 연꽃으로 대를지여 아미타불 주인되고 관을세 지보쳐되야 사십팔원을 세우시고 구품연대 버리시사 반야용선 내어보니 연물중생 저인할 때 팔보 살이 호위하고 인노왕보살 노를 젓고 제천음악 가진풍류 천동처여 춤을추며 오색광명 어린곳에 생사대해 건너가서 연태중에 환생하고 무량공덕 수용하면 너도나도 차별없 이 사후성불 하고마세.

나모라 다라나 나막 가리야 바로기재 세바라야 모지사다바야 마하사다바야 마하가 로니가야 다냐타 아바다 아바다 마리만제 인해해 다냐타 살바다라니만 다라야 인혜혜

마라마수다 모다야음 살바작 수가야 다라니 인지라야 다냐타 바로기제 세바라야 살바
도다 오아야미 사바하라.

※ 위 "다라니"는 3송하던가 7송을 한다.

원앙생 원앙생 원생화생 절밑에 행명맞어 수불절 자타일시 승불도 대미불도되야

1	2	
3	4	5

1 정주 2 지전 3 영돈말이 4 넋 5 신칼

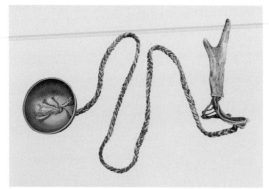

가시요. 나무정토 극락세계 삼십육만 기천오백 동명동호 대자대비 금석여래 아미타불. 수미산 청계수에 환영닦은 지족금은 재전보시개로 일천편 연불하면 연불하면 연부하신 공덕으로 김씨망제님 십제왕님전 가옵실적 사자를 여우시고 동갑을 여우시고 갑장을 여우시고 새왕극락 가실적에 연불로 양석쌓고 활활온 근근안에 장안반에 건너가옵소사. 원앙생 원앙생

※ 위 무가도 3송하거나 7송을 한다.

(9) 길닦음

    제해 보살이로고나
    나무 나야허고나
    나무나무여 아미타불
        제해 보살이로고나
        나무여 나야허고나
        나무나무여 아미타불
    중장산 가래송락은
    수양산의 길을물어
    암재감실로 허옵실적
    오늘날 망제님들
    고장대 몸이되여
    피로장의 넉이되여
    수족이없이 오신다기에
    옷질여 영돈놓고
    보신주어서 배선을놓아
    여래면불도 길이나닦세
        제해 보살이로고나

나무여 나야허고나

　　나무나무여 아미타불

악취무명원 성취숙명원

무타악도원 쉬여를가시오

가다가다 저물거든

사십팔원에 쉬여를가소

　　나무여 나무여

　　나무풀이나 새로아미타불

천지분한후에 삼난한쌍 일어내

여래연불로 길이나닦세

　　나무야 나무여

　　나무아미탈 깁이나 닦세

동서남북 간데마다

형제같이 화목할꺼나

오영방에 깊이들어

형제투쟁을 마다하였네

여래연불로 길아나닦세

　　나무야 나무여

　　나무아미탈 길이나 닦세

여비 옥여갖춰

출가성연 뭉연대리

이프거던 자야수는

마호밭을 매로가세

　　나무야 나무여

　　나무아미탈 길이나 닦세

끝없는 호무를가지고

이리매고 저리매자

새왕극락으로 드러나매자

　　　나무야 나무여

　　　나무아미탈 길이나 닦세

법성원님이 무인생

　　　나무아미타불

제법보던 보매전

　　　나무아미타불

　불쌍한 망제씨 이굿받어 잡수시고 천고에 맺히고 만고에 맺혔던마음 천고를 풀고 만고를 풀고 백천고를 풀었으니 포부에 맺힌마음 순중에풀고 십왕극락을 가시는길에 중복이 걸려서 못가신다면 중복풀이 나서면 김씨망제님 몰근넉이라고 몰근혼이 되야서 극락십전에 간다하니 중복풀이로 나섭시다.

　중복이라고나 청사 청미월은 명원인데 인심사해가 중복이란다 삼증고이 이월개월은 춘설춘미가 중복이라네 오동개월 이월유월은 자도에게 가데중복이라 칠년벗을 여워주고 삼년동갑을 여워주세.

저승으로 망자를 천도시키는 길닦음　　　　길닦음에서 망자를 넋을 태워 저승으로 천도시키는 반야용선

※ 여기서 마지막 첨작을 한다.

(10) 하적

하적이야 하적이라고나

새왕산 가시자고 하적이야

저기오는 시주님네

어디가는 시주인가

김씨 망제님

극락으로 인도하자고

오시는시주

　　에~에~ 에헤에이야

　　어처 어허허 헤헤이야

살든집도 하적하고

동네방네 하적하고

새왕산 가시자 하적이야

　　제화~ 좋네 졸~ 졸시구나

　　명년춘삼월에나 한양놀음이나가세

처자권속 뒤에두고

친구분네 하적하고

극락가시자 하적을허네

　　제화~ 좋네 졸~ 졸시구나

　　명년춘삼월에나 한양놀음이나가세

동내방내 잘있거라

내고향아 언제오리

길이다른 저승길로

내도라간다.

※ 이라적이 끝나면 지전을 들고 한동안 논다. 그리고 길배를 걷는다.

길놔라 배띄여라 새왕가자 배띄어라 극락가자 배놓아라 길매기는 어데가고 배뜨는 줄 모르는가 사공은 어데가 배질할줄 모르는가 그배이름이 무엇인고 반야용선 분명코나 그배사공이 뉘이련가 인노왕 분명하오 팔보살이 호위하고 인노왕이 노를젓어 장안바다 건너가서 김씨망제 신에성방 술법받어 환생극락 가옵사네.

(11) 종천
※ 종천은 대문밖 길에서 당골 혼자 옷을 태우면서 축원한다.

3) 진도씻김굿의 전승양상

진도씻김굿이 무형문화재로 지정될 때에는 상당수의 세습무계 무속인들이 있었으나 현재 진도의 세습무는 소멸 직전에 있다. 현재 진도에 남아있는 세습무가는 고 박병천 일가와 함인천, 채정례[3] 부부 정도이다. 박주언은 진도 무계의 특징을 다음과 같이 정리한 바 있다.[4]

첫째, 무계의 성원들은 대부분 무계출신의 배우자와 혼인한다.

둘째, 비록 무계 출신의 여자라도 처녀시절에는 굿판을 따라다니지 않다가 결혼을 한 후에 굿을 배워 무의를 행한다는 것이다. 즉 시집가기 전에는 친정어머니로부터 무가를 익히거나 그 영향을 받지만 직접 무의에 참여하지는 않고 결혼해서야 시어머니로부터 무업을 배운다.

셋째, 무계 출신의 여자라도 결혼 후에 초기에는 무업을 하려하지 않다가 경제적 어려움 때문에 무업에 종사하게 된다는 것이다. 이러한 현상은 세습이 숙명처럼 되었

---

[3] 채정례 무녀는 2013년 10월 21일 향년 87세의 나이로 별세하였다.
[4] 황루시, 『진도씻김굿』, 국립문화재연구소, 2001, 98쪽.

1	2
3	4

1~2　故 노무현 대통령의 넋을 위로하는 봉하마을과 진도철마광장에서의 진도씻김굿
3~4　故 김대중 대통령의 넋을 위로하는 하의도에서의 진도다시래기와 진도씻김굿

던 과거와는 다른 양상으로 보인다고 지적했다.

넷째, 당골판을 포함한 일체의 권한은 부계계승이며 장자상속을 원칙으로 한다.

마지막으로 무계 출신의 여자가 무계의 배우자와 결혼하면 남자의 가족에 속하여 가계도 시가로 편입된다고 보았다.

그러나 이런 진도세습무 가계의 전통은 이미 거의 와해되었다고 볼 수 있다. 현재 중요무형문화재 제72호 진도씻김굿을 전승하는 구성원은 매우 다양한 성격을 보이는데 대략 세 그룹으로 나눌 수 있다. 첫째는 박병천 일가이다. 고 박병천의 두 아들과

	구 분	성 명	기·예능	지정일
1	보유자	박병원	악사	2001.11.30
2	전수조교	김오현	〃	1996.12.10
3	〃	송순단	무가	2001.10.18
4	〃	박미옥	무녀	2008.10.30
5	이수자	이종대	악사	1995.07.01
6	〃	홍옥미	〃	〃
7	〃	박환영	〃	〃
8	〃	이태백	〃	2000.12.30
9	〃	임수정	〃	〃
10	〃	강은영	무무(지전춤)	2004.06.30
11	〃	이석주	악사	〃
12	〃	박성훈	〃	2005.06.30
13	〃	장필식	〃	2006.07.01
14	〃	박향옥	무가	2007.12.01
15	〃	박영예	악사	2012.11.20
16	전수생	함은정	〃	〃

한명의 딸만이 세습무 가계의 전통을 잇고 있다. 박병천 일가는 딸 박미옥, 아들 박환영, 박성훈과 함께 가장 큰 영향력을 지닌 전승자들이다. 두 번째는 박병원, 김오현, 송순단, 장필식 등으로 구성된 실제 진도에 살면서 굿을 하고 있는 사람들이다. 이중 박병원을 제외하고는 모두 세습무가 출신이 아니다. 특히 송순단은 강신무로 현재 보존회 안에서 실제로 굿을 하고 있는 유일한 무당이기도 하다. 마지막으로 세습무가 출신도 아니고 현재 무업에 종사하지도 않지만 예술로서의 진도씻김굿을 전승하고 있는 부류가 있다. 민속예술을 전공하는 전문가들로 이루어진 이종대, 홍옥미, 임수정, 강은영 등이다. 강은영을 제외하고는 모두 진도에 살지 않는다. 이들은 오직 공연에만 참여할 뿐 신앙으로서의 굿과는 무관한 사람들이다.

1 故 박병천 상청에서의 곽머리씻김굿
2 故 김귀봉 상청에서의 곽머리씻김굿
3 故 김대례 상청에서의 곽머리씻김굿

1	2
	3

1980년 문화재 지정 당시의 예능보유자인 채계만, 김대례, 박병천은 모두 고인이 되었다. 현재 진도씻김굿보존회의 구성원으로는 2001년 예능보유자로 지정된 박병원이 있다. 조교로는 김오현, 박미옥, 송순단이 있고 이수자로는 이종대, 박환영, 이태백, 홍옥미, 임수정, 강은영, 장필식, 박성훈, 박향옥이 있다.

2. 생사의 변증법적 극화, 진도다시래기

1) 진도다시래기의 절차와 내용

진도다시래기는 1985년 국가지정 중요무형문화재 제81호로 지정되어 지금에 이르고 있다. 다시래기는 상가에서 출상 전날 밤에 상주와 그 가족을 위로하기 위하여 노래와 춤과 재담으로 노는 가무극적 연희다. 다시래기의 어원과 관련해서는 '다시 나기'(다시 낳다.), '다시락多侍樂'(여러 사람이 모여서 같이 즐긴다.), '대시待時래기'(망자의 영혼이 집에 머물다가 떠나는 시간을 기다리는 과정에서 노는 놀이다.) 등으로 다양하게 해석되고 있다.

다시래기는 유교 유입 이전부터 지속돼온 장례풍속의 전통을 간직하고 있고, 연극적인 측면에서 장의葬儀와 관련된 연극 기원론의 의미를 지닌 것으로 평가된다. 더불어 호남지역에 민속극의 전승이 약한 현실에서 볼 때 의미 있는 전승으로 간주되고 있다. 이런 점들이 고려되어 진도다시래기는 국가지정 무형문화재 제81호로 지정되어 전승되고 있다.

다시래기는 한국의 전통적인 축제식 장례풍속을 계승하고 있는 민속연희다. 유교 유입 이전의 고대적 전통을 보여주지만, 현전하는 내용으로 봐서는 남사당패의 영향이 많이 보인다. 조선후기에 유행한 유랑예인 집단의 연희가 진도 사람들의 장례놀이에 끼어들어간 것으로 여겨진다.

다시래기는 일반적인 장례 때에 매번 하는 것은 아니며, 경제적 여유가 있는 부잣집에서 했다고 한다. 진도에서는 상가에서 밤샘하며 노는 것을 '철야한다', '날샌다' 등으로 표현하는데, 규모를 갖춰 연희판을 벌이고 놀 때에 다시래기를 연행했다.

다시래기는 마을 상두계의 놀이꾼들에 의해 전승되었다. 다시래기를 담당하던 연희자는 상두계의 놀이꾼이었다. 또한 배역을 채울 수 없거나 거사나 사당과 같이 어느 정도 기량이 요구되는 배역의 경우 이름 있는 다시래기꾼을 초청해서 마을 상두계원들과 어울려 다시래기를 놀았다. 이와 같이 다시래기는 장례놀이의 공동체적 기반 위에서 전승되어 왔다.[5]

진도다시래기는 20세기 초·중반 전승 단절의 위기를 맞았지만 문화재 지정과 더불어 국가의 지원을 받으며 전승되고 있다. 다시래기가 외부에 처음 알려지게 된 것은

5_ 이경엽, 『진도다시래기』, 국립문화재연구소, 2004.

1	2
	3

1~2　다시래기 옛사진(지춘상 제공)
3　운림산방에서의 다시래기 공개행사

1970년대 중반 이후이며, 1980년대 초반부터 무대 공연을 하고 또한 각종 문화제에서
공연을 하면서 널리 알려지게 되었다. 1981년 제12회 남도문화제에 출연하여 우수상
을 수상하기도 했다.

　　진도에는 두 가지 형태의 다시래기가 전승되고 있다. 하나로 중요무형문화재로 지
정된 자료이며, 다른 하나는 다시래기 연희자 출신인 김양은金良殷(남, 1892~1985)으로부
터 채록한 자료다. 그동안 문화재로 지정된 자료가 각광을 받았으나 김양은본이 전승
맥락을 더 잘 잇고 있다는 평가도 있다.

　　문화재 지정본은 ① 가상제놀이, ② 거사와 사당놀이, ③ 상여놀이, ④ 가래놀이, ⑤ 여
흥의 순으로 진행된다. 가상제놀이에서는 가상주가 등장하여 놀이의 취지를 설명하고
이어, 거사·사당·중 등이 차례로 나와서 자신의 특기를 자랑한다. 거사와 사당놀이에서
는 봉사·봉사처·중의 삼각 관계가 벌어지고 봉사처가 애를 낳는다는 내용으로 전개된

다. 상여놀이는 상두꾼들이 상여를 어깨에 메고 상여소리를 부르며 노는 대목이다. 가래놀이는 무덤을 만들고 가래질을 하는 가매장 의식을 연출한 내용이다. 여흥은 뒷놀이다.

다시래기 공연은 매번 똑같이 반복되는 것은 아니다. 그리고 그 순서도 일정하지 않다. 가상제놀이와 거사·사당놀이는 다시래기의 핵심 대목으로서 빠지지 않고 공연되지만 다른 절차는 유동적이다. 상여놀이는 공연 첫 부분에 연희패가 입장하면서 부르는 상여소리로 자리잡았고, 가래소리는 따로 공연되지 않는다. 또한 여흥은 가상제놀이 직후에 북놀이를 하거나 잡가를 부르는 식으로 공연되며 공연 상황에 따라서 절차가 달라지기도 한다.

김양은 구술본에 나오는 인물들은, 사당 2명, 거사 2명, 노파 1명, 가상주 2명, 봉사 점쟁이 1명이다. 놀이 내용을 보면 '소고 바탕놀음', '거사·사당놀이', '사당 출산', '이슬털이'(상여놀이)로 진행되는데, 인물 간의 관계나 내용이 기존의 다시래기와 상당히 다르다.

바탕놀음이란 거사와 사당 등이 소고를 들고 나와 판을 정리하면서 벌이는 놀이다. 다시래기를 시작하기 전에 육자백이를 비롯한 각종 노래를 부르며 놀던 판을, 소고춤을 추면서 정리하고 이어 독경잽이가 나와 독경을 한다.

거사·사당놀이는 소고를 든 거사 두 명과 빈 상·술병을 든 사당 두 명이 나와 마주보고 서서 〈사거리〉라고 하는 노래를 주고받으며 노는 놀이다. 사당이 '앞토'(앞소리)를 메기면서 앞으로 나오면 거사는 뒤로 물러서고, 이어 거사가 소고를 치면서 소리를 받아 앞으로 나오면 사당은 뒷걸음치면서 노래를 주고받는다.

사당 출산 놀이는 사당이 갑자기 배가 아프다고 하여 노파(사당의 모친)가 봉사 점쟁이에게 문복問ト을 하고, 봉사가 독경을 하면서 제상에 차려진 음식을 빈상에 내려 받아 상두꾼들이 나눠 먹게 하고 익살을 부린 후에, 사당이 아이를 낳게 된다는 내용으로 되어 있다.

이슬털이는 상두꾼들이 닭죽을 먹고 놀다가 빈 상여채를 어깨에 메고 상여소리를 하면서 마당을 도는 놀이를 말한다. 그리고 닭소리가 나면 모든 놀이를 중단하고 상주들은 곡을 한다. 망자의 영혼이 집을 떠날 시간이 되었기 때문이라고 한다.

진도다시래기 연희본을 비교해보면 문화재 지정본의 극적인 짜임새가 부각된다. 문화재본은 등장인물들의 행색과 재담 및 춤 등에서 극적 흥미와 완성도가 높은 편이다. 특히 거사와 사당이 벌이는 걸쭉한 재담과 연기가 돋보인다. 또한 거사(봉사) - 사당(봉사처) - 중이 보여주는 삼각관계는 흥미를 유발하는 주된 요소로 작용한다. 이에 비해 김양은본은 연극으로서의 구성이 소박하다. 거사와 사당의 연희는 전래의 연행방식을 유지하고 있고, 재담이 그다지 풍부하지 못한 편이다. 또한 등장인물들의 관계도 평면적이어서 특별한 갈등이나 긴장 관계도 드러나 보이지 않는다. 이와 같은 차이는 전자가 문화재로 지정되는 과정에서 각색된 반면에 후자는 소박한 전통을 그대로 승계하고 있는 데서 비롯된 것으로 보기도 한다.

진도다시래기는 상가 마당에서 재담을 펼치고 춤과 놀이를 하는 점이 특징이다. 다시래기는 상가라는 장례의례 공간에서 연행된다는 점이 색다르며, 그 연행 내용이 파격적이어서 관심을 끈다. 다시래기에서는 사당과 거사가 나와 성적인 농담을 주고받고 가무를 즐기다가 아이를 낳는 장면을 연출한다. 거사·사당놀이에서 보이는 성적 표현의 파격과 아기 출산의 의미는 각별하게 주목할 만하다. 초상집에서 춤을 추고 노래를 부르며 노는 것은 죽음을 문화적으로 수용하는 과정이라고 할 수 있다. 특히 성적인 재담과 아기를 출산하는 것은 죽음과 배치되는 연극적 설정이다. 상가에서 공연되는 다시래기는 죽음의 결손을 성적인 활기와 새 생명의 출산으로 극복하는 의미를 지니고 있다.

2) 진도다시래기의 대사

진도다시래기는 1985년 중요무형문화재로 지정되면서 대사가 채록되었으며, 그후 여러 차례의 추가조사에 의해서 대사의 전반이 구성되었다. 여기에서의 대사는 지정 당시 작성된 보고서의 박병천, 강준섭의 구술을 위주로 하면서, 지정보고서에 빠져 있는 상여소리, 가래소리, 여흥 등은 진도문화원에서 발행한 교육용 필사본 자료로 보충했다.

(1) 가상제놀이

상제는 낮에 문상객을 맞이하고 숙연히 제청에 앉아 있다. 이 때 상두꾼들은 신청의 잽이꾼들과 함께 상여틀을 메고 상가에 들어와 제상에 절을 하고 상주에게 인사하고 옆자리에 앉는다.

이 때 가상제는 쫍박(바가지, 망자가 여자일 경우)이나 털맹이(짚신, 망자가 남자일 경우)로 모자를 만들어 쓰고 그 위에 굴관을 하고 마람(짚으로 엮은 것)으로 치마를 두르고 도굿대(절구공이)로 지팡이를 짚고 상두꾼들 틈에 끼여 들어온다.

> 가 상 제 : 이 집이 뉘집 경사인고? 좋은 일이 있는 것 같구먼, 한 번 놀다나 가세.
> (큰 소리를 지르며 들어온다)

이 때 상두꾼들은 망인과 상주에게 인사하는데 가상제는 제상에서 제수인 과실들을 마구 내려먹고, 인사하는데 절을 잘못한다고 생트집을 잡으며 발로 상두꾼들의 꽁무니를 차는 등 웃기는 짓을 한다.

> 가 상 제 : (상주에게 인사하며)
> 앗다! 얼마나 영광스럽습니까!

상두꾼에서는 "무슨 그런 실언을 하시오?" (여럿이 소리친다.)

> 가 상 제 : (웃으면서) 앗다 옛날 어르신들 말씀도 안들어 봤소. 에 논마지기나 팔지 말고 입하나 덜라고 안했소. 방안에서 맨당 밥만 축내고 있는 당신 아버지가 죽었으니 얼마나 얼씨구절씨구 할 일이요.

상두꾼석에서 "저런 버릇없는 놈이 있어…"하며 소리지른다.

(가상제가 웃으면서 상주 앞으로 다가서며)

가 상 제 : 자아 오늘 이왕 이 마당에 들어왔으니 상제하고 내기나 한 번 합시다.
　　　　　무슨 내기인고 하니 오늘밤에 다시래기를 해서 상제가 웃으면 여기에
　　　　　모인 상두꾼들과 굿을 보는 동리 사람들에게 통닭죽을 쒀서 주기로 하
　　　　　고, 만약 상제가 웃지를 않으면 우리 재비꾼들의 품삯을 받지 않도록
　　　　　하는 것이 어떻겠소.

상두꾼석에서 "좋소."라고 소리친다.

그러나 상주는 아무 말 없이 고개만 숙이고 있다. 그때 가상제는 상주 앞에 꿇고
앉아 절을 한다. 상주는 무심코 절을 받는다.

가 상 제 : 보시요(하면서 벌떡 일어서며)
　　　　　　금방 고개를 끄덕하는 것 보았지라우
　　　　　　(이렇게 하여 억지로 약속이 이루어진다)
　　　　　　궁주(상제처) 어데 있소. 인자는 일이 다 됐으니 우리 재비꾼들한테
　　　　　　단체 품삯부터 내시오. 궁주 어데 있소 얼른 내시오.

궁 　　주 : 아잡씨네들 굿 잘하시오. (하면서 백목 한 필을 내어 놓는다)
　　　　　　상두꾼은 백목을 줏대에 매어단다.

가 상 제 : 오늘 저녁에 다시래기를 하도록 상제로부터 승낙을 받았으니 인자는
　　　　　　굿을 한 번 해보아야지, 굿을 시킬라면 무어라 해도 나부터 할랑가 못
　　　　　　할랑가 해 봅시다. 어쨌소.

상두꾼들 : 그야 당연하지요 당연해, 하시오!

가 상 제 : 내 이름이 가상제라
　　　　　　가짜 성주풀이나 한 자루 하겠소.
　　　　　　장단을 딱 걸어 놓고 쿵 딱
　　　　　　칼로 푹 쒸셨다 피나무

196

눈 꽉 감았다 감나무

배 툭 나왔다 배나무

방구 뽕 뀌었다 뽕나무

한다리 절는다 전나무

모든 나무가 매화로고나

우라 우라 만수, 어어라 대신이야

재활량으로 설설이 나리소서

가 상 제 : 이만하면 어떠요.

상두꾼들 : 좋소 좋아(소리친다)

가 상 제 : 나야 물어볼 것도 없이 잘하제.

(상두꾼석에서 웃음)

가 상 제 : 다음은 거사노릇 할 사람을 골라야겠소. 눈을 뜨고도 앞을 못보는 당달
봉사 할 사람을 소개하겠는데 뭐니 뭐니 해도 ○씨 집안에 ○○이라는
사람이 있어. 그 사람 같으면 썩 잘할 것 같거든 어서 이리 한 번 나와
보시오. 이 자리서 떼깔을 좀 봅시다.

상두꾼석을 두루 보더니 거사역 할 사람을 끌어낸다.

거　　사 : 내가 멀쩡한 놈이 봉사노릇만 하니 생눈이 껌벅껌벅해지고 진짜 봉사가
될라고 해서 탈이여, 그러나 내가 당달봉사 노릇을 할랑가 못할랑가 노
리꼬리만치만 해 봅시다. 그러나 가상제 맘에 들랑가 몰라.
어느 날 당달봉사가 어느 잔치집에 가서 공술 많이 얻어 퍼먹고 술이
잔뜩 취해서 돌아오는데 바로 이렇게 오는 것이었다. 장단을 따르르
하니 걸어놓고 쿵 떡.

더듬더듬 걷는다. 그리고 소변을 보려고 한다. 가상제가 소변 보려는 봉사의 앞

을 이리 막고 저리 막는다.

거 사 : 백낮에 무슨 헛것이 나와서 일을 못보게 하는고, 아서라, 앉아서 같이
　　　　보아버려야 하겠다. (앉아서 변을 보면서) 앗다 우환중에 담배까지 먹고
　　　　싶네.

담뱃대로 담배를 빨면서 헛짐(김)이 낫든가, 담뱃대통을 누르려다가 불을 만져
버렸다. 여기서 깜짝 놀라 뒤로 나자빠진다.

거　　사 : 아따 뜨거라!

하면서 변을 누던 자리에 벌컥 주저앉아 버린다. 변을 누던 줄도 모르고 무엇이
궁둥이에 묻어 있는 것 같아서 손가락으로 찍어 냄새를 맡는다.

거　　사 : 아이고 워매 이게 무슨 냄새이냐 고리탑탑한데다가 구리탑탑하고(인상
　　　　을 쓴다)
　　　　언-맛이나 좀 볼까, 아- 구려-
　　　　여보시오 가상제 이 정도면 됐소?
가 상 제 : 됐소 됐소. 궁주 어디 있소. 얼른 품삯을 내시오
　　　　수의와 갓을 준다.
가 상 제 : 다음은 사당 노릇할 사람을 소개하겠오. 제 서방 놓아두고 맨당 샛서방
　　　　질만 하는 사람을 누가 했으면 되겠소.
상두꾼들 : 여기 간나구 같은 사람 하나 있소.
가 상 제 : 됐오 됐오!
　　　　○씨 집안에 ○○자 ○○이라는 사람 말이지라우. 어서 나오시오.
사　　당 : 아니 내서방 놓아두고 샛서방 보는 노릇만 하라고 하니 나를 꼭 간나구

로 만들려고 하는구먼. 나도 장단이 없이는 한 발자국도 못 걸어.

장단을 딱하니 모라놓고 쿵덕!

(입 새납[날라리])을 불며 꼽사춤을 춘다)

꼽사도 서런데 고놈의 꼽사가 겹병신이드라, 병신이 육갑한다고 춤을

추는데 바로 이렇게 추는 것이었다.

(꼽사가 반신불수 춤을 춘다)

내가 병신춤만 추는 줄 알아도 양반춤을 더 잘춰. 장단을 다르르하니

걸어놓고(구음에 맞춰 춤을 춘다)

사　　당 : 가상제 이만하면 됐소?

가 상 제 : 나는 좋소마는 상두꾼들 어떻소?

　　　　　(상두꾼석에서 좋다고 소리친다)

가 상 제 : 궁주 어데 있오. 어서 치마와 목화 한 봇다리를 주시오.

　　　　　(상가로부터 치마와 목화 한 보따리를 받아준다) 이번에는 중을 골라

　　　　　야겠는데 자고로 중치고 우멍 안한 놈이 없어 거기 우멍하게 생긴 놈

　　　　　하나 있는가 좀 보시오.

상두꾼들 : 여기 있오. 여기 있소.

　中　　 : 내가 죽으면 극락을 못가게 할라고 맨당 이런 노릇만 시켜서 탈이

　　　　　났어. 나도 할 것이 많이 있지만은 여기서는 염불이나 한 자루 해야제.

　　　　　여래지신 하강하사

　　　　　소원성취 발원이요

　　　　　당상확발 양친일랑

　　　　　오동나무 상상기에

　　　　　봉황鳳凰같이 점지하고

　　　　　슬하자손 만세영萬歲榮이라

　　　　　무쇠목숨에 독끈달아

　　　　　천만세千萬世나 점지하고

가상제놀이

이댁가중 금년신수今年身數

대통大通할제

동절문冬節門을 닫은 듯이

오육월五六月에 문열 듯이

쟁반에 물담듯이

옥반玉盤에 진주眞珠굴리듯이

낮이며는 물이 맑고

밤이면은 불이 밝아

수하에 명령하야

비단에 수절같고

영산강 물결같이

그냥 그대로 나리소서

(또는 장단을 다르르하니 몰아놓고)

나무아미타불 느그 하납씨 철푸덕

나무아미타불 느그 하납씨 철푸덕

가 상 제 : 그만하시오 그만하시오

사람 죽은 집이서 극락가라고 염불은 안하고 무슨 운수대통이요 어서

들어가시오

(품삯으로 표주박, 쇠젓가락, 짓옷(잿베로 만든 두루마기) 빨간 만사천

을 준다)

이와 같이 소개를 하는 동안에 제비꾼들은 분장을 하고 옷을 갈아입고 등장한다.

(2) 거사 · 사당놀이

이 놀이는 거사와 사당, 중이 하며 가상제가 중간 중간에 끼어들어 놀이를 돕는다.

거사의 지팡이를 사당이 잡고 나온다.

거　　사 : 마누라

사　　당 : 예 -

거　　사 : 여기가 어디인가?

사　　당 : 여기는 다시래기하는 상가제청이요

거　　사 : 응 - 그래 마누라

사　　당 : 예

거　　사 : 우리 여기서 춤이나 한 번 추세

사　　당 : 그럽시다

(거사 보릿대춤(뻣뻣한 춤)에 사당이 같이 춤춘다)

거　　사 : 마누라

사　　당 : 예

거　　사 : 우리가 여기서 춤만 출 것이 아니라 노래도 한 자루 하세

　　　　　자네 노래 잘 안한가

사　　당 : 친정에서 해보고 안해봤어

거　　사 : 더듬더듬해서 한 자루 하게

사　　당 : 영감이 먼저 하시오

거　　사 : (노래) 에라 요년 가시낭(여자)년

　　　　　밥차름시로 머리긁지 마르라

　　　　　이 떨어진다

　　　　　지나해 -

사　　당 : 잘도 하네 잘도 하네

　　　　　우리 거사 잘도 하네

거　　사 : 마누라

사　　당 : 예

거　　사 : 자네는 꼭 물찬 제비같이 예뻐

사　　당 : 앞도 못 보면서 어찌게 그것을 아시오

거　　사 : 어야 이 사람아 내 말좀 들어보게

　　　　　해는 뜨겅께 빨간 줄 알고, 밤은 컴컴한께 까만 줄 알고, 그런데 자네를

　　　　　몰라

사　　당 : 헤 헤 헤 헤

거　　사 : 마누라는 짝짝 드러붙고, 마누라만 보면 품으로 싹 들어가고 싶고,

　　　　　이러니 물찬 제비지 뭐여

사　　당 : 아이고 좋아라

거　　사 : 어야 마누라

사　　당 : 예

거　　사 : 자네 산고달이 언젠가

사　　당 : 이달이 아니요

거　　사 : 그러니까 몇 달이 됐는가

사　　당 : 열한달 하고도 반달

거　　사 : 그럴 것이세 그래 그래

　　　　자네한테 물어보는 내가 미친놈이제. 참 그리고 자네 배 좀 달아 보세.

　　　　이 애가 태어나면 꼭 나를 타개야 할 것인데 안 타가면 탈이세, 탈

사　　당 : 당신 타가면 무엇하게요, 앞도 못보고

거　　사 : 그래 그래 다 닮아도 눈만 나 안타기면 되어야.

　　　　마누라, 우리가 애기를 얼마나 기달렸는가, 우리 뱃속에 애기 잘 크라고

　　　　자장가 나 한번 불러야 겠네.

사　　당 : 그러시오

거　　사 : (노래) 어허둥둥 내 강아지, 어허둥둥 내 강아지

　　　　어서어서 자라나서 이 애비 지팽이 마주잡고

　　　　짜박짜박 걸어다녀라

　　　　어허둥둥 내 강아지 어허둥둥 내 강아지

　　　　어덩밑에 귀냄이 왔느냐

　　　　어허둥둥 내 강아지

　　　　내 새끼는 꽃밭에서 잠자고

　　　　놈의 새끼는 개통밭에 잔다

　　　　어허둥둥 내 강아지 어허둥둥 내 강아지

　　　　어허둥둥 내 강아지 설마둥둥 내 강아지

　　　　머리까문 쉬양쥐가 곡간으로 들어가서

　　　　나락 한 주먹 다 까먹고 왔다갔다 하는구나

　　　　오로롤…앗다!

　　　　이 놈이 뱃속에가 있어도 나를 아는구나

　　　　오로로로(중중머리)

거　　사 : 마누라 이 놈이 뱃속에서 나왔다고 하고 골격이나 한 번 더듬어 보세

사　　당 : 그럽시다

(거사가 아이를 어루만지는 시늉을 하며)

거　　사 : 아 여기는 두상이고, 이리 내려오면 응 코고, 여기는 입이고, 앗다 그
　　　　　놈 입 짝 찢어진 것 보니 크면 술 잘 먹게 생겼다. 여기는 가슴이고,
　　　　　앗다 이 놈 가슴이 짝 바라져 갖고 크면 힘깨나 쓰게 생겼구나, 여기는
　　　　　배꼽이고, 응 쭉 내려가서 응~꼭 연평도 고기잡이 돛대 맹이로(같이)
　　　　　꼿꼿하니 서 있어야 하는데 그렇지 않으면 내 팔자가 칠자 되어버릴텐
　　　　　데 탈일세 탈 아이고~앵

사　　당 : 거 뭣이요?

거　　사 : 말도 말게 헌조개가 새 조개 낳았네.
　　　　　거 누구여?

사　　당 : 저 건너마을 이 생원댁에서 강아지 새끼를 낳는다고 정(경)문하러
　　　　　오라는데 어찌하실라우

거　　사 : 암 가봐야제. 암 가봐야제
　　　　　산고달이 되고 하니 한 푼이라도 벌어야제, 암 벌어야제 암 가고 말고
　　　　　암 가고말고
　　　　　(거사 북을 메고)
　　　　　마누라, 요새 뒷골 중놈이 들랑날랑 하는 것 같은데 참 끌적지근 한당
　　　　　께. 열 번 찍어 안 자빠질 나무 없어 만약에 자네가 중놈한테 자빠지는
　　　　　날에는 큰일 나네 어데 가지말고 집 잘 지키고 잘 있소. 응 알았는가
　　　　　몰랐는가

사　　당 : ……

거　　사 : 알았으면 알았다고 대답하게

사　　당 : 예 예 예 예!

거　　사 : 앗다 이 사람 귀창 터지겠네

사　　당 : 염려랑은 조금도 하지말고 하룻밤 자고와도 좋은께 천천히 갔다
　　　　　오시오

거　　사 : 하하하 그렇지 그렇지

　　　　나를 이렇게 애껴 주는데 내가 자네하고 안 살겠는가

사　　당 : 그런 말 그만저만하고 정문이나 하러 가시오

거　　사 : 그러면 가는 길에 개타령이나 한 자루 하고 가세

　　　　(노래) 개사가게 개사가게

　　　　돈 닷돈 개사가게(늦인 중머리)

　　　　(이때 사당은 몰래 등장한 중과 속삭인다)

거　　사 : 마누라

사　　당 : 예

거　　사 : 노래할 때는 내 옆에 있으라고 했는데 어데 갔다 왔는가

사　　당 : 오줌누러 갔다 왔소

거　　사 : 마누라 아무데도 가지 말고 옆에 앉아 있소

　　　　(이때 사당이 또 중과 속삭인다)

거　　사 : (노래) 개기개 개개야 기개개 개개야(잦인 중머리)

　　　　마누라

사　　당 : 예-

거　　사 : 또 어데 갔다 왔는가

사　　당 : 똥 누러 갔다 왔소

거　　사 : 뭐? 그 놈의 것을 한꺼번에 싸버리제 한 번은 오줌누러 가고 한 번은

　　　　똥 누러 가고 그것이 도대체 무엇인가

사　　당 : 앗다 영감도 생각해 보시오

　　　　오줌은 앞 구멍으로 나오고 똥은 뒷구멍으로 나오는데 어찌 할 것이요

거　　사 : 참 그 놈의 구멍도 묘하게도 생겼다

사　　당 : 그런데 그만저만하고 정문이나 빨리 하러 가시오

거　　사 : 그래 그래 그래 깜박 잊었구먼

사　　당 : (노래) 서방님 정문하러 평안이 가리오(중머리)

거　　사 : (노래) 오냐 나는 간다 너는 잘 있거라

사　　당 : (노래) 인제나 가시면 어느 시절에 올래요

거　　사 : (노래) 암제(언제) 올 줄을 나는 모르겠네

사　　당 : (노래) 아이고 답답 아이고 답답 서런 정아

　　　　　참아 설워 못살겠네 요놈의 세상을 어찌 어찌 살고

　　　　　(사당은 애교를 부리며 거사를 밀어낸다)

사　　당 : (노래) 노승 노승 들어오소 노승 노승 들어오소

　　　　　시살댓문(사릿문) 열어졌네 담밖에 노승 들어를 오소(중머리)

　　　　　(중이 들어오면서 사당을 포옹한다)

중　　 : 여보게 오랜만일세

사　　당 : 누가 인자 오라고 했소

중　　 : 내가 바뻐서 그렇게 됐네

　　　　　뱃속에 애기는 잘 크는가

가 상 제 : 아! 저런 무잔놈(무지한 놈) 좀 보소

사　　당 : 잘 크고 말구라우. 당신 타겨서(닮아서) 도사 될 것이요

가 상 제 : 그렇체 남의 각시 잘 두르는(잘 도둑질하는) 도사 될 것이여

중　　 : 아무리 시집갈 데가 없다고 저런 봉사한테 시집을 가

사　　당 : 그렇께 중이 있지 않소

　　　　　낮에 보아도 내 이삐(이쁜이), 밤에 보아도 내 이삐 이삐 이삐 내 이삐

　　　　　그란에도 이쁜 것이 그것 할라 달려갔고

　　　　　(이때 사당이 중의 ×부분을 슬쩍 만져본다)

가 상 제 : 인제 봐라 거사 오면 다 이를란다

　　　　　(거사가 밤을 새우고 올 줄 알았는데 일찍 허둥지둥 돌아온다)

거　　사 : 마누라! 마누라! 마누라 있는가?

사　　당 : 비오는 날 담 무너진 것 같이 무슨 소리요

중　　 : 봉사가 오는 것이다

거　　사 : 마누라 마누라 마누라 거기 있는가?

　　　　 (황급한 사당은 중을 북 걸어 두는 곳에다 숨겨놓고)

사　　당 : 예 예 예 예

거　　사 : 어째 자네는 꼭 도둑질 하다 들킨 사람같이 목소리가 그런가

사　　당 : 아이고 아이고 무엇이 어쨌다고 그라요

거　　사 : 그건 그렇고(코를 씩씩거리면서) 무슨 남자(중) 냄새가 난다

사　　당 : 여자 혼자 있는 방에 무슨 남자(중) 냄새가 나요

거　　사 : 내 코가 사냥개 코만이나 좋은데 내가 모를 줄 알어

사　　당 : 워매 워매 냄새는 무슨 냄새요. 나를 그렇게 못 믿으면 뱃속의
　　　　 아이가 귀가 있다면 듣겠소. 그런 소릴랑은 하지도 말고 어째 그냥
　　　　 왔소.

거　　사 : 그것도 재수가 없을랑께 가기도 전에 개새기 낳고 해서 그냥 와
　　　　 버렸네. 그나저나 방으로 좀 들어가세.

　　　　 (더듬더듬 방으로 들어가면서 중의 신을 만져본다)

거　　사 : 아 중놈의 신이 분명하다
　　　　 이 놈의 중놈 어디 있느냐

사　　당 : 애기 날 달이 돼서 배가 아픈께 아까 옆집 약방이 왔다 감시로
　　　　 신을 바꾸어 신고 간 모양이요

거　　사 : 거짓말 하지 말어. 내 코가 우리 진돗개 코만큼이나 좋은데 중놈
　　　　 냄새 모르고 약방 냄새 모를 줄 알어
　　　　 이 놈 중놈 어데 있느냐 잡으면 담뱃대로 눈을 푹 쑤셔서 니 눈하고
　　　　 내 눈하고 똑같이 만들어 버릴란다(한 손으로 신을 들고 지팡이로 더
　　　　 듬더듬 방을 뒤진다. 이때 가상제는 조금 더 조금 더 하면서 숨어서
　　　　 벌벌 떨고 있는 중이 있는 곳을 말로 거사에게 알려준다)

사　　당 : 아이고 배야! 아이고 배야!

거　　사 : 왜 갑자기 배가 아픈가

　　　　　　속이 꾀잉께 꾀배가 아픈 것 아닌가

사　　당 : 산기가 있나봐요

　　　　　(워매 워매 신음한다. 거사 허둥지둥 어쩔 줄을 모른다)

가 상 제 : 사정없이 찢어져나 버려라!

사　　당 : 아이고 배야! 아이고 배야!

가 상 제 : 한꺼번에 쌍둥이나 두서넛 쑥 빠져 버려라

사　　당 : 영감 어서 애기 낳게 경문이나 좀 하시오 아이고 아이고!

거　　사 : 그래 그래

　　　　　(북을 두둘기며)

　　　　　동해동방 천지지왕 남해남방 천지지왕

　　　　　서해서방 천지지왕 북해북방 천지지왕

　　　　　어서먹고 물러나고 너도먹고 물러나고

　　　　　동지섣달 추운날에 남의 아내 따내다가

　　　　　붕알얼어 죽은귀신 너도먹고 물러나고

　　　　　(허튼소리)

　　　　　간밤에 잠못잤드니 호박떡이 설었구나

　　　　　곶감대추 딸싹마라 날만새면 내것이다

가 상 제 : 그놈의 헛문 잘한다.

사　　당 : 영감 아무래도 애기가 안나와요

　　　　　나 죽겠소!

거　　사 : 죽으면 안돼. 그러면 내가 힘을 쓸 것이니 자네가 애기는 낳소

　　　　　응-!!응-!!잉-!!

　　　　　(거사가 이를 뿌드득 갈면서 힘을 쓴다)

사　　당 : 애기 낳다! 애기 낳다!

　　중　 : 이것이 바로 내 새끼다

거　　사 : 여기 애기 도둑놈 있구나. 너는 누구냐 내 새끼다 이놈아

거사 · 사당놀이

(거사와 중이 애기를 가지고 옥신각신한다)

가 상 제 : 사람 죽은 집이서 애기나 둘러 가지고 도망가자

(이로써 거사 · 사당놀이가 끝난다)

(3) 상여소리

① 긴염불

앞 소 리 : 제~보살

제~에~에 보살이로구나

남무여 어허 어허~허 허고나

반야 허허허~고나

나무여 어~아미타불

메김소리 : 늙어늙어 만년 후에 다시 젊기가 어려워라

하날이 높다고 해도 초경에 이슬 오고

                    북경이 멀다 해도 사신 행차가 왕래를 하네

    받는소리 :

    메김소리 : 등잔가세 등잔을 가 - 세

                하나님 전으로 등잔을 가세

                늙은 사람은 죽지를 말고

                젊은 사람은 늙지를 마라고 등잔을 가세

    받는소리 :

    앞 소 리 : 오늘 저녁 삿길 망자

                주낙 가지고 등잔을 가세

                시내 성방에 등잔을 가세

    받는소리 : 나무야 나무야 나무 나무 나무야

                나무 뿌리가 애루아미 낫네

    메김소리 : 산에 나무를 심어 유전 유전이

                길러 내어 고물 고물 단청일세

    받는소리 :

    메김소리 : 동해로 뻗은 가지 옥토 보살이 열리고

                남해로 뻗은 가지 하보살이 열렸네

    받는소리 :

    메김소리 : 서해로 뻗은 가지 금토 보살이 열리고

                북해로 뻗은 가지 수토 보살이 열렸네

② 애소리

    선 소 리 : 애애애 애애애 애애애 애야

                애애애 애애애 애애애 애-

    받는소리 : 애애애 애애애 애애애 애야

                애애애 애애애 애애애 애 -

메김소리 : 삼천갑자 동방석은 삼천갑자 살았는데

　　　　　 요네 나는 백년도 못살아

받는소리 : 상 동

메김소리 : 구름도 쉬어넘고 날짐승도 쉬어가는

　　　　　 심한 험로를 어이를 갈꼬

받는소리 : 상 동

메김소리 : 옛늙은이 말 들으면 북망산이 멀다드니

　　　　　 오늘보니 앞동산이 북망

받는소리 : 상 동

메김소리 : 못가겠네 쉬어나가자 한 번 가면 못오는 길을

받는소리 : 상 동

메김소리 : 육진장포 일곱매로 상하로 질끈 매고

　　　　　 상이타고 아주가네

받는소리 : 상 동

메김소리 : 어이를 갈거나 어이를 갈거나

　　　　　 심산 유곡을 어이를 갈꼬

받는소리 : 상 동

③ 하직소리

　　메김소리 : 하적이야 하적이로고나 세왕산 가시자고 하적을 하네

　　받는소리 : 상 동

　　메김소리 : 동네방네 하적하고 살든 집도 다 버리고

　　　　　　　 세왕산 가시자고 하적을 하네

　　받는소리 : 상 동

　　메김소리 : 일가친척 하적하고 처자식도 뒤에 두고

　　　　　　　 세왕산 가시자고 하적을 하네

④ 아미타불

　　메김소리 : 나무아미타불

　　받는소리 : 너무아미타불

　　메김소리 : 관세음보살

　　받는소리 : 나무아미타불

　　메김소리 : 어이가리 어이가리

　　받는소리 : 나무아미타불

　　메김소리 : 북망산천을 어이가리

　　받는소리 : 나무아미타불

　　메김소리 : 황천이 어데라고

　　받는소리 : 나무아미타불

　　메김소리 : 그리쉽게 가셨든가

　　받는소리 : 나무아미타불

　　메김소리 : 간다 간다 나는 간다

　　받는소리 : 나무아미타불

　　메김소리 : 북망산천 나는 간다

⑤ 천근소리

　　메김소리 : 아아 에해요 아아 에해요

　　받는소리 : 아아 에해요 아아 에해요

　　메김소리 : 천근이야 천근이야

　　　　　　　악취무명원 쉬어나가소

　　　　　　　송취숙명원 쉬어가세

　　받는소리 : 아아 에해요 아아 에해요

　　메김소리 : 천근이야 천근이야

　　　　　　　불쌍한 낭자님 극낙가고 세왕갈적

꽃쥐고 머리에 꽂고 자상부처 품에 안고

염불로 양식삼고

다리 천근으로 극낙에 가드란다

천근이요 천근이요

받는소리 : 아아 에해요 아아 에해요

메김소리 : 천근이요 천근이요

(4) 가래소리

① 중머리

메김소리 : 여이 여이 여이 여로

어기야 청청 닦아나 주소

받는소리 : 여기 어기야 청청 어기야 청청

알아 감실로 닦아나 주소

메김소리 : 일세동방 닥을쩍 청용 한쌍이 물렸으니

알아 감실로 닦아나 주소

받는소리 : 어이 어이 어기야 청청 닦아보소

알아 감실로 닦아나 주소

메김소리 : 이세남방 닥을쩍에 거북한쌍이 묻혔으니

거북머리 다치잖게 알아감실로 닦아나 주소

받는소리 : 어이 어기야 청청 어기야 청청

알아 감실로 닦아나 주소

메김소리 : 삼세서방 닿을적에 엄한쌍이 묻혔으니

알아 감실로 닦아나 주소

받는소리 : 어이 어기야 청청 어기야 청청

알아 감실로 닦아나 주소

메김소리 : 사세북방 닥을적 두꺼비 한쌍 묻혔으니

알아 감실로 닦아나 주소

받는소리 : 어이 어이 어기야 청청 닦아보소

알아 감실로 닦아나 주소

② 중중머리

메김소리 : 아아아 아아아아 어기야 청청 가래요

받는소리 : 아아아 아아아아 어기야 청청 가래요

메김소리 : 만첨청산 깊은 골 두꺼비 입도 닦아보세

받는소리 : 여이 여이 여이 여루 어기야 청청 가래요

메김소리 : 앵면쟁쟁 요란한 깐치엄도 닦아보세

받는소리 : 어이 여이 여이 여루 어기야 청청 가래요

③ 자즌머리

메김소리 : 어기야 청청 가래요

받는소리 : 여기야 청청 가래요

메김소리 : 앞에 앞주산 바라보니

받는소리 : 어기야 청청 가래요

메김소리 : 노인성이 비쳤구나

받는소리 : 여기야 청청 가래요

메김소리 : 수명 잘수할 명당

받는소리 : 어기야 청청 가래요

메김소리 : 옆에 옆주산 바라보니 문필봉이 바쳤구나

대대문장이 날 명당

받는소리 : 어기야 청청 가래요

메김소리 : 뒤에 뒷주산 바라보니

받는소리 : 어기야 청청 가래요

메김소리 : 대대장자가 날 명당

받는소리 : 어기야 청청 가래요

(5) 여흥

여흥은 설북놀이, 지전놀림, 허뜬춤, 사거리, 곰춤, 땅춤, 기춤, 상제신팔기, 육자백이 등 노래와 놀이가 있다.

다시래기 여흥

3) 진도다시래기의 전승양상

　진도다시래기는 상두꾼 또는 기량이 뛰어난 다시래기 연희자들에 의해 전승되어
왔다. 지금은 무대에서 공연되는 것이 자연스러워 보이지만 본래 다시래기는 상가에서
상두계원들에 의해 연행되었다. 상두계원들은 운상과 함께 상가에서 놀아주는 일을 가
장 크게 생각하기 때문에 각종 놀이를 벌이며 밤샘을 한다. 한편 상두꾼 중에서 다시
래기를 할 수 있는 이가 있을 때는 자체적으로 하게 되지만 없을 경우 인근 마을에서
이름난 연희자를 초청해서 패를 짰다고 한다. 하지만 이때 연희패 전부를 초정하기 보
다는 주민들 중에서 할 수 없는 배역 중심으로 불렀다고 하는데, 대개 거사나 사당역할
을 할 사람을 초정했었다고 한다. 장례놀이의 연행 종목으로 들어온 남사당 연희는 상
당히 폭넓게 수용되었던 것으로 보인다.

　확인이 되는 이름난 다시래기꾼으로는 김양은(1888~1985)과 양씨 등을 들 수 있는데
이들은 인근 마을에까지 불려가서 다시래기를 연행했던 연희자들이다. 한편 현재 문화
재로 지정되어 있는 다시래기의 경우 세습무계 출신들이 기능보유자로 지정되어 있다.
이는 세습무계 출신 예능인들이 다시래기에 참여했다는 주장에 근거한 것이기도 하다.
다시래기 연희자는 세습무계라는 조건과 상관없지만 문화재지정보고서에서는 무계 출
신 예인들이 다시래기 전문 연희자로 활동했다고 말하고 있다. 그러나 다시래기의 전
승에 세습무계가 연관되어 있다는 주장은 수긍하기 어렵다. 장례 공간에서 씻김굿과
같은 세습무굿이 연행되고, 더불어 세습무계의 활동이 전방위적으로 이루어졌던 것은
분명하지만, 다시래기와 세습무의 친연성은 별로 없는 것으로 판단된다. 다시래기에
나오는 노래들은 서울·경기지역의 경토리로 된 것이며 남사당패와 같은 떠돌이 예인
들에 의해 전파된 것이다. 남도의 세습무굿에 나오는 시나위 음악 또는 육자백이토리
와 무관한 노래들을 당골무계 연희자들이 불렀을 가능성이 높다고 보지 않는다. 실제
다시래기와 씻김굿에서 공유되는 요소는 거의 발견되지 않는다. 만약 세습무계 출신들
이 다시래기에 관여했다면 다시래기와 세습무굿에 서로 넘나드는 요소가 있어야 자연
스러울 것이다. 진도다시래기는 한 때 전승단절의 위기를 맞았지만 지정 당시 이미

고인이 된 구춘홍 등이 1980년대 초반부터 복원작업을 하여 오늘날의 다시래기로 자리잡게 되었다.

진도다시래기는 1984년 지정을 위한 조사보고가 실시되었고, 같은 해 연말에 지정심의가 이루어졌다. 이듬해인 1985년 2월 1일자로 중요무형문화재 제81호로 지정되었다. 그리고 1986년에 중요무형문화재의 예능 또는 기능의 성격상 보유단체로 인정 관리하여 효율적인 전승보존을 도모하고자 기지정 중요무형문화재의 보유단체 인정이 이루어짐에 따라 진도다시래기도 당시 사용되고 있던 '진도다시래기보존회'라는 명칭으로 보존단체 인정을 받게 되었다. 진도다시래기보존회는 무대공연을 중심으로 활동하고 있다. 다시래기가 상가에서 행해지는 장례연희임에도 불구하고 현재에는 다시래기를 불러 초상을 치르는 상가가 거의 없기 때문이다. 그래서 주로 무대공연의 형태로 연희되고 있는데, 다시래기의 주된 무대는 진도의 무형문화재들을 중심으로 조직된 진도군립민속예술단에 의해서 진도읍내에 있는 향토문화회관에서 매주 토요일에 개최되는

	구 분	성 명	기·예능	지정일
1	보유자	강준섭	거사	1985.02.01
2	보유자(명예)	김귀봉	사당	1997.08.16
3	전수조교	박광순	가상제	1996.05.01
4	〃	김애선	사당	1996.07.01
5	〃	박연준	남상제	2001.10.18
6	〃	강정태	악사	〃
7	〃	이민영	거사	〃
8	〃	김치선	악사	2011.12.21
9	〃	강민수	거사	〃
10	이수자	강정애	여상제	1995.07.01
11	〃	설소예	상두꾼	1999.07.01
12	〃	김복자	상여꾼	2000.07.01
13	〃	안정자	창(북)	2002.07.01
14	〃	조규수	사당	〃
15	〃	전매자	북놀이	2004.06.30
16	〃	윤영희	〃	〃
17	〃	박순자	〃	〃
18	〃	곽순애	상여꾼	2005.06.30
19	〃	김영애	〃	〃
20	〃	송해영	〃	2006.07.01
21	〃	정남석	사당	2008.12.08
22	〃	이철재	중(걸사)	2011.04.05
23	〃	장희송	악사	2007.07.01
24	전수생	하명숙	놀이꾼	2009.01.01
25	〃	신혜숙	〃	〃
26	〃	임현호	악사	2013.05.23
27	〃	최원환	악사	2013.06.24

'토요민속여행'이다. 진도다시래기는 향토문화회관의 토요민속여행에서 매년 10회 정도 발표하고 있다. 이밖에 진도다시래기보존회의 중요한 활동으로는 지역축제와 초청공연이 있다.

3. 꽃상여의 흥겨운 판굿 행렬, 진도만가

1) 진도만가의 내용과 절차

만가는 사람이 죽었을 때 상여를 메고 가면서 부르는 소리로 운구하는 형태와 불리는 노래가 특이하다. 진도만가珍島輓歌는 지산면에서 불려지는 신청예인들의 만가로서 전문화된 상여소리인데 진염불, 에소리, 재화소리, 하적소리, 다리천근, 다구질소리로 되어 있다. 진도만가의 특징은 마을 여성들이 상두꾼으로 참여하고 함께 소리를 한다는 점이다. 이러한 여성들을 호상꾼이라 하는데, 양반가의 상여행렬에서 볼 수 있던 것이 지금은 일반화되었다. 이외에도 가면을 쓴 방장쇠 두 사람이 조랑말을 타고 칼춤을

진도 옛상여(진도문화원 제공)

진도 옛상청(진도문화원 제공)

여성 호상꾼(진도문화원 제공)   故 박병천 상여행렬

추면서 잡신을 쫓는가 하면 횃불이 등장하고 상주들의 상복 또한 특이하다.

진도만가는 무당의 음악과 민요가 함께 쓰인다는 점과 여성이 상두꾼으로 따르는 장례풍속의 독특한 점을 볼 때 민속학적 측면에서 매우 중요한 의미를 지니는 문화재이다.[6]

2) 진도만가의 사설

이 자료는 2007년 8월 3일 국립남도국악원 금요상설공연 실황내용을 김항규 외 진도만가보존회에서 창하고, 김현숙이 채록하였다.

　　　(풍물로 어루면서 상여를 3단계에 걸쳐 들어올리며 외친다)
　　　제창 : 어이 ----어이---- 어이----

6_　　국립남도국악원, 『진도만가』, 국립남도국악원, 2007.

(1) 진염불

제 에에 보오오살 제 헤 헤 보살이로구나

나무여 어허 허 어 허어로구나

다야 허 허허 어허로구나

나무나무여 아미타아아불

　제 에 보오오살 제 헤 헤 에 보살이로고나

　나무여 허어 어허어 어허 허 어 허 어허 어허어로고나

　다야아 허 허허 어허어로고나

　나무나무여어 아미타아아아불

늙어늙어 만련주야 다시 젊기가 어려워라

하날이 높다고오호 해도

새벽에 이슬오고 북경이 멀다 해도

사신 행차가 왕래를 하네

　제 에 보오오살 제 헤 헤 에 보살이로고나

　나무여 허어 어허어 어허 허 어 허 어허 어허어로고나

　다야아 허 허허 어허어로구나

　나무나무여어 아미타아아아불

(2) 중염불

나무야 나무야 나무나무나무야

나무불이나 새로 아미났네

　나무야 나무야 나 무나 무나무야

　나무불이나 새로 아미났네

산에 나무를 심어 유정유정이 길러내어

고물고물이 단청일세

　나무여 허 나무나무 나무야

나무불이나 새로 아미났네

동해로 뻗은 가지 목토보살 열리시고

남해로 뻗은 가지 화보살 열렸네

　　나무야 헤 나무나무 나무야

　　나무불이나 새로 아미났네

서해로 뻗은 가지 금호보살 열리시고

북해로 뻗은 가지 수호보살 열렸네

　　나무야 허 나무나무 나무야

　　나무불이나 새로 아미났네

(3) 에소리

에 헤 에 헤 에야 에헤 에헤에 에헤에야

　　에 헤 에 헤 에야 에헤 에헤에 에헤에야

그 가운데 봉기봉기 약수보살이 열렸거든

강남서 내로시는 정한 엄씨

　　에 헤 에 헤 에야 에헤 에헤에 에헤에야

한쪽은 띠어다가 천왕궁에 받치시고

또 한 쪽은 띠어다가 지하궁에다 올렸네

　　에 헤 에 헤 에야 에헤 에헤에 에헤에야

어이를 갈거나 어이 갈거나 심산험로를 어이를 가리

　　에 헤 에 헤 에야 에헤 에헤에 에헤에야

어화세상 벗님네들 이내 한 말을 들어를 보소

　　에 헤 에 헤 에야 에헤 에헤에 에헤에야

망제도 엊그제 청춘이더니 오날날은 영영 가네

　　에 헤 에 헤 에야 에헤 에헤에 에헤에야

지나간 일을 생각을 허며는 망제가 헌 일이 무엇인가

에소리에 맞춰 운상하는 장면

에 헤 에 헤 에야 에헤 에헤에 에헤에야

아차 한번 죽어지면 북망상천의 흙이로구나

에 헤 에 헤 에야 에헤 에헤에 에헤에야

북망 길이 머다더니 맻날을 걸어서 북망을 갈거나

에 헤 에 헤 에야 에헤 에헤에 에헤에야

오날은 가다가 어데서 쉬어가며 내일은 가다가 어데서 잘거나

에 헤 에 헤 에야 에헤 에헤에 에헤에야

이제 가면 어느때나 오실려나 오마는 날이나 일러를 주게

에 헤 에 헤 에야 에헤 에헤에 에헤에야

가는 날은 알겠네마는 오마는 날은 모르겠네

에 헤 에 헤 에야 에헤 에헤에 에헤에야

한번 가며는 못오는 길을 원통하게 죽어를 가네

  에 헤 에 헤 에야 에헤 에헤에 에헤에야

바람도 쉬어넘고 날짐승도 쉬어넘는 심산험로를 어이를 가리

  에 헤 에 헤 에야 에헤 에헤에 에헤에야

삼천갑자 동방삭은 삼천갑자를 살았건마는 오날 가신 망제씨는 백년도 못살아

  에 헤 에 헤 에야 에헤 에헤에 에헤에야

공자님 맹자님은 책장마다 실렸건마는 불쌍하신 망제씨는 어느 책장에 다 실릴거나

  에 헤 에 헤 에야 에헤 에헤에 에헤에야

여보시오 상두꾼들 늬가 죽어도 이길이요 내가 죽어도 이길이로고나

  에 헤 에 헤 에야 에헤 에헤에 에헤에야

(4) 제화소리

제창 : 제화 좋네 좋을 좋을 좋을씨구나

        명년 소상날에나 다시 만나 보자세라

제창 : 제화 좋네 좋을 좋을 좋을씨구나

        명년 소상날에나 다시 만나 보자세라

제창 : 제화 좋네 좋을 좋을 좋을씨구나

        명년 소상날에나 다시 만나 보자세라

(5) 하적소리

하적이야 하적이로구나

극락가시자고 하적을 허네

  하적이야 하적이로구나

  세왕산 가시자고 하적을 허네

처자식도 하직하고 일가친적도

하직하고 극락 가시자고 하직을 허네

하적이야 하적이로구나

세왕산 가시자고 하적을 허네

살던집도 하직하고 동네방네도 하직하고

극락 가시자고 하직을 허네

하적이야 하적이로구나

세왕산 가시자고 하적을 허네

(6) 자진염불

나무아미타불

나무아미타불

삼싱 보신 통행 전에

나무아미타불

육날 미투리 꼽틀이고

나무아미타불

서산방항 열두 매듭

나무아미타불

지고루를 길게 달아

나무아미타불

처절철 짚고 내려오네

나무아미타불

나무아미타불

나무아미타불

꽃은 묶어 머리 꽂고

나무아미타불

좌상부채 품에 안고

나무아미타불

염불로 양식을 삼아

　나무아미타불

알 화담 근근함에

　　나무아미타불

은금없이 어이가리

　　나무아미타불

(7) 천근소리

아 아 에헤요 아 아 에헤요 천근이야 천근이요

　아 아 에헤요 아 아 에헤요 천근이야 천근이요

깊은 물에 다리를 놓아 만인 적공에 다리천근

　아 아 에헤요 아 아 에헤요 천근이야 천근이요

지전에 천근 인정에 천근 원근 천근에 쉬여가세

　아 아 에헤요 아 아 에헤요 천근이야 천근이요오(길게 끈다)

대사 : 여보시오 상두꾼들(어이!) 오늘 가시는 망제씨가 극락가고 세왕가는데(아

　　　믄 그렇고!) 이댁 가문이 재운이 왕성하고 득성하고 득성하고 왕성하올적

　　　에 오늘 여기 모이신 여러 어르신네들도 일년 내내 하시는 일에 소원성취

　　　하시기를 천만 축수 비올 적에(아믄 좋고!) 천근이야 천근이야

(소리조로) 천근이요

　아 아 에헤요 아 아 에헤요 천근이야 천근이요

악취무명원 쉬어가고 동지청룡도 쉬어가세

　아 아 에헤요 아 아 에헤요 천근이야 천근이요

무타악도원 쉬어가고 생호천안도 쉬어가세

　아 아 에헤요 아 아 에헤요 천근이야 천근이요

쟁무아사원 쉬어가고 주양무궁원 쉬어가세

226

아 아 에헤요 아 아 에헤요 천근이야 천근이요

성문무수원 쉬어가고 결정정각도 쉬어가세

아 아 에헤요 아 아 에헤요 천근이야 천근이요

(8) 가난님보살

가난님보살

　가난님보살

오날 가신는 망제씨가

　가난님보살

극락가고 세왕가네

　가난님보살

가난님 보살

　가난님보살

월궁에가 맺히시고

　가난님보살

중궁에다 맺혔다가

　가난님보살

쑥물 상(향)물로 씻겨를 내어

　가난님보살

진옷은 벗어 걷어놓고

　가난님보살

어둔 길도 밝혀가고

　가난님보살

밝던길도 넓혀갈제

　가난님보살

천상학교 요대강에

가난님보살

신선되어 가시라고

　가난님보살

마당생기 뜰생기

　가난님보살

야락강을 모셔다가

　가난님보살

두대받이 채양밑에

　가난님보살

화초평풍 둘러치고

　가난님보살

좋은 곳이로 가시라고

　가난님보살

축원을 하실 적으

　가난님보살

흔적없이 가시오며

　가난님보살

표적없이 가시리까

　가난님보살

이댁공주가 손대를 잡을제

　가난님보살

손대각시 앞을 서고

　가난님보살

안기 좋은 대풀기에

　가난님보살

쓰기 좋은 대공주에

가난님보살

영검 있고 귀염 하게

　　가난님보살

설설이 내리소서

　　가난님보살

가슴이 열려 더슥이 눌러

　　가난님보살

상풀에는 상풀잡고

　　가난님보살

중풀에는 중풀 잡고

　　가난님보살

대실이 솥을 맴둘러

　　가난님보살

불쌍하신 망제씨

　　가난님보살

말한자루 들을라고

　　가난님보살

부모형제가 모여 앉어

　　가난님보살

알고저 듣고저 하신답니다

　　가난님보살

가난님 보살

　　가난님보살

어이---어이---어이----

(풍물 어루면서 상여꾼들은 3단계에 걸쳐 상여를 내려놓는다)

(9) 다구질소리

　　　　　- 중모리 -

허 여 여 허 여허루 가래로세

　허 여어 여 허 여허루 가래로세

나무가래는 칡줄을 매고 쇠가래는 쇠줄을 매고

　허 여어 여 허 여허루 가래로세

금가래는 금줄을 매고 은가래는 은줄 매고

　허 여어 여 허 여허루 가래로세

높은데 밀어다가 깊은데를 채워놓고

상주님들 쉬지말고 다과를 보세

　허 여어 여 허 여허루 가래로세

　　　　　- 중중모리 -

허 여 여 허어루 가래로세

　허 여 여 허어루 가래로세

하관

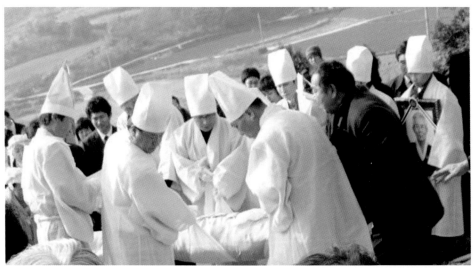

앞에 앞주산 바라보니 노적봉이 비췄네

대대 장자도 날 명당

　　허 여 여 허어루 가래로세

옆에 옆주산 바라보니 문필봉이 비췄네

대대 문장도 날 명당

　　허 여 여 허어루 가래로세

뒤에 뒷주산을 바라보니 노인봉이 비췄네

대대 장수도 할 명당

　　허 여 여 허어루 가래로세

　　　- 자진모리 -

어기청청 가래요　　　　　　　해달업도 다과보세

　어기청청 가래요　　　　　　　어기청청 가래요

만첩청산에 깊은골　　　　　　앵매기 쟁쟁 요란한데

　어기청청 가래요　　　　　　　어기청청 가래요

두께비업도 다과보세　　　　　깐치업도 다과보세

　어기청청 가래요　　　　　　　어기청청 가래요

해도밝고 달밝은데　　　　　　어기 청청가래요

　어기청청 가래요　　　　　　　어기청청 가래요

3) 진도만가의 전승양상

진도만가는 1982년 춘천에서 열린 전국민속예술경연대회에 전남대표로 출연하여 민요부문 우수상인 문공부장관상을 수상, 이후 전국에서 가장 세련된 음악미를 간직하고 있는 만가로 지목되고 있다.

도지정 무형문화재로 지정된 '진도만가'의 예능보유자였던 故 김항규씨에 의하면 인지리에서 오래 전에는 '고인工人(씻김굿 악사)들'이 상여소리를 했고, 나중에는 일반인

1	2
3	4

1~2 옛 운상 장면
3 인지리에 보관된 옛 상여
4 지산면 인지리 민속전수관

들이 상여소리를 하게 되었다가 인지리 출신 박병천의 지도로 '고인'들이 하는 상여소리를 다시 배워서 문화재지정을 받게 된 것이라고 한다.

진도의 만가는 노래 뿐 아니라, 풍물이 함께하며 음악성이 뛰어나다. 그래서 그 예술적 가치를 인정받아 1987년 전라남도 무형문화재 제19호로 지정되었다. 문화재로 지정된 진도만가는 진도 지역에서도 지산면 인지리 마을을 중심으로 전승된 것인데, 이는 씻김굿 보유자 박병천의 어머니인 김소심으로부터 전승되었다고 한다. 김소심의 만가를

232

이어받은 사람은 설재복, 김항규 그리고 조공례였다. 설재복과 조공례가 사망한 후에는 김항규와 설재림이 전통의 맥을 이어갔다. 김항규, 설재림 두 보유자는 인지리 마을에서 일생을 보냈기 때문에 이 마을의 노래 전통을 원형 그대로 이어갔다고 할 수 있다. 그러나 두 보유자가 모두 사망하여 현재 예능보유자는 공석이며 지산면 인지리에 거주하는 김기선(66세)과 오주창(65세)이 전수조교로서 명맥을 잇고 있다. 문화재 지정본 만가의 구성은 긴염불, 중염불, 애소리, 재화소리, 하직소리, 나무아미타불, 천근소리, 축원, 가난이(관음)보살소리, 다구질소리로 되어 있다. 보통 다른 마을에서는 애소리와 가난이보살 소리만이 주로 불리지만, 인지리 마을에서는 그 유래가 굿을 담당했던 무계로부터 비롯되었기 때문에 그 소리적 특징이 씻김굿 무가와 많이 닮아 있다.

진도만가보존회원 현황 (2013.08.30. 현재)

	구 분	성 명	기·예능	지정일
1	전수조교	김기선	창(악사)	2012.10.23.
2	〃	오주창	〃	〃
3	이수자	최현희	악사	2007.12.30
4	〃	김휘방	〃	〃
5	전수생	최종슬	창(악사)	2013.08.30.
6	〃	이재길	〃	〃

4. 불쌍한 귀신들아 많이 먹고 바삐 가라, 거릿제

진도에서는 동제를 일반적으로 거릿제라고 부른다. 거릿제란 장례의식에서 볼 수 있는 것처럼 객귀客鬼를 위한 제사이다. 진도에서 대부분의 마을들이 동제를 거릿제라고 부르는 까닭은 여러 신격이 모셔지고 있음에도 불구하고, 거릿제를 받아먹는 귀신들을 가장 중요한 신격으로 간주한 까닭이겠다.

동제는 마을 사람 전체가 주체가 되는 전통적인 공동체적 신앙의 하나로서, 그것은 대상 신격과 그 범위 및 형태에 따라 무속신앙이나 가정신앙 등 다른 신앙과 구분되는 민간신앙의 한 유형이다. 우리나라의 경우 대개 자연마을 단위로 마을신앙이 전승되고 있다는 점에서 공통적인 현상을 보이지만, 진도의 경우는 나름대로 특징적인 마을신앙의 양상을 보이기도 한다. 마을민 전체가 직접 또는 간접으로 참여하며, 모셔지는 대상 신 또한 마을 전체와 관련된다는 점에서 그 범위가 명확하다.

전국적으로 마을신앙은 전승되는 마을이 현격히 감소하고 있다. 진도의 경우 역시 이러한 일반적인 현상에서 비켜서 있는 것은 아니다. 마을에 따라서는 전승이 단절되었다가 어떤 계기로 인해서 다시 모시기 시작한 곳도 있지만, 여러 가지 이유들로 인해서 전반적으로 신앙행위가 급격히 약화되고 있는 것이 사실이다. 또한 마을신앙 자체가 없어지는 것도 하나의 현상이지만, 현재 전승되고 있는 마을이라 하여도 과거에 비해서 약화된 형태로 명맥을 유지하고 있는 마을도 많은 실정이다.

현재 전승되는 실태로 보면 진도읍을 중심으로 하여 고군면, 군내면, 의신면 등 동부권은 비교적 전승이 높고, 조도를 포함해서 임회면과 지산면은 전승력이 크게 약화된 현상을 보이고 있다. 마을신앙은 개인의 의견보다는 마을 사람들 전체의 의사가 중요하기 때문에 사회적 영향에 훨씬 민감하다고 본다. 오늘날은 마을신앙을 통해서 복을 받는다는 적극적인 생각보다는 모시지 않으면 해를 입을 수 있다는 소극적 신앙심이 오히려 강한 것으로 조사된다. 따라서 이러한 변화와 전승 현황이 어떻게 상호 영향 관계를 이루는지에 대해서는 앞으로 그 요인이 구체적으로 밝혀져야 할 과제라 하겠다.

〈표 1〉 동제가 현행되고 있는 읍면별 마을

읍·면	진도읍	고군면	군내면	의신면	임회면	지산면	조도면	계
현행 마을수	13	9	7	11	3	3	0	46

*2006년 7월 호남문화연구소 현장조사

과거 전통사회에서는 거릿제가 마을을 단위로 하는 가장 큰 민간의례였다. 그러나 지금에 이르러 이와 관련되었던 여러 가지 부대적인 행사들이 현격히 감소되거나 아예

1	2
3	4
5	

1 진도읍 사정리 당산
2 군내면 덕병리 당집
3 고군면 벽파리 당산
4 고군면 벽파리 당산할아버지 감실
5 진도읍 염장리 당집과 입석

없어진 경우가 많다. 예를 들면 정초에 모시는 거릿제의 경우는 걸궁이나 줄다리기 등 축제적 분위기를 돋울 수 있는 부대적인 행사가 함께 수반되었지만, 지금은 이러한 행사는 아예 찾아보기 어렵게 되었다. 또 마을에 따라서는 무당을 불러 거릿제를 지내는 곳도 있었지만, 이 역시 그러한 사례를 현재 발견하기 어려운 실정이다.

마을의 동제를 부르는 명칭은 전국적으로 다양하다. 그러나 하나 특기할만한 것은 진도에서는 동제를 거릿제라고 부른다는 사실이다. 이는 다른 지역에서는 그 사례를 발견하기 어렵다. 앞서 말했던 것처럼 거릿제는 특히 길거리에 떠도는 불쌍한 귀신들을 위해 모시는 제사다. 진도의 동제에서 다른 신격들도 함께 모셔지고 있지만, 유독 명칭을 거릿제라고 하는 것은 진도의 지리적, 역사적 특수성에서 비롯된 것일 수 있다. 지리적으로는 해안지역이기 때문에 해상사고로 해서 죽은 불쌍한 귀신들이 많다고 믿었을 것이고, 또 역사적으로는 수많은 외침에 노출되어 피해를 많이 보았던 지역이기도 하다. 따라서 이는 진도 사람들의 박애적 신앙심의 발로로 보이며, 진도의 동제는 사고사나 전사를 한 사람들을 위한 일종의 위령제적 성격을 지니고 있음을 알 수 있다.

1) 사례 1 : 표류 시신을 수습하여 당제를 시작한 고군면 원포마을

바닷가 마을인 원포마을은 며흘포, 마흘포가 "멀포"로 변하여 의역된 것이다. 지금은 원포로 불리게 되어 고정된 이름으로 "멀고 험하고 외진 곳"이란 뜻이 되었다. 주민들의 주요 소득원은 쌀, 김, 전복이다. 현재 주요 성씨는 김해 김씨와 나주 임씨이다. 마을공동재산으로 마을회관이 있고, 마을조직으로는 13명으로 구성된 청년회, 15명으로 구성된 어촌계, 20명으로 구성된 부녀회, 40명으로 구성된 노인회가 있다. 마을 내 유물유적으로 당제 사당 1개소가 있다.

많이 살 때는 50호 이상이었으나 현재는 40호 정도가 산다. 특히 이 마을은 6.25 때 크게 피해를 보았다. 양쪽에서 약 70여명이 죽임을 당했다. 마을에서는 양뺨을 맞았다고 하며, 다른 마을들에서는 이 마을을 모스코바라고 부를 정도였다고 한다.

원포마을에서는 매년 섣달 그믐날 밤에 바닷가에서 거릿제를 모시고, 정월 초하루부터 시작하여 초사흘까지 당집에서 당제를 모신다. 섣달 그믐날 아침에 제관을 뽑아서 거릿제와 당제를 모시게 한다.

거릿제를 모시는 방식은 예전과 지금이 거의 흡사하다. 그러나 당제의 경우는 많이 달라졌다. 예전에는 당집 옆에 당집을 지키며 사는 사람이 살고 있었다. 마을 소유로 되어 있는 논과 산, 그리고 당집 옆에 3칸 살림집이 있었다. 그 집에 살면서 토지를 버는 사람이 매년 제물을 장만하여, 제관으로 뽑힌 사람들을 도와 당제를 모셨다. 그러나 수십 년 전에 집도 없어지고 토지도 팔아버렸다. 그래서 지금은 이장의 집에서 제물을 장만한다.

또 마을 동남쪽에 있는 산을 당산이라고 부르는데, 그 산모롱이에 당신을 모시는 곳이 따로 있었다. 바닷가에서 조금 올라가면 대나무숲이 우거진 깊숙한 곳에 예전부터 전해오는 당신을 모시는 곳이 있었다. 산속에 굴처럼 파고 내부를 넓적한 돌로 벽을 만들고, 앞쪽은 기와장들로 가려 비가 스미지 않도록 해둔 곳이었다. 그 속에 한 뼘 정도 되는 대나무로 만든 위패 3개가 놓여 있었다. 초하룻날 이 위패들을 공손히 모시고 당집에 옮겨다가 안치하고 초사흘까지 치성을 드린 후에 다시 그곳으로 옮겨놓는다. 대나무가 썩으면 옆에서 대나무를 베어 새로 마련한다.

아주 옛날 바닷가 마을에 세 구의 시신이 떠내려 왔다. 마을사람들은 시신을 수습하여 지금 당산이라고 부르는 곳에 묻어주었다. 세월이 오래 흐른 후에 그들을 묻었던 장소에 위에서 말한 위패 모시는 곳을 만들었으며, 그 사람들을 모시게 된 것이 당제의 유래라고 한다. 그러나 20여 년 전부터는 위패를 모셔오는 일을 중단했다.

위패는 2종류가 있었다. 앞에서 말한 옮겨오는 위패와 당집에 항상 보관하는 위패였다. 위패라고는 하지만 아무런 글씨도 새겨져 있지 않다. 옮겨오는 위패보다는 당집에 보관하는 위패는 훨씬 크고 굵었다. 그것은 매년 당제를 모실 때 옷을 입힌다고 하여 한지로 한번을 두른다. 한지로 싸는 일이 오래 되어 매우 굵게 되었더라 한다. 그런데 해방된 지 얼마 되지 않아서 당집에 불이 나버렸다. 그래서 이들 위패가 불에 타 없어졌다. 만약 그것들이 남아있었더라고 하면, 한지를 벗겨보면 몇 년이나 지난 것인지 알 수 있었을 것이라고 아쉬워한다.

　현재의 당집은 두 칸집이며, 한 칸은 제실이고, 다른 한 칸은 농악기 등을 보관한다. 예전에는 초가집이었으나 지금은 스레트지붕이다. 당집을 지키며 사는 사람을 마을에서는 당조라고 하였으며, 아이들은 당할아버지 또는 당조할아버지라 불렀다. 그가 있을 때는 마을의 대소사에 뒷심부름을 해주는 일까지 맡았다. 예를 들면 예전에는 방송시설이 없고 하여, 동계를 치를 때 마을사람들을 회관에 모이도록 부르러 다니는 일 등도 했다. 당조할아버지는 거릿제와 당제를 모실 때도 제물을 장만하지만, 매달 초하루와 보름날 나물 세 가지와 메를 짓고 탕을 끓여 당집에 올리는 일까지 하였다. 거릿제와 동제, 그리고 초하루와 보름에 제상을 차리는데 필요한 일체의 비용은 본인이 부담한다.

　그믐날 아침에 마을회의를 해서 제관을 뽑는다. 예전에는 두 사람을 뽑았으나 요즈음은 한 사람만 뽑는다. 대체로 제사를 모시는 일이 간편해졌기 때문이다. 제관은 마을에서 나이가 좀 지긋한 분 중에서 집안에 유고가 없는 남자로 고른다. 여자는 안 된다. 집안에 상을 당한 사람이나 아이를 낳은 사람, 그리고 아이를 낳을 집도 안 된다. 특히 개고기를 먹은 사람은 절대로 안 된다고 한다.

　예전에 당조집이 따로 있었을 때는 뽑힌 제관은 설달 그믐날 거릿제를 모시고 당집에 오르면 거기에서 마을로 돌아오지 못하고 초사흘까지 지내게 된다. 당지기의 집이 세 칸 집인데 방 한 칸을 비워 제관들이 머물도록 했다. 깨끗한 옷으로 갈아입고, 사흘

1 고군면 원포마을 당산
2 고군면 원포마을 당집
3 고군면 벌포마을 당산과 당집

| 1 | 2 | 3 |

간 거기에서 매일 목욕을 하고 식사도 하였다. 제관으로 뽑히면 차례도 못 모시고, 성묘도 가지 못한다.

지금은 당지기의 집이 없기 때문에 본인의 집에 머물러 있다가 제상을 차리고 절을 하는 시간에 맞추어서 당집에 올라간다. 제사를 모시는 동안 몸가짐을 바로 하고, 부부생활을 해서는 안 되며, 궂은 곳에 가지도 않고, 특히 집안에 유고가 있는 사람과 만나지도 않는다. 그믐날 다른 사람의 출입을 금하기 위해서 제관집에 왼새끼를 꼬아 금줄을 친다.

지금은 일체의 제물은 이장댁에서 장만을 한다. 또 제사 비용 역시 마을 자금에서 지불한다. 그해 제관으로 뽑힌 사람에게 수고비로 10만원을 주고, 제물을 사는 등 제사 비용으로 10만 원 정도가 소요된다고 한다.

이장은 제관과 더불어 제물을 장에서 사온다. 제물 중에서 빠뜨릴 수 없는 것이 돼지머리이다. 생선은 전혀 쓰지 않는다. 돼지머리를 하나 사서 삶아두었다가 당제를 모실 때 고기를 썰어 제상에 올린다. 마을의 제기도 있지만, 요즈음은 부녀회의 그릇이 깨끗하기 때문에 제사를 모시면서 빌려 쓴다.

섣달 그믐날 오후 6시 반쯤에 굿을 칠 사람들은 당집에 모이라는 방송을 한다. 이 마을에서는 4년 전까지 당제를 모시면 집집이 돌면서 마당밟이를 하여 마을자금을 모으고 했지만, 그 후 여자들이 꺼리는 것 같아 하고 있지 못하다고 한다. 이 마을에서 각 가정을 돌며 굿을 쳐주는 것을 금고金鼓, 걸궁, 지신밟이, 마당밟이 등 여러 가지 명칭으로 부르고 있는데, 마당밟이를 할 때는 거릿제나 당제에 굿물을 치는 사람들이 함께 참여를 하지만, 그렇지 않으면 제관들만 참여하여 제사를 모신다.

예전에는 거의 매년 굿을 쳤기 때문에 오후 시간에 맞춰 당집에 모여 각자 맡은 농악기를 챙겨 굿을 치게 된다. 예전에 당지기가 있을 때는 당지기의 집에서 제물을 장만하기 때문에 거기에서 제물을 거릿제를 모시는 곳까지 옮겨 온다. 지금은 이장집에서 내어온다. 당집에서 제물을 옮길 때 굿을 치는 사람들이 함께 굿을 치면서 제관들과 함께 거릿제를 모실 장소로 이동을 한다.

거릿제는 두 곳에서 모신다. 현재 마을의 버스승강장으로 쓰고 있는 바닷가 넓은 공터와 마을에서 동남쪽으로 산모롱이가 있는데 그 부근에 고목들이 많다. 고목이 우거진 바닷가가 또 한 곳이다. 섣달 그믐날 오후 7시경에 제물을 옮겨와서 먼저 마을 앞 공터에 제상을 차리고 거릿제를 모신다. 제상에 올리는 제수는 메와 탕 각각 3그릇, 나물 3종류, 돼지고기 3접시, 떡 3시리 등이며, 술잔도 3개를 준비한다. 진설이 끝나면 술잔을 올리고, 재배를 하며, 재배가 끝나면 제관이 마을에 사고도 없고 해산물도 잘 되게 해달라고 소리를 내어 빈다. 축문은 없다. 이것이 끝나면 철상을 하고, 다시 고목 아래로 가서 똑같은 방법으로 거릿제를 올린다. 끝나면 대개 오후 9시경이 된다.

지금은 제관이 바로 본인의 집으로 돌아가서 자고, 다음날 아침 제물을 가지고 당집에 올라가서 진설을 하고 아침에 제사를 모신다. 그러나 예전에 당지기가 있을 때는 거릿제를 마치고 나면 2명의 제관들은 당지기와 함께 당지기의 집으로 바로 올라가서 3일 동안 머무르면서 제사를 모셨다. 당집 안에 차리는 제상은 초하루 첫날은 아침, 점심, 저녁을 모두 올린다. 둘째날은 아침과 저녁만 올리고, 점심에는 제주만 한 잔 올린다. 그리고 마지막 사흘째 되는 날은 아침과 점심만 올린다. 제상에는 매번 메와 탕 3그릇, 나물 3종류, 돼지머리고기 3접시, 그리고 술잔 3개를 올린다. 돼지머리고기는 한 그릇에 3점씩 큼지막하게 잘라 담는다. 한번 올릴 때마다 그래서 9점의 머리고기가 필요하다.

예전에는 정월 초하루 아침에 제상을 차리고 제사를 마치면 좀 쉬었다가 제관들은 저쪽 당산으로 위패를 모시러 갔다. 이때 굿을 치는 사람들이 영기를 앞세우고 굿을 치면서 함께 간다. 당산에 가면 가려져 있던 기와장을 치우고 대나무로 만들어진 위패 3개를 들고 조심히 당집으로 모셔온다. 이미 당집 안에도 그보다 큰 위패 세 개가 있어서 각기 그 앞에 당산에서 가져온 위패를 놓는다.

매번 제상을 차리고 나면 술잔을 올리고 절을 한다. 절이 끝나면 엎드려서 마을사람들이 기대하는 소망을 큰 소리로 빈다. 주로 사고가 나지 않게 해주고 농사나 해산물이 잘되게 해달라고 빈다. 만일 마당밟이를 하는 때 같으면 굿을 치던 사람들이 메를 올리는 시간에 맞춰 매번 당집에 올라간다. 메를 올리고 제사를 모실 때 당집 밖에서 당굿을 친다. 당집 옆에는 자그마한 바위가 놓여있는데, 매번 제사를 모시고 나면 제상에서 음식을 조금씩 걷어서 이곳에 붓는다. 헌식이며 이곳에서는 "퇴고시라"를 하는 것이라고 말한다.

초사흘 낮 제사를 끝내면 다시 제관들과 굿을 치는 사람들은 제물을 갖추어 당산으로 간다. 위패를 원래 있던 곳으로 옮겨두고 앞에 한지를 깔아 간단한 제상을 마련한다. 제주를 한 잔 올리고 절을 하고나서 위패의 앞을 가린다. 이렇게 하고 나면 3일 치성이 끝나고 당제를 마치게 된다.

이 마을에는 여러 가지 당제와 관련된 영험담이 전한다. 10여 년 전까지만 하더라도 매우 엄했다는 말을 더한다. 10여 년 전에 마을에서 회의를 해서 당제를 폐지했다. 그러자 마을에서 전혀 예상치도 않던 초상이 자주 났다. 그러자 사람들이 놀래서 다시 당제를 모시기 시작했다. 또 한 번은 마을 총회가 열린 자리에서 최도식(가명)이라는 사람이 미신이기 때문에 당집을 불을 살라버리자고 했다. 그 다음날 바람도 거의 없었는데, 그 사람이 하는 김발만 터져서 망해버렸다고 한다. 그 후 서울로 이사를 가서 불쌍하게 살다가 작년에 죽었다고 한다.

당산에는 대나무가 우거져 있는데, 예전에는 그곳에서 대나무를 베어 쓰지 못했다. 만약 대나무를 누가 베게 되면 신이 넘어뜨려 죽여 버릴 것이라고 믿었다. 또 일제시대 때의 일이라고 전하고 있는데 개고기를 먹은 사람이 당집에 갔다가 현장에서 즉사를 했다는 말도 전하고 있다. 요즈음은 뜸해졌지만, 당제를 모실 때는 거의 걸궁을 쳤다. 그러면 며칠 간 각 가정을 돌면서 굿을 쳐주고 마을 자금도 모으고 했지만, 요즈음을 잘 하지 않으려고 한다.

2) 사례 2 : 사고가 많아 다시 모시게 된 군내면 세등리 거릿제

매년 정월 보름에 마을에서 제사를 모신다. 마을에 질병이나 재앙을 막아주라는 뜻에서 공을 들이는 것이라고 한다. 대개 거릿제라고 부르며, 보름제사라고도 하는 사람도 있다. 하지만 제사는 세 곳에서 모시는데, 이를 각각 미륵제, 별신제, 짐대제라고 별도로 부르는 명칭이 있다. 미륵은 마을 입구 도로에서 10여m 산쪽의 숲 속에 있다.

미륵은 자연석으로서 현재는 당집 속에 있다. 몇 년 전에 군청에서 문화재로서 가치가 있다고 해서 당집을 지어주었다. 그 전에는 주변을 돌담으로 두르고 돌담 위에 나무를 걸친 후 그 위에 매년 겨울에 날을 받아서 마을 사람들이 이엉을 엮어 지붕을 이었다. 전해오는 말로는 미륵돌이 본래는 작았으나 점점 커지고 있다고 한다. 그래서 아주 예전부터 미륵돌이 크면 거기에 맞춰서 계속해서 증수를 했다고 전해온다. 현재의 모습 이전에는 마치 초분과 같아서 마을 사람들이 접근을 꺼려했다. 미륵이 서있는 곳 옆 바위에는 말발자국이 남아 있다. 예전에 어떤 장수가 탄 말이 저 멀리 성재에서 이곳에 뛰어내려 발자국이 남았다고 전하며, 또 삼별초난 때 어떤 장수가 말을 타고 가다 이곳에서 죽임을 당했는데 그것을 기념하기 위해 세웠던 것이라고 전하기도 한다.

별신제는 마을 앞 300여m 되는 밭과 논 사이에 약간의 공터가 있는데 그곳에서 모신다. 별신제를 모시는 곳과 짐대제를 모시는 곳은 거의 인접지역이다. 별신제는 차일을 치고 그 안에서 모시고, 짐대제는 바로 그 옆에 짐대를 세워두고 모신다.

제사는 음력 정월 14일 밤 11시가 지나면 시작한다. 미륵제, 별신제, 짐대제 순으로 모신다. 다 끝나면 새벽 2시경이 된다. 제사를 모시기에 앞서서 하루 전부터 제관들은 이미 별신제를 모실 곳에 가서 임시 거처를 마련하여 재계를 하며 제사를 모실 준비를

1 군내면 세등리 미륵당
2 군내면 세등리 짐대
3 군내면 세등리 별신제 축문
4 군내면 세등리 미륵불제 축문

<table>
<tr><td>1</td><td>2</td></tr>
<tr><td>3</td><td>4</td></tr>
</table>

하면서 기다린다. 또 제사를 모시는 당일에는 초저녁부터 농악을 치는 사람들이 모여서 굿을 치면서 마을을 돌아다닌다. 제사가 모두 끝나면 제관 일행과 굿치는 사람들 일행 함께 모여 음복을 하고 각자 집으로 돌아가 대보름 차례를 모신다.

마을 사람들은 제관들이 제터로 옮겨가면 그때부터는 무척 조심을 한다. 들일을 해서도 안 되고, 또 빨래를 해서도 안 되며, 특히 '소매(인분뇨)'를 내는 일은 없어야 한다. 또 금줄이 처진 곳에는 제사 일을 보는 사람 말고는 출입을 일체 하지 않는다.

예전에는 정초에 제관을 선정하는 일부터 시작되었다. 지금은 한 10여일 전에 제관을 선정한다. 3명을 뽑는다. 헌관, 축관, 그리고 뒷심부름을 해줄 수 있는 사람이다. 생기복덕을 맞추어보고 생기에 맞은 사람 중에서도 집안에 유고가 없는 사람을 고른다. 상을 당했다거나 아이를 출산한 집안사람은 안 된다. 또 정월 들어 초상집에 다녀온 사람도 제외되며, 개고기나 노루고기를 먹은 사람도 안 된다. 또 여자는 안 된다. 마을에 일진을 보는 사람이 먼저 생기를 보아 해당되는 사람들의 나이를 뽑아 주면 이장은 이를 마을의 개발위원들하고 상의하여 3명을 선정하여 부탁을 한다. 요즈음은 제관을 하려고 하지 않아 선정에 어려움을 겪고 있다. 일단 제관을 하기로 한 사람은 통보를 받은 날부터 몸조심을 한다. 궂은 곳에 출입을 삼가고 또 길거리에서라도 유고가 있는 사람을 만날지 모르기 때문에 집안에만 머물러 있는 경우가 많다.

제물 장만은 마을기금으로 한다. 제물을 사는 것은 이장이 관장한다. 이장과 제관들은 13일 장을 보러 가는데, 사려는 물건의 값이 비싸다 싶으면 다른 곳에 가서 살지라도 값을 깎지 않는다. 제물뿐만 아니라 이틀 동안 제관들이 함께 기거를 하면서 제터에서 식사를 준비하여 해결해야 하므로 그에 필요한 식료품까지 산다. 쌀, 밑반찬, 조미료 등은 마을에서 가져가지만 다른 먹을 것은 제물과 함께 구입한다. 이 마을에서는 매년 소머리를 사서 제사에 사용하고, 돼지고기는 쓰지 않는다.

13일에 별신제를 모실 곳에 제청을 마련한다. 예전에 만들던 방식과 요즈음의 방식이 다르다. 예전에는 나무와 짚을 이용해서 제청을 만들었다. 13일 오전에 마을사람들이 협력을 하여 제청을 짓는데, 몇 사람은 산에 올라가 6자에서 7자 정도 되는 곧은 나무를 베어와 껍질을 벗긴다. 또 다른 사람들은 각자 집에서 짚 한 단씩을 가지고 나와 이엉을 엮는다. 집안에 유고가 있는 사람들은 참여를 않는다. 나무로 틀을 만들고 앞쪽을 제외하고 이엉으로 둘러막으며 역시 지붕도 만든다. 그 안에 짚과 덕석을 깔아 별신제를 모실 제청을 마련하고 또 제관들이 제사를 모실 때까지 머문다.

요즈음은 쇠파이프를 이용해서 골조를 만들고, 그 위에 보온덮개를 치고 다시 그 위에 차일을 친다. 안에는 짚을 편 후에 그 위에 깐다. 요즈음은 덕석 위에 전기장판을 깔아서 보온을 한다. 마을에서 전기선을 이어 쓰거나 또는 주변 농사용 전기를 주인의 허락을 얻어서 사용한다. 전선을 연결하여 전기불도 밝힌다.

물론 집에서도 목욕재계를 하지만, 13일 제청이 만들어지면 제관들은 제청으로 가서 하룻밤을 보내고 제사를 지내게 되는데, 제청에 가면 13일 다시 찬물로 목욕을 한다. 전에는 '지샘(제사를 모실 때만 사용하는 샘)'이 옆에 있어 제관들이 목욕을 하고 제물을 만들면서 그 샘에서 길어온 물만 사용하였다. 다른 사람은 사용할 수 없도록 금줄을 쳤다. 하지만 경지정리를 하면서 없어진 후로는 상수도물을 이용한다.[7]

매년 구입한 소머리를 제청 옆에 가마솥을 걸어서 곤다. 살은 발라내서 안주를 하기 위해 따로 보관하고, 특히 턱뼈는 짐대에 걸기 위해 따로 빼낸다. 14일 낮에 산에서 쭉 곧은 소나무를 베어와 껍질을 벗긴다. 위쪽에는 생솔을 그대로 남긴다. 제터 주변에 목고실나무(멀구슬나무)가 한 주 서있다. 예전의 것은 지름 20cm 이상으로 컸지만, 고사하여 등걸만 남아 있고, 뿌리에서 새로 싹이 나서 이제는 높이 5m 정도의 나무가 되었다. 껍질을 벗겨 만든 짐대의 위쪽 생솔가지 아래쪽에 소의 턱뼈, 명태 한 마리, 그리고 한지를 접어서 왼새끼로 묶는다. 이렇게 만든 짐대를 목고실나무에 묶어 세운다. 묶어둔 것들은 자연히 떨어질 때까지 그대로 둔다. 그래서 현재 짐대가 있는 주변에는 예전에 걸었던 소턱뼈가 아직 썩지 않은 상태로 여러 개 널려있는 모습을 본다.

제청이 만들어지고 나면 주변에 금줄을 쳐서 다른 사람의 출입을 일체 금한다. 설혹 술을 마시러 가거나 화투놀이를 하려는 경우도 없신 잃있지만, 미올의 어르신들이 철저히 금한 후에 지금은 그런 사람이 없다.

14일 날 미륵당을 청소한다. 창호지를 가지고 가서 매년 새로 창을 바른다. 창바르기가 끝나면 안에 촛불을 밝혀 놓고 돌아온다.

제수는 별신제를 모실 제청이 있는 곳에서 직접 만든다. 소머리는 가마솥에 고고, 메를 짓고 탕을 끓이는 정도이다. 제관들은 13일부터 그곳에서 직접 식사를 지어 해결한다.

축관을 할 사람은 그 사이에 축문을 새로 쓴다. 마을회관에는 동제 축문이 기록된

7_　위 기술은 2006년도 조사에 기반한 것이며, 2013년도 재조사 때는 상황이 바뀌어 있었다. 차일을 치던 곳에 새로 유선각을 지었다. 유선각 안에서 제관들이 제물을 준비하고, 거리제도 모시며, 당샘도 복원하여 현재 사용 중에 있다.

문서가 보관되어 있다. 1990년도에 만든 것과 2003년도에 만든 2종이 보관되어 있으며, 제보자인 곽재복씨는 따로 축문과 기타 마을에 있는 청운사라는 서당의 제사에 사용할 축문이며 홀기 등을 적어 가지고 있다.

1990년본은 "순서順序", "미륵제축彌勒祭祝", "별신제축別神祭祝", 새로 한글로 지은 "미륵산신제축"과 역시 한글로 지은 "짐대제축"이 순서대로 적혀 있으며, 별장에 한문으로 된 미륵제축과 별신제축을 한글로 그대로 옮겨 적은 것이 한 장 끼워져 있다. 또 2003년본은 "순서順序", 한글로 지은 "미륵산신제축", 한문 축문을 한글로 옮겨 적은 "미륵불제축", 한문으로 된 "미륵불제축彌勒佛祭祝", 한문 축문을 한글로 옮겨 적은 "별신제축", 한문으로 적은 "별신제축別神祭祝", 한글로 된 "짐대제축"의 순서로 묶여져 있다.

14일 밤 10시경이 되면 마을에 굿을 치는 사람들이 마을회관에 모인다. 회관에는 굿물이 보관되어 있다. 농악을 치면서 이들은 마을을 돈다. 예전에는 마을 3곳에 우물이 있어서 샘굿을 치고 돌아다녔다. 그러나 지금은 상수도를 사용하기 때문에 필요한 개인이 모터를 연결하여 허드래물로 사용하는 집이 있다. 작년까지만 하더라도 상수도 물탱크와 이들 3곳에 샘굿을 치고 다녔지만, 금년(2006년)은 그나마 물탱크에서만 샘굿을 치고 말았다고 한다.

시간이 지나 10시 30분이 되면 메를 짓고 탕을 끓인다. 또 그 사이에 '걸렁이' 4개를 만든다. 걸렁이란 음식물을 담을 수 있도록 짚을 이용해서 만든 것이다. 짚 한쪽을 묶어 반대쪽으로 넘겨 묶은 후에 속에 밥, 미역, 소뼈 등을 넣고 다시 여며 묶는다. 이것은 산신제를 모시면서 바친다.

11시가 되면 헌관과 축관은 이미 마련해둔 주전자에 담은 정화수와 잔대를 들고 미륵당으로 향한다. 정화수는 14일 오전에 떠둔다. 미륵당에 들어가는 입구에 마을에서 "문텅바위"라고 부르는 바윗돌이 있는데, 그 앞에 가져간 걸렁이 4개를 놓고 절을 올린다. 이것이 산신제이다. 절을 마치면 걸렁이 4개를 사방에 하나씩 던진다.

미륵당에 들어가서는 정화수를 부어놓고 절을 올린다. 미륵당에는 일체의 제물은 없으며, 이미 오후에 켜놓은 촛불이 밝다. 독축을 하고나서 조용히 나와 문을 닫고 제청이 있는 곳으로 돌아온다. 촛불을 끄지 않은 채로 다 타도록 내버려 둔다. 화재를 막기 위해 기왓장 위에 촛불을 밝힌다.

제청 안에서 별신제는 모신다. 제관과 헌관이 미륵제를 모시러 간 사이에 심부름을 맡은 사람이 별신제상을 진설해 둔다. 차일 안쪽에 제상을 차려놓고 헌관은 절을 하고, 축관은 독축을 한다. 제상은 간단하다. 메와 탕, 그리고 과일과 명태 등 마른 반찬을 놓는다. 별신제를 마치면 바로 짐대에 제사를 모신다.

짐대제를 모실 때는 굿을 치던 사람들도 함께 참여를 한다. 마을에서 불을 피워놓고 놀고 있던 사람들에게 연락을 하여 짐대제를 모시니 함께 참례하라고 연락을 한다. 짐대 앞에 상을 차릴 경우도 있고, 한지를 깔아 상을 대신할 때도 있다. 짐대 앞에서 재배를 하고나면 구축□祝을 한다. 예전부터 짐대제에는 축문을 따로 쓰지 않고 축관이 말로 비는 정도였다. 지금은 한글로 구축을 위한 문안을 만들어 두었다.

짐대제가 끝나면 사람들은 철상을 하여 마을회관으로 돌아온다. 돌아오면서는 쇳소리 등을 전혀 낼 수 없으며 말도 서로 하지 않는다. 남은 음식은 회관에 보관해두었다가 다음날 마을사람들이 모여 함께 나누어 먹는다. 사람들은 각자 집에 돌아가 각 가정에서 차례를 모신다. 제청을 그대로 두었다가 3~4일 후에 철거를 한다.

한때 이 마을에서는 3여년 정도 동제를 모시지 않은 적이 있었다. 70년대로 기억하고 있으며, 당시 이 마을 출신으로 면장을 하고 있던 분의 강력한 주장에 의해 동제를 모시지 않았다. 그러나 한 해에 주로 젊은 사람들만 7명인가 9명이 죽었다. 마을에서는 동제를 모시지 않아서 그런 일이 일어났다고 해서 다시 모시기로 결의를 하여 지금까지는 한 해도 거르지 않고 모셔오고 있다. 그래서인지 누구도 동제를 없애자는 주장을 하는 사람이 이제는 없다. 그런 이유 때문인지 크게 간소화되지도 않은 상태로 전승되고 있는 것으로 보인다.

특히 이 마을에는 미륵과 관련된 영험담이 전한다. 어린 학생들이 미륵당 주변에서 오줌을 쌌다가 크게 아팠다거나 심지어 다음날 죽었다는 이야기가 전한다. 그래서 어른들은 아이들에게 미륵 주변에서는 극히 조심하라고 하며, 침도 뱉지 못하게 교육을 한다. 개인적으로 공을 들여서 아들을 낳은 집도 있다. 마을에서 3집이 미륵에 공을 들여 아들을 보았다 하며, 미륵이 점지해서 태어난 아이들이 현재는 환갑이 넘었다고 한다.

1	2	3	4
5	6	7	
8	9	10	

1	2	3	4
5	6	7	8
9	10	11	

1 미륵제를 모시고 돌아오는 제관들
2 별신제 제상
3 별신제 독축
4 유선각 안에서 모시는 별신제
5 짐대제 준비
6 짐대제 제물
7 짐대제 독축
8 짐대제 축문 소지
9 짐대제 모시기
10 짐대제 모신 후 헌식
11 당굿을 치는 풍물패

1	2
3	

1 헌식물
2 소머리국을 끓이는 가마솥
3 거릿제를 마친 후 음복

　　40여 년 전까지만 하더라도 대보름날 마을사람들이 모여 놀았다. 주로 윷놀이를
하면서 술잔을 나누고 논다. 소머리를 삶아 준비한 고기로 안주를 하면서 마을회관에
모여 노는 것이다. 또 예전에는 걸궁이라 하여 대보름 때부터 각 가정을 돌면서 농악
을 쳐주고 거기서 얻은 쌀과 돈을 모아 마을자금에 보탰지만, 요즈음은 이런 행사가
없어졌다. 마을총회는 연말에 열리며, 여러 가지 마을의 일을 논의하고 또 일 년간의
일을 보고한다. 이때 동제와 관련된 결산보고도 겸하게 된다.

1	
	2

1 용장리 마을입구의 입석
2 용장리의 제축문 및 오방신장지방문

3) 사례 3 : 진도군 군내면 용장리 망제와 충제

고려조 삼별초의 유적이 있는 마을이다. 소위 용장산성이 있는 마을로 오랜 역사를 지녔을 것으로 보인다. 그러나 지금 알려진 바로는 마을의 입향조는 남양 홍씨로 1772 년에 형성되어 현재까지 유지되고 있다고 한다. 주민들의 주요 소득원은 쌀과 월동배추, 대파, 구기자이고, 현재 주요 성씨는 밀양 박씨와 현풍 곽씨이다. 마을공동재산으로 마을회관과 노인정, 공터 366평이 있다. 마을조직으로는 상여계와 호상계, 노인회, 부녀회가 있다. 마을 내 유물유적으로 동계안이 있고, 용장산성과 공덕비 2기, 추모비 1기, 열녀비 1기, 그리고 입석 3기가 있다.

마을 안쪽에 무성한 느티나무가 우거진 숲이 있다. 여름에는 많은 사람들이 느티나무 아래에 모여 논다. 이 마을 사람들은 이러한 느티나무를 반촌의 증거로 꼽고 있다.[8] 물론 이 마을뿐만 아니라 고군면과 군내면 등에서 주로 들을 수 있는 말로 반촌

8_　진도에서는 반촌과 민촌을 나누는 증거로 노거수를 꼽는다. 노거수가 있는 마을일수록 반촌으로 말해지고 있다. 그러나 진도에서 다른 하나의 사회문화적 현상으로 꼽을 수 있는 것은 진도의 동부지역은 반촌과

의 경우는 마을에 오래된 노거수가 우거져 있다는 말을 흔히 듣는다. 이러한 마을일수록 주변의 민촌사람들에 대해 약간은 우월감을 가지고 있다. 예전에는 민촌사람들이 함부로 마을 앞으로 잘 지나다니지도 못했다는 말을 거의 들을 수 있다.

이 마을에서는 두 종류의 동제가 전해오고 있다. 하나는 정월 대보름에 지내는 마을제사로서 망제望祭 또는 들제라고 부르는 제사고, 다른 하나는 음력 6월 1일에 지내는 충제蟲祭 또는 산제山祭라고 부르는 제사이다. 망제는 다른 마을과 마찬가지로 일반적인 마을사람들의 소망 성취를 기원하면서 올리는 것에 반해서, 충제는 여름 농사철에 병충해의 방제를 기원하는 기능적인 제사이다. 또 근자에는 그런 사례가 전혀 없었지만, 예전에는 전염병이 돌 때, 마을입구마다 금줄을 꼬아 걸고 마을의 삼거리길에서 거릿제를 모셨던 적도 있었다고 한다.

망제는 마을에서 북동쪽으로 약 500m 정도 떨어진 길가에서 모신다. 예전에는 그 옆에 매년 제사를 모시는 제단이 있었는데, 경지정리를 하면서 없어졌다. 그래서 지금은 거기에서 가까운 다소 넓은 길가에 차일을 치고 제사를 모시고 있다. 마을에서는 다소의 예산을 마련하여 앞으로 새로 제단을 단장할 계획을 세워놓고 있다.

축문과 지방문을 보면 망제에서 모시는 신은 모두 8위이다. 축문에는 사직신지신社稷神之位, 성황신지신城隍神之位, 세자대군신지위世子大君神之位 등 3위가 나오고, 따로 한 장씩 적은 지방문에는 동방청제장군東方靑帝將軍, 서방백제장군西方白帝將軍, 중앙황제장군中央黃帝將軍, 남방적제장군南方赤帝將軍, 북방흑제장군北方黑帝將軍 등 5위이다. 앞의 3위는 제상을 마련하여 모시고, 5방신장은 대나무를 쪼개 지방을 꼽고 이것들을 제단을 중심으로 하여 5~6m 거리를 두고 둥근 형태로 땅에 꼽아 세운다.

충제는 마을의 뒷산에서 모신다. 예전에 모셔오던 곳이 있었으나 근래에는 그곳 산까지 오르는 것이 힘이 들어서 산자락 아래로 장소를 옮겨 모셔왔다. 그러나 이것도 2006년부터는 모시지 않기로 마을에서 결의를 하였다. 축문을 보면 충제에서 모시는

민촌의 구분이 있지만, 임회면, 지산면, 그리고 조도면 등에서는 반촌과 민촌의 개념을 찾을 수 없다는 것이 다른 하나의 특징이기도 하다.

신은 모두 3위의 산신이다. 남지산신위藍芝山神位, 노선산신위老仙山神位, 성황산신위城隍山神位이다. 이들은 모두 마을 주변에 있는 산들이다.

제사를 위해 필요한 경비는 매년 마을에서 호구별로 거출을 한다. 그러나 마을의 자금이 여유가 있을 때는 걷지 않고, 마을 자금으로 제물을 준비한다. 2006년도에는 제비를 걷지 않았다. 마을의 재정을 담당하는 재무가 따로 정해져 있어서 제사를 위해 필요한 비용 등 마을의 자금이 관리되고 있다.

망제를 모시기 위해 며칠 전에 제관을 선정하는 일로부터 준비에 들어간다. 매년 제관을 뽑는 일이 가장 어렵다고 한다. 예전에는 서로 제관을 하려고 했지만, 지금은 사정이 정반대로 바뀌었다. 제사가 끝나고 나면 제상에 올렸던 제물을 3등분하여 제관들이 각자 집으로 가져간다. 예전 먹을 것이 귀하고 가난했을 때는 제물을 이렇게 집에 가져가기 위해서 일부러 제관을 하고자 자원을 하였지만, 지금은 먹을 것 걱정이 없는 세상이 되어서 아무도 제물에 대한 욕심이 없다. 또 행여 제사를 모시고 나서 마을에 좋지 않은 일이 생기면 제관을 탓하는 일도 있고 해서 더더욱 꺼린다고 한다.

요즈음은 3일이나 4일 전에 제관을 뽑는다. 이장과 마을 어른들이 협의하여 4명을 선정한다. 헌관 2인, 축관 1인, 그리고 뒷심부름을 해주는 동자꾼이라고 부르는 사람 1인이다. 우선 집안에 유고가 없는 사람이라야 한다. 상을 당했거나 아이를 낳은 집안은 안된다. 또 가장 크게 가리는 것은 선정 후에 제사를 모실 기간 동안 부인이나 딸 등 집안의 여자 중에 혹시 달거리가 있어서도 안된다고 한다. 그런 사람이 있으면 비록 마을에서 뽑았다고 할지라도 본인 스스로 사정을 말하고 제관을 맡지 않는다. 정월 들어 개고기를 먹은 사람도 안되며, 일단 제관으로 뽑히면 부정한 곳, 예를 들면 상가나 남의 제사에 참례를 않는다. 물론 부부생활도 안되기 때문에 대개 나이가 지긋한 사람으로 제관을 선정한다.

지금은 사라진 풍속이지만, 예전에는 제관으로 선정된 사람의 집에는 금줄을 걸었다고 한다. 하지만 요즈음 들어서 제사를 젊은 사람들이 맡아 주관하고 있기 때문에 실제로 제사에 참여하는 사람의 수는 늘었다고 한다. 굳이 제관으로 뽑히지 않은 사람이라도 함께 마을 일이기 때문에 돕고, 또 서로 친구들 사이에 고생을 함께 하려는 생각에서 별다른 유고가 없는 사람들은 제사를 모실 때 함께 참여한다고 한다.

망제를 앞두고 이장과 함께 제사를 모실 사람 중에서 몇몇이서 장에 제물을 사러 간다. 요즈음은 주로 읍장을 보지만, 때로는 오일시장이나 바다 건너 배를 타고 우수영장을 보아온 적도 있다고 한다. 장에 갈 때는 필요한 물건의 목록을 적어 간다. 물건을 사고 나서는 옆에 값을 기록하여 결산을 할 때 사용한다. 제물을 살 때는 값을 깎는 일이 없다.

망제제물대(望祭祭物代)　　　　　　　　　　　　　(西紀 1995年 舊 1月 15日)

품명	수량	가격	품명	수량	가격
되지머리	1	12,000	미원	1	1,200
되지고기	3	10,000	소금	1	400
밥반찬	약간	5,000	소주대	2	4,400
새비젓	1	3,000	소주소	2	2,000
사과	4	2,000	음료수	2	2,500
배	4	3,600	쓰루매	3	4,000
밤	1슴	2,000	아리바시	1	400
대추	1슴	2,000	담배	10甲	10,000
꼬감	3	6,000	부탄까스	4	2,000
밀감	25	5,000			
창지	4	1,000	계		26,500
미역	3	8,000			
쌀	2	6,000	양초	3	
시장비	2人	2,500	향	1	
계		68,300			
		26,500			
	총계	94,800			

위의 자료는 양면괘지에 기록된 물목기와 구입비를 옮겨 적은 것이다. 다음은 충제의 준비물을 적은 내용이다.

제물	밥/찬	준비물
생닭 3마리	반찬	챌
쌀 2되	삼겹살 3근	비니루
사과 3	미원(소)	도마, 칼톱, 낫, 삽
배 3	소금(소)	바께스
밤 3	맥주 1상자	께스통
꼬감 30	병소주 10병	끈 5개
미역 3	모기장 1	께스랜지 2
포(오징어) 3	모기향 1통	마늘, 고추
재주(정종) 1병	나무젖가락	준비물 상자
양초 1갑	일회용숫가락	화투
향 1갑	종이컵	후라이팬
창지 4매	부탄까스	
일회용숫가락	담배 1보루	
휴지 2	퐁퐁	
	행주1	
	음료수(대) 2	
	고추장	
	된장	
	쌈	
	김치	

위 충제 표에서 제물은 제상에 올린 거며, 밥/찬은 충제를 모시기 위해 산에 올라가 하루 종일 지내게 되는데 이때 먹을 것들이며, 준비물은 제사를 모시기 위해 필요한 여러 가지 설비며 장비들이다. 망제와 충제의 제물은 거의 같지만, 망제의 경우는 돼지머리를 쓰고, 충제의 경우는 닭을 제물로 쓴다는 것이 다르다.

망제든 충제든 대개 당일 아침에 심부름을 맡은 동자꾼이 중심이 되어 마을의 차일 등을 준비해서 제사를 모실 곳으로 가져간다. 요즈음은 주로 경운기에 실어서 운반을 한다. 여러 사람이 차일을 치고 제사를 모실 터를 만들어 놓으면 제관들이 그곳으로 옮겨간다. 오전부터 그곳에서 모여 지내면서 종일 밥도 그곳에서 직접 지어 먹는다.

예전에 비해 많은 절차가 간소화되었다. 예를 들면 마을입구 3곳에는 각기 입석이 서 있으며, 그 부근을 선독거리라고 한다. 여기에 금줄을 쳐서 외부인들의 출입을 막았다. 지금부터 50여 년 전에는 입석에 소의 턱뼈를 걸어두었다고 하고, 망제를 모시면서 선돌 앞에 간단한 제상을 마련하여 두었다고 하는데 현재는 말로만 전해져 오고 있을 뿐이다. 또 예전에 비해 영험에 대한 믿음이나 경건한 태도가 약화되기도 했다.

망제는 모시기 위해 음력 정월 14일 아침, 제관들을 비롯하여 뒷일을 맡아 하는 동자꾼 등은 바쁘다. 아침 식사를 하고 나면 망제를 모실 곳으로 일체의 준비물을 옮겨간다. 예전에는 손으로 들거나 지게로 날랐지만, 지금은 경운기나 차를 이용한다. 가장 먼저 하는 일은 차일을 치는 것이다. 제관 일행은 하루 종일 이곳에서 머물면서 점심과 저녁 식사도 지어먹어야 하기 때문에 식사에 필요한 음식물이나 간단한 식기, 조리기구까지 함께 옮기게 된다. 차일 옆에 취사를 위한 준비를 한다.

제를 모시는 장소는 마을에서 500여m 떨어진 논가에 있다. 원래 제단이 주변에 있었지만 경지정리를 하면서 논 주인이 없애버렸기 때문에 현재는 길가에 약간의 공터를 마련하였고, 2006년도에 콘크리트로 제단을 다시 만들어놓았다. 차일 속에 제상을 차린다. 3위의 신들을 위한 상이다. 사직신지신社稷神之位, 성황신지신城隍神之位, 세자대군신지위世子大君神之位 등이다. 또 차일 바깥쪽으로 오방신장을 위한 제상을 마련한다. 동방청제장군東方靑帝將軍, 서방백제장군西方白帝將軍, 중앙황제장군中央黃帝將軍, 남방적제장군南方赤帝將軍, 북방흑제장군北方黑帝將軍 등 5위의 신격이다.

제상에 3위의 신께 메를 지어올리고, 주변의 오방신장의 제상도 차린다. 오방신장의 제상은 논바닥에 짚을 깔아 마련한다. 오방신장의 제상에는 삶은 돼지머리를 다섯 조각을 내어 각각 한 조각씩 올린다. 메와 돼지머리를 제외하고는 모두 조리를 하지 않은 생물을 올린다. 망제는 14일 밤 11시가 넘으면 시작된다.

제사의 순서는 집안에서 모시는 것과 같다. 그러나 제관에 따라 약간의 차이가 있기도 하다. 헌작과 독축을 하며, 제사가 모두 끝나면 헌식을 한다. 먼저 차일 안에 모신 3위의 신께 제사를 모신 다음 주변 오방신장의 제상 앞에 가서 다시 재배를 하는 순서로 진행된다. 특히 오방신장께는 "동방황제신위시여!" 하고 소리내어 말하면서 두 번 절하고 나머지도 모두 이렇게 돌아가면서 한다. 축문은 소지를 하지만, 오방신장의 지방문은 그대로 둔다.

제사가 끝나면 징을 들고 오방신장의 제상 앞을 돌면서 징을 다섯 번씩 친다. 이 징소리를 들으면 마을에서는 망제가 끝난 것을 안다.

6월 1일에 모시는 충제의 경우도 제사의 방식은 같다. 충제에서 모시는 신은 3위로서 남지산신위藍芝山神位, 노선산신위老仙山神位, 성황산신위城隍山神位이다. 역시 차일을 치고 그 안에 제상을 마련한다. 산제의 경우는 메를 짓지 않고 생쌀을 올린다. 나머지 제물 역시 모두 생물로 올리며, 닭을 세 마리 준비하여 각 신위 앞에 올린다. 충제를 잘못 모시게 되면 모시는 사람의 집안에 큰일을 당하는 것으로 믿어서 매우 엄격하고 정성을 다한다. 마을에서도 역시 이날만은 외부출입을 삼가고, 빨래나 들일을 일체 하지 않는다.

망제도 그렇고, 충제도 그렇고 제상에 올렸던 제물은 조금씩 떼어내 헌식을 하고, 나머지 남은 제물은 공평하게 3등분을 한다. 이것은 오로지 제관들만 집에 가져가서 먹을 수 있다. 다른 사람들은 혹시 탈이 날까 싶어 진짜 입에도 대지 않는다고 한다. 예전에는 제사가 끝나고 제물을 집에 가져가 가족들과 먹을 수 있었기 때문에 이것 때문에라도 제관을 자원하는 사람이 있었다고 한다.

오래 전도 아닌 1987년도에 마을의 박응식(가명)씨라는 분이 망제를 모시고 얼마 되지 않아 돌아가셨다. 마을에서는 평소 건강하던 분이 "귀신이 때려부러서", 또는 "징 맞어서" 돌아가셨다고 말이 돌았다. 어떤 사람들은 궂은 곳에 다녀왔기 때문이라고도 하고, 또 어떤 사람들은 뱀술을 마셨기 때문이라고도 한다.

망제를 모시고 나면 정월 보름날은 하루 종일 걸궁을 치고 마을 사람들이 모여 논다. 6.25전까지만 하더라도 이 마을에서는 대보름에 줄다리기를 했다. 각 가정을 돌면서 짚을 걷어다가 대보름날 줄을 만들어서 마을 골목을 사이에 둔 웃동네와 아랫동네가 서로 편을 갈라 줄다리기를 했다. 이 마을은 6.25동란 때 다른 어떤 마을보다도 피해를 크게 입었다고 한다. 그러나 그때도 동제를 거른 적은 없었다고 한다. 또 아이들은 불놀이를 많이 하며 놀았다고 한다.

용장리 동제의 신격구성을 보면 이 마을의 역사적인 위치를 살필 수 있다. 한때는 읍치이기도 했지만, 더 나아가 용장산성이 있는 마을이다. 용장산성은 삼별초가 항몽의 왕국을 건설했던 곳이다. 용장산성의 물리적 장치는 이 마을 망제에서 오방신장이 등장하는 것과 유비된다. 지역수호신적 기능을 하는 오방신장을 모시고 있는 현상은 곧 지역수호라는 현실적 기대의 투사로 보여지는 것이다. 또 성황신을 모시는 것은 최소 읍치 이상에서 볼 수 있는 현상이지만, 여기에 사직과 세자가 마을의 신격으로 모셔지는 것은 특이 현상으로 보겠다. 과거 왕궁이 소재했던 곳이라는 점에서 역사에 합치하는 신격 구성이라 하겠다.

특히 여기서 세자신이 모셔지는 것은 두 갈래의 역사적 유추가 가능하다. 고려조에 무신정권이 들어서면서 당시 왕이었던 의종을 폐위시켜서 거제현으로 추방하고, 태자는 진도현으로 추방하였다.[9] 이 시기에 고성에 있던 읍치를 태자와 그 세력에 대한 감시가 용이한 현 용장마을로 옮겼을 가능성이 있다.[10] 의종의 태자가 이곳 용장마을에 살았다가 마을신으로 좌정했을 수 있다. 다른 하나는 삼별초가 왕온을 왕으로 삼아 용장에 왕궁을 건설한 바 있는데, 알려져 있지는 않지만, 당시에 세자가 있었고, 그 세자를 밝힐 수 없는 잃어버린 역사적 유래 때문에 아직 마을신으로 모시고 있을 가능성이 다른 하나이다.

어쨌든 시골마을에 세자가 신격으로 모셔지고 있는 것은 특이 현상이다. 뿐만 아니라 그 근거를 고증은 어렵지만 역사에서 찾아볼 수 있다는 것도 흥미로운 일이다. 그러나 여기 세자가 역사적으로 누구였든지간에 왕위를 계승했던 세자가 아니라 폐위된 세자라는 점에서 민간신앙적 신격화의 자질을 가진 셈이다.

9_ 『고려사절요』11, 의종 24년 9월
10_ 본 책의 2장에 실린 김덕진 교수의 「전쟁의 역사와 죽음의 집단기억」 참조.

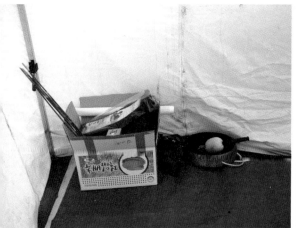

1	2
3	4
5	

1 들길에 만든 거릿제당
2 거릿제당 근경
3 거릿제당 안의 제물 보관
4 거릿제당 안에서 대기하고 있는 제관들
5 거릿제당 안의 제물 진설

1	2	3
4	5	
6	7	

1 오방신장기 설치
2 거릿제 모시기
3 오방신장께 바친 제물
4 오방신장기 소각
5 징을 쳐서 거릿제가 끝난 것을 마을에 알림
6 거릿제를 마친 후에 음복
7 거릿제 후 마을로 돌아가기

5. 피고쟁이 앞세운 여자들의 도깨비굿

도깨비굿은 마을의 여성들이 중심이 되어 벌이는 일종의 액막이굿이다. 마을에 따라 약간의 차이가 있기는 하지만, 그 해에 좋지 않을 일이 일어날 것이라는 말이 돌면 상월 내보름날 밤이니 2월 초하룻날 밤에 하기도 하고, 특별히 전염병이 돌 때 날을 받아 하기도 한다. 전염병은 사람에게 옮는 전염병만 아니라 가축에게 도는 전염병이 유행할 때도 해당한다. 도깨비굿은 남자들이 중심이 되어 행하는 마당밟이와 기능적 성격은 비슷하지만, 밤에 한다는 점과 비정기적이고, 일정한 형식이 없으며, 또 여성들로 구성된다는 점에서 차이가 있다.

마을에서 도깨비굿을 하기로 의견이 모아지면 마을 여자들은 정해진 시간에 쇳소리를 낼 수 있는 것이면 무엇이든 손에 들고 정해진 장소로 모인다. 도깨비굿이 진행되는 동안, 남자들은 집안에 머물면서 바깥출입을 삼간다.

인솔자가 기다란 나무 꼭대기에 여자의 피묻은 속곳을 걸고 맨 앞에 서서 휘젓고 다니면, 뒤따르는 여자들이 냄비, 솥뚜껑, 꽹과리 등 쇳소리가 날 수 있는 것이면 무엇이든 요란하게 두드리고 춤을 추면서 뒤따른다. 피묻은 속곳을 구하지 못하면 흰 속곳에

진도읍 서외리에서의 도깨비굿 재현　　　　　　　　도깨비굿 피고쟁이(2012년 남도문화제)

황토물을 들여 사용한다. 이렇게 마을 주변부터 시작하여 골목이며 마을의 모든 가정을 순회한다.

　전염병이 돌아서 하는 굿이라면, 여자들이 쇳소리를 내면서 각 가정에 들어가서 방문을 열어젖히고, 인솔자가 "해동 조선 전라도 진도군 ○○면 ○○마을에 손님(천연두) 마누라가 오셨는데 우리들이 치는 굿에 놀라 나왔으니 대접할 것도 없고 피속곳 밖에 없으니 요것이나 맞고 물러가라."하면서 방안으로 피묻은 속곳이 걸린 막대기를 넣어서 요란하게 휘두른다.

　사람들이 모이면 가락도 선율도 없이 부녀들은 요란하게 쇠붙이를 두들겨댄다. 얼굴에 가면을 그려 쓴 사람도 있고, 숯검정을 발라 흉한 모습으로 가장을 한 사람도 있다. 미리 마을에서는 몇 명이 주도를 하여 가정을 돌며 잡곡을 조금씩 걷어서 잡곡밥을 짓는다. 마을 주변 동서남북 네 곳의 땅을 파고 묻을 헌식용이다.

　도깨비굿을 치는 여자들은 마을을 멀리 돌아 사방에 잡곡밥을 묻고 나면, 골목골목을 누비며, 또 가가호호를 방문하여 집 마당에서 휘젓고 놀다 다른 집으로 옮겨간다. 시끄럽다고 들어오지 못하게 하는 집이 있는가 하면, 마당밟이를 할 때처럼 상에 돈이나 쌀을 차려놓는 집도 있다. 가가호호 방문하며 마을을 다 돌고 나면 '굿낸다'고 하여 마을이 끝나는 동구밖에 몰려가서 피묻은 속곳을 태우고 뒤도 돌아보지 않고 뜀박질하여 마을로 돌아온다. 또 바닷가 마을에서는 피속곳을 멀리 바다에 내던지기도 한다.

옛날부터 민간에서는 도깨비가 여러 가지 해악을 끼치는 것으로 믿었다. 그런 도깨비가 무서워하는 것이 쇳소리이다. 그래서 마을에 해악을 일으키는 도깨비를 몰아내기 위해서 쇳소리가 나는 것이면 무엇이든 두들겨서 쇳소리를 낸다고 한다. 또한 인솔자가 들고 다니는 피묻은 여자의 속곳 역시 도깨비가 무서워하는 것 중의 하나이다. 본래 도깨비는 피를 싫어하며, 붉은 색도 싫어한다고 한다. 특히 생산력이 강한 여자의 월경이 묻은 속곳은 도깨비를 물리치는 데 효과가 있다고 믿어왔다.

남자들은 전혀 참여하지도 않지만, 내다보지도 않는다고 한다. 여기에서 '굿'이란 귀신을 지칭하는 고어이며, '낸다'는 것은 마을 밖으로 쫓아낸다는 의미이다. 진도에서는 마당밟이를 할 때도 역시 마지막으로 판굿을 치고 나면 참여했던 모든 사람들이 마을 밖으로 나가 짚불을 피우고 그 위를 뛰어넘은 다음 마을로 줄달음쳐오는데, 이 역시 '굿낸다'고 말한다. 이러한 풍속은 전남지역의 여러 곳에서 조사된 바 있으며, 또 전해오는 곳도 있지만, 이를 구체적 명칭으로 부르는 예는 진도뿐이다. 그만큼 진도는 잡귀를 뜻하는 '굿'에 대한 관념이 강한 때문이 아닌가 한다.

여성들로 이루어진 도깨비굿은 그긴에 기의 단절되었었다. 그러나 2012년 진도문화원 주관으로 재현을 해냈다. 진도읍 서외리는 예전에 다음에 기술하게 될 민간여제民間厲祭를 모셨던 곳이다. 이곳 마을에서 형태가 유사한 도깨비굿과 여제를 묶어서 재현하여 전남민속예술축제에 진도 대표로 참가를 하였다.

한편 도깨비굿이라는 말에 대해서 전해오는 말과는 다른 설명도 가능하겠다. 도깨비는 귀신의 일종이기는 하지만, 어설픈 귀신이다. 말하자면 명확한 자기 정체성을 지녔다기보다는 뭔가 다 갖추지 못해서 빈틈이 많은 존재다. 때로는 인간의 우위에 있지 않고 인간에 의해서 제어될 수 있는 하위의 귀신이다. 진도의 도깨비굿은 귀신을 제어한다는 점에서 마당밟이와 기능적으로 유사하지만, 서로 비교해보면 여러 가지 점에서 차이가 난다.

마당밟이는 정기적이며, 남자들 위주로 이루어지고, 또 주로 낮에 하며, 정식으로 농악기를 사용한다. 그러나 도깨비굿은 비정기적이며, 여자들 위주로 이루어지고, 또 밤에 주로 하며, 정식적인 농악기가 아니라 여러 가지 쇠붙이를 사용한다는 점에서 차이를 보인다. 또 마당밟이에서는 영기令旗를 앞세워 권위와 위력을 높이는 것에 반해서, 도깨비굿에서는 피묻은 속곳을 앞세운다. 날카로운 창끝에 매단 영기가 엄한 군대와 남성적 권위를 표상한 것이라면, 속곳은 여성적이며 특히 피묻은 속곳은 여성성의 극대화라 할 수 있다.

이상과 같이 여러 가지 점에서 도깨비굿은 마당밟이와 대조를 이룬다. 특히 도깨비굿이 진행되는 동안에 남성들의 바깥출입이 통제되는 관습은 여성성 강조의 한 방법일 것이다. 앞에서 말했던 '굿내기', 즉 잡귀잡신을 마을 밖으로 몰아내는 의미의 축귀적 풍속으로 진도에서 행해졌던 도깨비굿은 몰아내는 대상을 도깨비로 설정한 것처럼 보이지는 않는다. 도깨비굿을 통해서 마을 밖으로 방축하고자 하는 대상은 전염병을 옮기는 귀신들이기 때문이다. 그렇다고 전염병을 옮기는 귀신을 쫓아내는 위력을 도깨비에게 빌리기 위해 도깨비굿이라고 한 것 같지도 않다. 일반적으로 도깨비는 축귀적인 주력을 가진 것으로 믿어지는 예가 거의 없기 때문이다.

진도에서 여성들 위주로 행해졌던 도깨비굿은 주로 사람이나 가축에게 전염병이 돌 때 하는 것이 일반적이었다. 우리나라의 언어 현상으로 미루어볼 때 병은 들어오는 것으로 믿어졌다. 병에 걸린 것을 병이 들다시고 표현하는 것이 바로 이러한 믿음의 언어 현상일 것이다.[11] 유명한 처용가의 배경설화에서도 병을 옮기는 역신疫神이 집안에 들어와 처용의 부인을 겁탈했다. '굿내다'라는 말이 뜻하는 것도 '굿疫神을 내다遂'일 것이다.

역시 대보름의 풍속이면서 또한 전염병이 돌 때 하는 풍속 중의 하나는 다른 마을에서 디딜방아를 훔쳐와서 마을 입구에 세우고, 여자의 피 묻은 속곳을 씌워두는 것이다. 디딜방아는 곡식을 빻는다. 주술적 도구로 그것이 장치된 상황에서는 귀신도 으깰 수 있다고 믿는다. 더구나 그 위에 피고쟁이를 씌우는 것은 귀신들이 극히 싫어하는

11_ 村山智順, 『朝鮮の鬼神』, 漢城: 朝鮮總督府, 1930.

환경을 만들어놓는 것이다. 이 역시 피고쟁이가 없을 때는 황톳물로 그것을 대신하기도 한다. 위협적인 주술적 도구를 활용하면서 또한 축귀색을 활용한 색감주술까지 복합적으로 장치하는 사례다.

도깨비굿 역시 귀신들이 싫어하는 쇳소리를 내는 한편, 피고쟁이를 이용한다는 점에서 색감주술이 사용되고 있는 사례다. 그러나 도깨비굿은 여기에 그치지 않고 여성으로 구성된 주술적 퇴치단이 활약을 한다. 그러나 여기 등장하는 소리 내는 도구들은 악기가 아니다. 그들이 두드려대는 쇳소리 역시 음악으로 볼 수 없다. 말하자면 의례로서의 자격을 가졌다고 보기 어려운 것이다. 결국 도깨비굿은 정례적으로 행해지는 의례적 성격보다는 방편적인 주술적 행위로 간주된다. 따라서 도깨비굿에서의 도깨비라는 말은 도깨비를 쫓는다는 의미보다는 어설프고 불안정한 하나의 상황을 지칭하는 관형사형 수사가 아닌가 싶다.

6. 귀신들을 가두고 풀어주는 여제

여제厲祭는 본래 관에서 모시던 제사였으나 진도에서는 민간신앙으로 자리를 잡으면서 변용적 양상이 두드러지게 나타났다. 특히 농경문화와 결합하여 민간신앙으로 자리잡은 세시의례의 하나로, 후손이 없는 귀신들이 농사를 망치지 못하도록 여제당에 봄에는 가두고 가을에는 풀어주던 제사의식이다.[12]

여제는 중국 주나라 때부터 모셔오던 제사로서, 후손이 없는 귀신을 위해서 모시던 의례였다. 자식이 없이 죽거나 한이 맺혀 죽은 귀신은 여귀厲鬼가 되며, 이들이 저승으로 가지 못하고 이승에 떠돌면서 살아 있는 사람들에게 해악을 끼친다고 믿는 동양의 고대 민간사고에서 기원한다. 우리나라에서는 조선전기 태종太宗 때부터 모시기 시작했다. 나라는 물론 모든 군·현까지 여제단 또는 여제당을 마련하여 관에서 주관하여

12_　나경수, 「진도의 여제고」, 『호남문화연구』 17, 전남대학교 호남문화연구소, 1987.

여제의 재현(2012년 남도문화제)

모셔 오다가, 조선후기에 성황제와 마찬가지로 민간에서도 모시는 사례가 생겼다. 진도에서는 민간에서 여제를 모시면서 독특한 방법으로 변모하게 되었다.

진도에서 불리는 여제에 대한 현지음은 '여지'였고, 여제당은 '여짓단'이라고 하였다. 여제당으로 쓰이던 제당은 지금은 없어졌으나, 옛 위치는 진도군 진도읍의 북산인 철마산 아래쪽으로, 현 향교 옆에 있었다고 한다. 여제당은 돌담으로 둘려 있었다 한다. 기와지붕에 한 평 남짓한 크기였는데, 사방으로 벽이 있으며, 앞쪽으로 두 쪽문이 있어서 자물쇠로 잠글 수 있도록 되어 있었다고 한다. 제보자들이 어렸을 때는 그곳을 지날 일이 있어도 일부러 피했고, 피치 못해 지나가야 할 일이 있을 때에는 그쪽으로 눈을 돌리지 않았다고 한다.

여제는 1920년 초반에 없어진 것으로 보인다. 전체적인 진행은 진도군 진도읍 교동리에서 주관하였다. 교동리는 서외리, 북상리, 사정리, 송현리 등 4곳의 자연마을로 이루어진 곳으로, 옛날에는 전우라고 부르는 이장 한 사람과 4명의 반장이 있었다고 한다. 제사는 일 년에 두 번 지냈다. 봄에는 정월 대보름(음력)에 모셨으며, 가을에는 시월 중 어느 날 모셨던 것으로는 알고 있는데, 정확한 날짜는 전해지지 않는다.

진도군 진도읍 교동리의 중심마을인 사정리에서는 매년 정월 대보름에 거릿제를 지내고 있다. 마을사무소 앞에 있는 600여년 된 팽나무가 당산나무이다. 열나흘날 밤부터 새벽까지 거릿제가 모셔지고 나면, 4개 마을에서 뽑힌 제관들이 제물을 갖추어 여제단에 오른다. 이때 마을 사람들이 그 뒤를 따르며, 농악기를 울리면서 마치 토끼몰이를 할 때처럼 "우~우~"하는 함성과 함께 귀신을 몰고 여제단까지 이르게 된다. 사람들이 포위망을 좁혀 귀신을 몰아 여제단에 이르면 함성이 절정에 달하는데, 이때 제관들이 여제당 앞에 간단한 제상을 차린다. 제보자가 어렸을 때 일이기 때문에 구체적인 절차는 잘 모르고 있지만, 축문을 읽는 독축소리는 들을 만하였다고 한다.

제사가 다 끝나면 누군지는 확실치 않으나 "무자귀!" 하고 소리를 지르면, 모여 있던 사람들이 모두 따라 "무자귀!" 하면서 엎드려 절을 하고, 이내 여제단의 문을 걸어 잠그면 귀신들은 그 속에 갇히게 된다고 한다. 무자귀라는 것은 자식이 없이 죽은 사람을 지칭하는 무자위無子位를 뜻한다. 이것이 진도에 떠도는 모든 귀신들을 여제단 속에 가두는 것으로 구전되고 있고, 특히 무자위라는 말이 뜻하듯, 자식을 낳지 못하고 죽은 귀신에 대한 기피 관념이 짙게 깔려 있었던 것으로 보인다.

대보름에 거릿제의 일환으로 행해지던 여제가 제보자들에게는 농사철에 즈음하여 해를 끼칠까 하여 귀신을 잡아 가두던 것으로 믿어지고 있고, 이러한 사실은 현재까지도 마을사람들 사이에 구전으로 알려져 있다.

다시 10월이 되면, 어느 날인지는 기억할 수 없지만 제관들이 다시 모여 여제를 지냈다고 한다. 이때는 잡아 가두었던 귀신들을 농사가 다 끝났기 때문에 돌아다니면서 얻어먹으라고 풀어주는 의례였다고 한다. 여제당은 제보자의 말처럼 일종의 '귀신을 잡아 가두는 감옥'이었던 셈이다.

신노의 어세는 두 가지 측면에서 민간신앙적인 의미를 지닌다. 하나는 귀신을 일정 기간 가두어둔다는 점에서 독특한 감금형 양귀법이며, 다른 하나는 관에서 주관하던 제례가 민간화되면서 세시풍속이자 농경의례의 일환으로 변환되었다는 것이다.

본래 중국에서 발달한 여제에서는 농경과의 상관성을 거의 찾아볼 수 없고, 조선시대에 지내던 여제 역시 전염병 등을 돌게 하는 여역厲疫과 밀접하게 연결되어 있을 뿐이다. 나라 안에 크게 전염병이 창궐할 때 여제를 따로 모시곤 하였던 사례가 그것이다.

그런데 진도의 여제는 농사가 시작되면서 여귀를 가두고, 끝나면 풀어주는 것에서 알 수 있듯 하나의 농경의례로 성격 전환을 하고 있다. 여제의 목적 자체가 바뀌어버린 것이다. 시기적으로 보아도 청명에서 기풍행사祈豊行事가 집중된 정월 대보름으로 제사를 모시는 날까지 옮겼다. 진도 여제가 농경과 밀접하게 관련되어 있다는 것은 정월 대보름을 제삿날 또는 감금의 시기로 정한 데서 직접적으로 알 수 있다. 그런데 이와 함께 생각해보아야 할 사실은 하고 많은 귀신 중 자식을 낳지 못한 무자귀無子鬼가 그 대표로 불린다는 것이다.

한국에서 가장 무서운 귀신은 처녀귀신이고 그 다음이 총각귀신이다. 이들은 물론 무자귀다. 그러나 결혼을 하고도 자식이 없이 죽은 귀신도 있을 수 있다. 무자귀란 단지 처녀귀신, 총각귀신만을 뜻하는 말이 아니며, 후손이 없어서 제사를 받지 못하는 귀신 모두를 가리킨다.

우리 사회에서 자식이 없어 제사를 받아먹지 못한다는 것은 이유 여하를 불문하고 극단적으로 기피되던 것이 사실이다. 양자를 들여서라도 대를 잇게 하려던 전통이 강한 것도 바로 이런 의식 때문이다. 하지만 자식이 없이 죽은 귀신이 가장 무섭다는 이유만으로 그들을 여제단에 감금시키지는 않았을 것이다. 왜냐하면 무섭다는 것과 농경이 직접 연계될 수는 없기 때문이다. 그렇다고 볼 때 무자귀와 농경이 관련되어질 수 있는 방향에서 양자의 공통분모가 찾아져야 할 것이다.

농경도 생산이요, 자식을 낳는 것도 생산이다. 옛날엔 자식을 많이 가진 여자는 모내기철이면 비싼 값으로 남의 집에 품을 팔았다고 한다. 이런 풍속은 비단 우리나라에서만 볼 수 있는 것이 아니다. 임신이나 성행위 등이 농경과 상관되는 예는 거의 세계적으로 분포해 있는 보편적 성신앙이다.

아프리카에서는 임신부가 파종을 해야 풍년이 든다고 믿었고, 아이를 낳지 못하는 여자는 남편의 농토를 망친다며 쫓아냈다. 또 자바지역에서는 벼가 배동할 시기에 주인 부부가 논에 나가 격정적인 성행위를 하면 풍년이 든다고 믿어 행해지던 유감주술적인 풍습도 있었다.

진도의 여제에서 농사가 시작될 때 무자귀를 가두는 것은 농경기에 그들이 활동함으로써 생산활동을 방해할까 함이요, 농사가 끝나고 나서 풀어 준다는 것은 그들이 더 이상 방해할 요소가 없어진 다음이기 때문에 그렇게 하는 것이 아닐까 싶다. 따라서 진도의 여제가 풍년을 기원하는 행사가 많이 열리는 정월 대보름에 행해지던 것은 농경문화의 영향 때문이며, 무자귀를 선택한 것 역시 이와 무관하지 않았을 것으로 생각된다.

특히 진도에서는 여러 차례에 걸쳐서 대전란을 겪은 바 있다. 후삼국시대에 왕건과 견훤이 쟁투를 할 때, 진도는 적군으로 간주할 수 있는 왕건에 의해 점령되었다가 다시 견훤군에 의해서 점령되는 일을 당했다. 고려시대에는 삼별초가 세운 왕국이 진도에 자리를 잡았지만, 결국 몽고군과 관군에 의해서 패퇴하고 말았다. 정유재란 때 이순신 장군이 명량대첩을 거둔 곳이기는 하지만, 이는 하루의 전공이었을 뿐, 그 후 진도는 왜적에 의해 점령되면서 수많은 피해를 입었다. 바로 우리나라가 겪었던 큰 전란에서 진도는 수도로부터 원격지임에도 불구하고 거의 언제든 격전지가 되면서 큰 피해를 입었다. 또한 여기에 그치는 것이 아니라 섬지역이라는 특수성은 역시 수많은 자연재해를 입을 수 있는 곳이어서 인명피해 역시 크지 않았다고 할 수 없다. 이런 상황적 조건이라면 지역민들은 억울하게 죽은 사람들에 대해 집단적인 기억이 상존하고 있었을 것이다.

따라서 진도의 지정학적인 조건은 물론 역사적인 인명피해의 상황들로 미루어볼 때, 조선조 말에 관제로 모셔지던 여제가 해체되고 이것이 민간에서 모시는 제사로 변형되면서, 진도의 죽음의 역사를 표상하는 하나의 제례적 의식으로 민간의 여제가 모셔지게 되었을 가능성이 높아 보인다.

IV.
진도
상장의례와
마을굿의
민속문화적
특성

1. 진도 상장의례와 마을굿의
민간신앙적 특성

1) 상장의례와 민간신앙

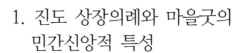

우리나라의 장례문화는 역사적으로 유교의 영향을 크게 받았기 때문에 그렇겠지만 거의 전국적으로 표준화된 형식을 따른다. 예를 들면 사람이 죽을 때 임종, 수시收屍, 고복皐復, 사자상 차리기, 호상을 정하고 부고를 돌리는 초종례初終禮로 시작해서 습렴襲殮, 혼백魂帛과 영좌靈座 마련, 성복과 문상, 철야, 발인제, 노제, 운상, 매장의 순으로 이어지는 일련의 장례풍속이 거의 전국적으로 유사한 모양을 취하고 있다.

그러나 유교식 상장례와는 계통을 달리하면서 또한 시신이 아닌 사자의 영혼을 대상으로 상장의례를 펼치는 무속적 의례가 있다. 씻김굿은 호남 일원에서 망자천도굿을 지칭하는 우리말이다. 씻김은 굿의 명칭으로 사용되기도 하지만, 씻김굿 중 한 거리이기도

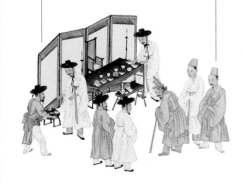

하다. 씻김거리는 그만큼 천도굿에서 중요한 상징성을 가진 것으로 보겠다.

진도씻김굿은 1980년 11월 17일 국가지정 중요무형문화제 제72호로 지정되어 지금에 이르고 있다. 무속은 민속의 고장으로 불리는 진도의 민속 중에서도 대표적으로 잘 알려져 있다. 국악계에서 큰 활동을 했던 명인들 중 진도의 무계 출신이 많다. 일제 강점기에 젓대의 명인으로 알려진 박종기를 비롯해서, 북춤으로 일가를 이루었던 박병천, 그리고 방송을 통해 전국적으로 유명해진 판소리 명창 신영희 등이 모두 진도의 무계 출신이다.

우리나라에서 대표적인 문화예술의 고장으로 꼽히고 있는 지역은 그리 많지 않다. 진도는 진도개가 한국의 대표적인 명견으로 알려져 있는 것만큼이나, 당연히 한국의 대표적인 문화예술의 고장으로 잘 알려져 있다. 진도에서 공연을 관람하고 싶어하는 사람들은 십중팔구 진도씻김굿에 대해서 관심을 표한다. 씻김굿은 진도인의 죽음에 대한 인식과 해석이 잘 용해되어 있는 전형적인 무속적 장례문화의 하나이다. 물론 그 형식과 기능은 매우 다양하며 다른 의미와 내용도 풍부하게 가지고 있지만, 씻김굿이라는 말 자체가 삶과 죽음의 분기점에서 벌어지는 토속적인 종교의례적 행위인 것이다.

오늘날 전국적으로 진도에서만 볼 수 있는 독특한 하나의 장례풍속이 있다. 진도읍에 있는 몇 개의 장례식장에서는 무당이 주재하는 씻김굿이 열린다. 우리나라 어디고 장례식장은 많지만, 장례식장에서 무당이 천도굿을 하는 예가 진도 이외의 다른 지역에서 열린다는 말을 들어본 적이 없다. 다른 지역에서 볼 수 없다는 것은 독특하다는

진도의 장례식장에서 하는 곽머리씻김굿   해남의 장례식장에서 하는 곽머리씻김굿

것이며, 이러한 독특한 현상은 하나의 문화권적 특징으로 꼽히게 된다. 그러나 최근 인접해 있는 해남군에서도 장례식장에서 씻김굿을 하는 예가 보인다. 진도의 영향을 받은 것이라고 말한다.

　우리는 현대적인 장례식장에서 전통적인 씻김굿이 벌어지는 진도만의 특수한 상황을 하나의 독특한 문화로 간주하게 된다. 문화는 사람들이 만들어간다. 씻김굿은 무당도 필요하고 굿을 의뢰한 사람도 필요하다. 그러나 더욱 우리가 관심을 집중해야 할 사람들은 그것을 허용하는 사람들이다. 무당이야 직업인이기 때문에 당연히 굿을 하게 되면 돈을 번다. 그리고 고인의 천도를 기원하는 가족들의 입장에서는 다소의 비용이 들더라도 굿을 할 수 있다면 하고자 할 것이다. 이들의 이해관계는 맞아떨어진다. 그러나 정작 장례식장이며, 주변사람들의 입장은 다르다. 더구나 진도에 있는 종합병원의 장례식장에서도 씻김굿은 행해진다. 진도사람들은 장례식장에서 벌어지는 씻김굿을 허용하고 있다는 점에 관심을 집중하게 된다.

　씻김은 무속적인 주검에 대한 해석이다. 죽은 사람의 영혼을 씻겨서 저승으로 천도시키는 의례적인 행위가 씻김굿이며, 재생을 상징하는 의례적 관습이다.[1] 현대적인

1_　나경수, 『한국의 신화연구』, 교문사, 1993, 63~64쪽.

장례식장에서 행해지는 이러한 무속적 의례가 다른 지역에서는 허용되지 않지만, 진도에서만큼은 허용되는 까닭을 우리는 단순히 진도의 씻김굿과 장례문화 자체만 보아서는 해답을 구하기 어렵다. 문화는 복합적이며 체계적이기 때문이다. 다른 요인이 없는 것은 아니겠지만, 주검에 대한 진도사람들의 집단적인 의식에 대한 지평을 보다 명확히 보여주는 몇 가지 진도의 독특한 풍속이 전한다.

상여가 마을을 벗어나면서 올리는 제사가 거릿제路祭이다. 집과의 단절은 발인제로 표현하고, 마을과의 단절은 거릿제로 표현한다. 거릿제를 지내는 장소는 마을에서 관습적으로 정해놓은 삶과 죽음의 분기점이다. 진도씻김굿의 사설 중에 대문밖에 저승이라는 표현이 있는데, 이와 마찬가지로 장례식에서는 거릿제를 지내는 곳이 바로 이승과 저승의 분기점이 된다.

그러나 진도에서 거릿제라는 말은 상례에서만 아니라 마을신앙에서 흔히 들을 수 있다. 진도는 독특하게도 정월 대보름 즈음해서 올리는 마을제사를 거릿제라고 부르는 곳이 대다수이다. 이는 상장례 풍속이 마을신앙에 차용된 현상으로 보아도 어긋남이 없을 것이다. 또한 진도에서만 볼 수 있는 현상으로 주인없는 귀신을 위해서 국가에서 모셔오던 여제厲祭가 민간신앙으로 전용되어 마을신앙으로 모셔진 사례도 눈여겨볼 일이다. 마을신앙에서 이렇듯 관제로 모셔지던 여제를 전용하고, 상장례의 하나인 거릿제를 차용하고 있는 현상은 진도사람들의 죽음에 대한 해석을 보여주는 단적인 예일 수 있다.

프로이트는 죽은 사람이 누구든 간에 산 사람은 그에 대해 일종의 적대감을 느낀다고 했다. 이 적대감은 두려움이기도 하다. 진도는 오랜 역사적 환경 속에서 자연사가 아닌 죽음을 수없이 경험해 왔다. 섬 지역이기 때문에 어쩔 수 없었을 해난사고에 의한 사망은 물론 역사적으로 수많은 전란을 겪으면서 참혹한 죽음을 겪고 또 목도하는 경우가 한두 번이 아니었다. 이러한 자연적 조건과 역사적 정황에 비추어볼 때 진도사람들이 느껴왔을 죽음은 다른 지역과는 구별되는 강한 느낌으로 각인되었을 것이다. 죽음에 대한 느낌이 강한 만큼 프로이트가 설명하고 있는 두려움 또한 거기에 비례해서 강했을 것이다. 이러한 집단적 경험과 느낌이 관습적 형태로 구상화될 때 결국은 방어적 기재를 강화하는 모습을 띠게 되리라는 것은 너무나 자명하다.

집단적으로 마을사람들이 믿어온 마을신앙이 거릿제라는 이름으로 생사의 갈림을 분명히 선긋기 위한 방편을 취했듯, 씻김굿 역시 산 사람과 죽은 사람 사이의 거리를 분명히 하려는 신앙적 장치이다. 천도굿인 씻김굿에서 씻김, 넋올리기, 고풀이, 길닦음으로 이어지는 일련의 천도와 관련된 의례적 절차는 극적 구성이 매우 두드러진다.[2]

예전에 형편이 어렵지 않은 진도의 상가에서는 의당 곽머리씻김굿을 하는 것이 일반적이었다고 한다. 굳이 곽머리씻김굿이 아니더라도 진도에서는 씻김굿이 매우 성행했으며, 그 유습은 지금까지도 남아있다. 다른 지역들에서는 세습무가 거의 없어지는 상황에서, 예전에 비할 바는 아니지만, 진도에서는 세습무들이 여전히 활동을 하고 있는 것은 꾸준한 지역의 수요가 있기 때문일 것이다

씻김굿과 더불어 진도의 독특한 상장례 풍속으로 가장 잘 알려져 있는 것은 1985년 2월 1일 국가지정 중요무형문화제 제81호로 지정된 다시래기일 것이다. 어느 지역이나 출상 전날 밤 상두꾼들이 소리를 맞춰보는 상여놀이를 하는 것은 일반적이다. 그러나 진도의 경우는 상가에서 놀이패를 초청하여 해학적인 놀이마당을 펼친다. 신안군의 몇몇 도서지역에는 소위 밤달애라고 하여 상가에서 하는 유사한 풍속이 전하고 있어서 비교가 되기도 한다. 신안의 경우, 남사당패의 영향이라는 설이 유력한 것으로 보아[3] 진도의 다시래기 역시 남사당패의 영향을 받은 풍속이 아닌가 하는 추론이 힘을 얻는다. 현재 그 연원이나 영향관계를 정확히 밝힐 수는 없지만, 중요무형문화재로 지정될 정도의 독특한 장례풍속임을 분명하다.

현재 진도에는 문화재 지정본과 김양은(1892~1985)본이 전승되고 있다. 둘 사이에는 구성과 내용상의 차이가 있어서 원형에 대한 학술적 논란이 계속되고 있다.[4] 하지만 민속현상에서 이본은 흔히 있을 수 있는 것이기도 해서 원형에 대한 논란과는 다른

2_   나경수, 「진도씻김굿 연구」, 『전남의 민속연구』, 민속원, 1994, 441~469쪽.

3_   이경엽, 『진도다시래기』, 국립문화재연구소, 2004, 69쪽.

4_   이경엽, 위의 책.

진도 가사도 밤달애(송기태 제공)   신안 하의도 밤달애(송기태 제공)

차원에서 문화적 의미와 가치가 논의되어야 할 것이다.

　눈여겨볼 다시래기의 핵심은 춤과 재담, 그리고 음악이 어우러지는 속에서 출산놀이가 재미있게 진행된다는 것이다. 슬픈 초상집에서 흥겨운 출산놀이가 놀아지는 까닭은 무엇일까? 생사의 순환법칙을 비탄에서 흥취로 전이시키는 역전의 논리가 그 속에 숨었다.[5] 우리의 생사관 그대로 죽은 사람은 이승과 결별하고 저승에 가서 새로 태어나게 된다. 놀이판은 저승의 맞이굿 이다, 민속은 환상의 세계이다[6] 다시래기의 놀이판은 이승이 아니라 저승으로 치환되어 있다. 이승에서 죽은 사람이 저승에 가서 다시 태어나는 상황극이 바로 다시래기인 셈이다. 따라서 그것은 이승과의 절연을 전제로 한 저승에서의 맞이굿으로 치러지는 놀이판이기 때문에 흥겨울 수밖에 없으며, 그런 점에서 출산놀이가 필수적인 요소로 자리 잡고 있는 것으로 보인다.

　우리말에서 생사와 관련된 몇 가지 용어는 단지 지시적 기능에 그치지 않고 함축적 의미를 함의하면서 생사관을 보여주고 있는 예로 꼽을 수 있다. 우선 사람이 사망했다는 표현으로 사용되고 있는 우리말 "돌아가시다"라는 말은 우리 민족의 생사관을 가장

5_　임재해, 「장례 관련 놀이의 반의례적 성격과 성의 생명상징」, 『비교민속학』 12, 비교민속학회, 1995.

6_　A. Dundes, *Interpreting Folklore*, Bloominton : Indiana University Press, p.34.

전형적으로 보여준다. 죽음이 곧 이승에서 저승으로 가는 것이라고 한다면, 그냥 가는 것이 아니라 그것을 돌아가는 것으로 표현하고 있다. 돌아간다는 말의 뜻은 왔던 곳으로 다시 간다는 의미이다. 이승에서 저승으로 가는 것을 돌아간다고 하는 까닭은 저승에서 이승으로 왔기 때문에 사용될 수 있는 말이다.

이와 관련하여 더욱 뜻을 분명히 해주는 용어가 "산고들다", "초상나다"라는 말이다. 일반적으로 "산고나다", "초상들다"라는 말은 사용하지 않는다. 성립이 불가능하다. 산고는 아이를 낳는 것이요, 초상은 사람이 죽은 것이다. 아이가 태어난 것은 저승에서 이승으로 들어온 것이며, 사람이 죽은 것은 이승에서 저승으로 나간 것이다. 이렇듯 이승과 저승을 왕래하는 입출의 관계로 본다면, 산고는 드는 것入이요, 초상은 나는 것出이다. 어디까지나 이승 중심에서 만들어진 말들이다.

그러나 다시래기의 상황은 공간이 바뀌어 있다. 상가의 상청에서 벌어지는 판굿임에도 불구하고 굿의 진행은 아이를 출산하는 장면에서 절정을 이룬다. 앞에서 말했던 것처럼 이승에서의 죽음은 저승에서의 탄생과 계기적으로 연계된다. "죽었다"라는 말은 "돌아가셨다"라는 말로 대체된다. 죽음이 종말이 아니라 새로운 탄생인 셈이다.

우리 민요는 대개 노동요, 의식요, 유희요로 분류하는 것이 일반적이다. 상여소리는 장례의식에서 불리는 것이기 때문에 의식요로 분류된다. 그러나 그것의 성격과는 달리 기능적 측면에 초점을 맞추어 보면 전혀 다른 효용도 고려할 수 있다. 상여를 메고 가는 사람들에게 상여소리는 일종의 노동요일 수 있다.

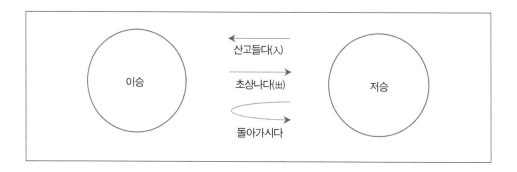

잘 알려져 있는 바와 같이 진도에서는 상여가 나갈 때 일단의 풍물패가 등장하여 상여길을 인도한다. 이들은 상여 앞에서 북, 장구, 꽹과리, 징을 치면서 상여소리에 맞춰 반주를 하고 때로는 멋들어지게 춤을 추기도 한다. 다른 지역, 특히 육지에서는 전국적으로 상여가 나갈 때 한 사람이 손에 풍경을 들고 흔들어 소리를 내면서 상여소리를 이끈다. 처연한 상여소리와 슬픔을 짜내는 노랫말이 비탄의 분위기를 돋우는 한편 풍경이 내는 금속성 소리는 영화를 등진 깊은 절간의 쓸쓸함을 닮았다. 그러나 진도의 상여소리는 풍물이 등장하고, 풍물패가 상여 앞에서 멋진 춤을 추는 등 분위기가 전혀 다르다.

어쩌면 진도에서 상여가 나가는 모습은 흥겨운 잔치판을 보는 듯싶다. 그러나 이러한 상여행렬은 우리의 운상문화를 먼 역사와 연결시켜주는 고리 역할을 맡았다. 고등종교의 의식은 경건하며, 자연종교의 의식은 시끄럽다. 이는 세계의 종교에서 보는 보편적 현상이며, 진도의 상여소리는 유교나 불교에 침윤되기 이전, 우리의 자연종교적인 모습을 그대로 간직하고 있는 저 먼 역사의 증거물이다. 그것을 상스럽다고 하는 것은 앞서 말한 오만의 오류이며, 종교적 의식의 본질을 바로 보지 못한 맹안의 소치일 뿐이다.

상여를 메본 사람이면 그것이 얼마나 힘든 노역임을 안다. 풍물이 반드시 잔치판의 소리만은 아니다. 오히려 풍물은 경우에 따라서는 처연한 느낌을 더 강하게 느끼도록 하는 효과음일 수도 있다. 또한 상여를 메고 가는 상두꾼들의 입장에서 보자면 풍물소리는 힘겨운 발걸음을 가볍게 해주는 효과를 낳기도 한다. 상두꾼들이 발걸음을 가볍게 딛고 갈 수 있도록 해주는 것은 마을사람들에 대한 상주의 정신적 부채감을 줄일 수 있다는 점에서도 도움을 준다. 따라서 불교나 유교문화에 의해 우리의 장례문화가 분식되기 이전의 모습을 보여주는 한편 다양한 심리적 지혜를 간직하면서 지금에 이르고 있다는 점에서 어떤 비난도 사양하는 진도의 독특한 문화적 자원인 셈이다.

상여소리의 사설은 처연하지만, 전체적인 분위기는 흥겨운 진도의 장례행렬 속에는 주검을 처리하는 진도인들의 심성이 녹아 있다. 의식과 노동, 비애와 흥취, 그리고 보수와 창조의 공존을 통해서 삶과 죽음에 대한 변증법적 전환을 독특한 민속으로 승화시켜놓은 것이다.

진도에서는 출상을 하면서 여자로 구성된 호상꾼들이 상여 앞에 긴 무명베를 양쪽으로 나누어 잡고 상여를 인도하는 풍속이 있다. 그 연원에 대해서 여러 이견들이 제기되고 있고 또 진도 고유의 풍속으로 볼 수 없다는 반론이 큰 힘을 얻고 있다. 하지만 오늘날 진도와 인접해 있는 해남군에서 치러지는 장례모습에서도 종종 볼 수 있는 것이어서 그에 대한 논란과는 상관없이 전파와 확대가 이루어지고 있는 장례문화의 하나로 보겠다.

실제 그 연원에 대한 논란과는 다른 각도에서 제주도의 추자도에도 유사한 상여행렬을 볼 수 있으며, 중국의 절강성에서 역시 비슷한 풍속이 전승되고 있다는 보고도 있어서 진도의 몇몇 재주가 있는 사람들에 의해서 근래에 만들어진 창작이라고만 볼 수는 없다는 역반론을 얼마든지 제기할 수 있는 근거로 삼을 수도 있다. 물론 이는 앞으로 보다 정밀한 조사와 연구를 통해서 규명되어야 할 학술적 과제로 남아 있다. 하지만 중요한 것은 그것의 역사적 전통성이나 문화적 정통성을 논의하기 이전에 상부상조의 아름다운 모습을 볼 수 있다는 점에서 진도의 아름다운 풍속의 일단을 보여주고 있다는 점을 놓쳐서는 안 될 것이다. 비록 그것이 창작된 것일지라도 이러한 미풍으로서의 가치는 결코 감소되지 않는다. 오히려 어떤 점에서는 창작되었다고 할지라도 그것은 진도인들이 생래적으로 지니고 있는 문화적 창의성을 입증해주는 하나의 증좌라는 점에서 새로운 가치를 획득할 수도 있다.

진도에서 상여소리와 상여놀이가 현재 새로운 국면을 맞고 있음을 본다. 원래 진도에는 박주언 선생의 노력으로 세계평화축제가 매년 개최된 바 있다. 특히 명량대첩 때 전사했던 피아의 희생자들을 위무하기 위해 만들어진 축제였다. 그 중심적 행사는 진도씻김굿보존회가 참여하여 명량해전이 벌어졌던 진도대교 바닷가에서 넋건지기굿을 하는 것이었고, 다른 하나는 진도의 7개 읍면이 각각 상여 한 대씩을 가지고 나오고 또 무형문화재로 지정되어 있는 인지리의 상여까지 합해서 모두 8대의 상여가 진도대교 광장에서 상여놀이 시연을 보이는 것이었다.

1	2
3	

1 평화제를 위한 넋건지기굿
2 평화제에서 무녀의 축원
3 평화제 위령제

상여를 인도하는 여자호상꾼의 행렬   명량대첩축제 때의 진도만가 행렬

별도로 진행되던 세계평화축제가, 그러나 2008년 시작한 전라남도 대표축제인 명량대첩축제에 수용되었다. 8대의 상여가 진도에서 해남으로 연결된 진도대교를 건너갔다 돌아오는 모습은 장관을 연출한다. 수많은 전사자를 내었던 해전의 역사가 상여놀이를 통해서 오늘날에 와서 상기되는 현장이다.

2) 마을굿과 민간신앙

조사된 진도의 동제 55개의 사례 중에서 80여%에 달하는 44개가 '거릿제(路祭 또는 路神祭)'로 불린다.[7] 거릿제란 길거리에 떠도는 잡귀를 대상으로 베풀어지는 동제라는 의미로 해석되며, 진도지역은 그만큼 당산제보다는 거릿제에 대한 관념이 아주 강하다는 사실을 알 수 있다. 동제의 명칭을 통해 진도를 하나의 문화권으로 설정한다면 그것은 거릿제권으로 분류될 수 있다. 전남의 내륙지방은 당산제, 도서해안지역은 당제라는 명칭이 주로 사용되고 있는데, 진도에서는 거릿제라는 명칭이 압도적으로 많이

7_   이종철·조경만, 「민속자료」, 『진도의 문화유적』, 목포대학교박물관, 1987, 270~274쪽.

사용되고 있다. 여기에서 말하는 거리신을 한자말로 고치면 여귀라고 할 수 있으며, 잡귀나 원귀로도 풀이된다. 진도라고 하는 하나의 문화권 속에서는 동제의 명칭이 시사하듯, 잡귀에 대한 관념이 강하고 일반적이라는 사실이 드러난다.

세시풍속으로 치러지는 진도 동제의 경우, 가장 특징적인 것으로서는 거릿제가 다른 지역에 비해 중시된다는 사실은 특별한 의미를 지닌다. 실제로 동제 자체를 거릿제로 통칭하는 마을도 많지만, 여기에 그치지 않고 다른 신격을 모시는 것에 비해서 떠도는 잡귀를 모시는 거릿제를 특히 중시하고 있다. 이는 진도의 지역적, 역사적 특수성에서 비롯된 것일 수 있겠다. 지리적으로는 해안지역이기 때문에 해상사고로 해서 죽은 불쌍한 귀신들이 많다고 믿었을 것이고, 또 역사적으로는 수많은 외침에 노출되어 피해를 많이 보았던 지역이기도 하다. 따라서 이는 진도 사람들의 박애적 신앙심의 발로로 보이며, 진도의 동제는 사고사나 전사를 한 사람들을 위한 일종의 위령제 또는 진혼제적 성격을 지니고 있음을 알 수 있다.

그러나 진도의 거릿제가 죽은 사람에 대한 시혜적 관습만은 아닐 것이다. 프로이트는 죽은 사람과 산 사람의 관계가 무엇이든 간에 살아있는 사람은 죽은 사람에 대해서 적대감을 지닌다고 했다. 말하자면 산 사람은 죽은 사람에 대해서 방어적 자세를 취할 수밖에 없는 비밀스런 근거를 가지고 있다. 진도에서 거릿제가 발달해 있다는 것은 진도 사람들의 죽음에 대한, 그리고 죽은 사람에 대한 배타적 태도나 심리의 발로일 수 있다.

진도에서는 지금도 왜덕산전설에 대한 논의가 활발하다. 입장은 크게 두 가지로 압축된다. 하나는 역사적 진실을 두고 진위에 대한 논쟁이 벌어지는가 하면, 다른 하나는 문화자원 특히 관광자원으로서의 활용에 대한 가치의 논의이다. 두 가지 입장은 판이할 수 있다. 왜덕산에 대한 논의 또는 논쟁은 그 아무리 확대 재생산될지라도 둘 사이에 접합점 또는 타협점을 찾기는 어려워 보인다. 왜냐하면 역사적 사실과 문화적 자원을 논의하는 입장차라는 것이 이미 상호 배타적일 수밖에 없기 때문이다. 그것은 역사와 전설의 거리에서 이미 태생적으로 발생할 수밖에 없는 논쟁의 과제이다.

그런데 왜덕산을 두고 벌어지고 있는 논쟁이 두 가지 입장으로만 압축되는 것은 아닌가 싶다. 왜덕산에 대한 이야기를 역사가 아닌 전설로 받아들인다고 하여도 그것을

군내면 용장리 삼거리길의 거릿제당 　　　　　　　　　군내면 덕병리의 거릿제신을 위한 제상

관광자원으로 활성화시킬 것이냐 아니면 묻어두어야 할 것인가에 대한 확대된 입장차
가 확연할 수 있다. 후자는 민족적 자존심 또는 피침과 식민통치에 대한 민족사관과
관련이 되는 문제이다.

　한편 이러한 논쟁이 치열하게 전개되는 과정을 거치는 것은 당연하며 또한 의미있
는 사회문화적 한 현상으로 여겨진다. 하지만 누구든 논쟁에서 비껴나 양비론이나 양
시론적 입장에서 서기는 쉽지만, 한편 그것처럼 독선과 무책임한 일이 없다. 대상에
대한 판단의 준거는 본인의 몫이다. 역사학을 전공하느냐 아니면 문화학을 전공하느냐
에 따라 달라질 수도 있으며, 굳이 전공은 아니라고 하더라도 둘 중 어느 쪽의 입장에
보다 기울어져 있느냐에 따라 판단은 달라질 수 있다.

　진도군 고군면 원포마을에는 지금까지 매년 동제를 모셔오고 있다. 원포마을에서
는 매년 설달 그믐날 밤에 바닷가에서 거릿제를 모시고, 정월 초하루부터 시작하여 초
사흘 당집에서 당제를 모신다. 설달 그믐날 아침에 제관을 뽑아서 거릿제와 당제를 모
시게 한다.[8]

8_　나경수 외, 『진도의 마을굿』, 민속원, 2007.

아주 오래된 옛날 마을에 세 구의 시신이 떠내려 왔다. 초랭이패처럼 보였다고도 하고, 거지들이었다고도 전한다. 마을사람들은 그들을 지금 당산이라고 부르는 곳에 묻어주었다. 그 뒤 세월이 오래 흐른 후에 그들을 묻었던 곳에다가 위에서 말한 바 있는 위패를 모시는 곳을 만들었으며, 그 사람들을 모시게 된 것이 당제의 유래라고 한다.

역사는 기록된 역사와 기억된 역사가 있다. 원포마을의 역사는 동제라는 집단적 민속에 의해 기억되는 형태로 전하고 있다. 또한 이것은 섬사람들 또는 뱃사람들의 주검에 대한 처리방식을 설명해주는 자료로 활용될 수도 있겠다. 민족주의 또한 이데올로기이기는 마찬가지이다. 민중이라고도 하고 서민이라고도 하는 일반인들에게 이데올로기는 삶 밖의 사치품일 수도 있다. 또한 역사는 민중들에게 그렇게 중요한 것도 아니다. 역사가 전설이나 신화에 의해서 얼마든지 개변될 수 있는 것이다. 따라서 왜덕산전설은 그것이 전설이라고 불리는 한에서는 전설 자체를 하나의 진실로 받아들여야 할 것이다. 그것을 전설로 받아들이는 한편, 민중의 역사에 대한 기억방식인 전설이 가지고 있는 의미와 기능 등을 살피고 나서 그에 따른 문화자원으로서의 활용에 대해서는 또 다른 연장된 논의가 있어야 할 것이다.

여제단이라고 불리던 계단은 지금은 없어졌으나 옛 위치는 진도읍의 북산인 철마산 아래쪽이고, 현 향교 옆에 있었다고 한다. 여제단은 돌담이 둘러 있었다. 기와지붕에 한 평 남짓한 크기였는데, 사방으로 벽이 있으며, 앞쪽으로 두 쪽 문이 있어서 자물쇠를 잠글 수 있도록 되어 있었다고 한다. 제보자들이 어려서 그곳을 지날 일이 있어도 일부러 피했고, 피치못해 지나야 할 일이 있을 때는 그쪽으로 눈을 돌리지 않았다고 한다.

진도의 독특한 문화현상의 하나로 여제가 민간에서 모셔진다는 것 역시 진도 마을신앙의 대표적인 특징일 것이다. 본시 조선조 초부터 불교의 수륙재를 대체하여 관 주도로 모셔져온 여제가 조선조 후기가 되면 사라지는 경향을 보인다. 그러나 진도에서는 여제를 마을에서 받아들여 독특한 민간신앙의 한 유형으로 발전을 시켰다. 즉 진도읍에서는 여제를 동제의 일환으로 포용하였으며, 정초에는 떠도는 잡귀를 여제당에 가

두어두었다가 가을에는 다시 풀어주는 진도만의 양귀법의 하나로 독자적인 발전을 보았던 것이다.[9]

중국의 여제가 우리나라에 직수입되었을 당시 표층적이나마 중국의 유교를 표방하는 계층에 의해 그것이 제도화되었기 때문에 그 본래의 모습을 갖추고 관행될 수 있었다. 그러나 조선조 후기나 한말에 와서 유교적 사상이 그 아류인 실학으로 변화됨에 따라 그런 제도를 지탱해 주던 사상적인 지반이 와해되어 버렸고, 따라서 없어지거나 변화될 수밖에 없게 되었다. 여제의 경우는 그것이 없어지는 대신에 중국류의 여제에 대한 관념이 우리나라에도 있었고, 그것이 특히 진도지방에서는 강하게 존재했던 관계로 거릿제와 여제가 적정한 선에서 하나로 통합되어 제3의 문화를 창출하게 되었다. 그래서 여귀에게 제사를 지내던 제장으로서의 여제단이, 일정지역 밖으로 거리신을 추방하던 차단법과 서로 만나 감금형 축귀법으로 고정되어 하나의 민간신앙 형태로 재창조되었을 것으로 추론된다.

다른 지역에서는 찾아보기 어려운 도깨비굿의 실존도 주목할 만하다. 현재는 거의 전승이 단절되어버렸지만, 도깨비굿은 특히 여성들을 중심으로 행해진다는 점에서 진도의 여권적 지위를 점쳐볼 수 있는 사례이기도 하다. 유교 중심의 동제에서는 여성의 참여가 제한되는 것에 반해서 오히려 도깨비굿에서는 여성 중심의 의례적 행위가 수행되고 있는 것이다.

한편 도깨비굿은 그 본의가 두 가지로 해석될 수도 있겠다. 도깨비를 내쫓기 위한 굿이라는 해석도 가능하며, 정식이 아닌 엉터리굿이라는 뜻도 내포하고 있을 가능성이 있다. 그러나 도깨비굿을 하고 나서 마지막 행위를 보면 그 목적성이 매우 뚜렷하게 드러난다. 도깨비굿을 끝내기 위해서는 피고쟁이를 앞세우고 마을의 동구밖으로 모든 사람들이 나간다. 피고쟁이를 막대기 위에 꼽아 대열을 향도하던 사람은 일순 피고쟁이를 가능한 한 멀리 버리고 뒤돌아 뛰어 마을을 향한다. 모든 사람들이 그를 따라 마을을 향해 죽어라고 뛴다. 더 이상 쇳소리를 내서는 안 된다.

9_   나경수, 「진도의 여제」, 『광주·전남의 민속연구』, 민속원, 1998.

지산면 소포리의 걸군농악　　　　　　　　진도에서 조상신을 모시는 제석오가리

　　이렇게 피고쟁이를 던지는 것을 "굿낸다"고 말한다.[10] 소포걸군농악도 역시 마찬
가지로 판굿까지 끝내게 되면 동구밖에 나가 짚불을 피우고 한사람씩 넘어오는데, 그
러한 행위를 "굿낸다"고 말한다. 덕병의 장승제 역시 마찬가지로 동제를 마치고 나서
동구밖에 있는 장승 주변까지 풍물을 치고 가서 마지막으로는 짚불을 넘자마자 마을을
향해 줄달음쳐 돌아온다. 이 역시 굿내기이다. 여기서 굿이란 본래 귀신을 뜻하는 말
이나. 노쌔비굿도, 쟁물굿도 '네신은 굿(잡귀)은 내부내기(卅 또는 邪) 위해, 다시 말하면
귀신을 마을 밖으로 구축하기 위해 했던 축귀적 행위인 셈이다.

　　진도에서는 주인 없는 귀신을 제사지내주면 복을 받는다는 말이 전한다. 그래서 가
정에서는 두 종류의 주인 없는 귀신을 섬기는 풍속이 전한다.

　　하나는 조상을 섬기는 것이다. 전국적으로 여성이 사제자가 되어 행하는 가정신앙
이 행해져 왔으며, 그 중에는 조상이라는 것이 있다. 대개 단지를 사용하여 조상을 모
셨기 때문에 조상단지라는 말도 생겼다. 진도에서 가정신앙으로서 조상을 모시는 방식
은 크게 3종류로 대별된다. 하나는 독 또는 감실이라고 하여 유교적 조상숭배가 가정
신앙화된 예가 있다. 이런 집에서는 3대 또는 4대조의 조상단지를 마련하여 모시거나

10_ 나경수, 「진도 금갑진성 주변의 민속생활」, 『진도 금갑진성 지표조사보고서』, 진도군·전남대박물관, 2003.

진도읍 염장리에서 잡귀를 위해 차려놓은 거릿밥

아니면 기와집 형태의 감실을 만들어 그 속에 위패를 모신다. 감실은 사당의 축소형으로서 유교적 조상숭배의 전형을 보이는 예이다. 두 번째 형식은 다른 지역과 마찬가지로 일반적인 의미의 조상단지를 모시는 것이다. 이것은 진도에서 제숙(지숙)오가리라고 통칭하는 예가 많다. 세 번째 형태로서 소위 지앙오가리 또는 귓곳(귀것)단지라고 부르는 것이다. 집안에서 아이를 낳지 못하고 젊어서 죽은 여인이 있으면 지앙오가리를 모시며, 형태와 형식은 조상단지와 유사하다. 여기서 세 번째 지앙오가리 또는 귓곳단지형은 비로 주인 없는 귀신을 섬겨주는 진도 가정신앙의 방식이다.

다음으로는 남아를 낳지 못해 제사상속이 어려운 경우이다. 아들을 낳지 못한 집에서는 양자를 들이는 것이 일반적이지만, 이 역시 여의치 않을 때는 더 이상 제사를 모셔줄 사람이 없다. 인간의 가장 큰 불행 중의 하나로 제사를 모실 후손이 없는 것으로 간주해왔던 우리나라의 전통적 관념으로 보면 아들을 두지 못한 사람은 죽어서도 원귀가 될 수밖에 없다. 이러한 원귀는 살아 있는 사람에게 해를 끼칠 수 있으면, 따라서 그런 원을 삭혀주면 대신 복을 받는다는 믿음이 전한다. 아들을 두지 못한 사람들이 죽을 때, 재산이 좀 있으면 동제를 모실 때 제사를 모셔주라는 유언과 함께 재산을 마을에 희사한 예가 많다. 또 다른 예의 하나는 외가 또는 처가에 이러한 사람이 있을 경우 제사를 모셔주는 방식이다. 제삿날에 간단히 제사를 모셔주는 것은 물론 명절에도 방안은 아니지만 바깥에 이러한 상을 따로 차려 차례밥을 먹을 수 있도록 배려한다.

진도의 동제가 대개 거릿제라고 불리는 것과 마찬가지로 믿음의 연장선상에서 주인 없는 귀신의 제사를 지내줌으로써 대를 끊이지 않고 자식을 볼 수 있다거나 또는 복을 받을 수 있다고 하는 믿음에서 진도는 주인없는 귀신을 섬기는 가정신앙이 발달해 있다.

2. 진도 상장의례의 민속음악적 특성

한국인에게 상장의례喪葬儀禮는 전통적으로 가장 중요한 통과의례通過儀禮(rites of passage)이다. 인간이 죽으면 이승의 연緣을 끊고 저승으로 가는 길목에서 행해지는 상장례는 유교식 제의와 불교식 재齋, 그리고 무교식 천도굿이 어우러지는 우리나라 종교의례의 결정체이다. 이는 엄숙한 종교의식과 더불어 망자의 혼을 위무하는 악·가·무樂歌舞가 어우러지는 공연예술performing arts적 성격을 갖는 판이기도 하다. 특히 망자를 극락왕생으로 천도하기 위해 거행되는 무교 의례인 천도굿은 종교의례인 동시에 공연예술로서 전통적인 상장례의 백미白眉를 장식하는 중요한 통과의례 절차이다.

상장례는 한 인간의 임종으로부터 시작하여 하관을 하면서 마치는 동안 전통적인 종교의례와 예술연행이 어우러지는 문화연행cultural performance이다. 상장례를 문화연행으로 규정하는 것은 상장례라는 전통적인 문화유산이 특정한 장소에서 특정한 매체를 통해 조직되고 전승되는 현장이기 때문이다.[11] 그리고 문화연행으로서의 상장례는 ① 일정한 연행 시간 동안에 ② 연행의 시작과 종결이 뚜렷하고 ③ 연행자와 관객이 존재하고 ④ 연행 공간과 목적이 있기 때문에 이를 통해 하나의 문화구조cultural structure를 관찰할 수 있는 가장 규범적인 전거가 되는 것이다. 그러므로 상장례는 한국인의 전통적인 종교와 사상, 그리고 생사관生死觀의 의미와 맥락을 볼 수 있는 창窓의 역할을 한다.

전라남도 진도는 아직도 전통적인 상장례를 충실히 보존하는 것으로 알려져 있다. 특히 초상初喪을 치루는 동안 무속 의례인 씻김굿을 비롯하여 망자의 혼을 위로하는 다시래기와 망자의 관을 운구하고 하관하면서 부르는 만가輓歌가 중요무형문화재 및 지방무형문화재로 지정되어 보존되고 있다. 이런 점에서 진도의 상장례는 우

11_ Singer, Milton B. "The great tradition in a metropolitan center : Madras", In Milton B. Singer, ed., *Traditional India : Structure and Change*, Philadelphia : Ameircan Folklore Society, 1958, p.143.

리나라 상장례의 전형적인 모습과 진도의 독특한 모습을 아울러 볼 수 있는 문화연행이다. 진도 상장례의 핵심을 이루는 씻김굿, 다시래기, 그리고 만가를 공연학적 관점에서 그 구조를 파악하고, 음악적 상징성을 해석하는 것은 진도 문화의 심층구조를 밝히는 것이다.

진도의 씻김굿이나 다시래기, 그리고 만가는 모두 진도의 지역색을 갖는 동시에 진도 내에서도 다양한 각편versions이 존재할 정도로 다양한 모습으로 전승되고 있다.[12] 이글에서는 주로 무형문화재로 지정된 연행종목을 중심으로 논의를 전개하고자 한다. 현재 무형문화재로 지정된 연행종목이 충분히 진도 상장례 문화와 음악의 대표성을 담보하고 있기 때문이다. 이글에서 논의하는 종목은 중요무형문화재 제72호 진도씻김굿, 중요무형문화재 제81호 진도다시래기, 그리고 전라남도 무형문화재 제19호 진도만가이며, 이들 종목을 기록한 각종 문헌과 악보 등을 참고했다.[13]

1) 상장례에서 음악의 상징과 의미

상장례는 인간이 삶을 마감하면서 이승에서 저승으로의 이행과정에서 이루어지는 통과의례이다. 이승은 인간이 삶을 영위하는 일상적인 세계이다. 상장례라는 의례를 지나며 망자는 저승이라는 새로운 세계로 돌입한다. 그리고 통과의례가 이루어지는 상장례는 이승과 저승의 전이 지점liminal zone[14]이다. 또한 상장례는 삶과 죽음이 공존하는 혼돈chaos과 무질서의 비일상적 상태인 코뮤니타스communitas[15]의 상태인 것이다. 이렇게 삶의 공간과 죽음의 공간의 전이 지점에서 삶과 죽음이 공존하는 비일상적인

12_   진도씻김굿에 대해서는 이미 많은 연구결과가 있다. 진도다시래기의 이본(異本)에 대한 연구로는 이경엽, 「진도다시래기 연희본의 비교연구」, 『공연문화연구』 11, 공연문화학회, 2005, 103~131쪽 참조.

13_   황루시, 『진도씻김굿』, 국립문화재연구소, 2001; 국립국악원, 『한국의 굿 : 진도씻김굿』, 국립국악원, 2003; 이경엽, 『진도다시래기』, 국립문화재연구소, 2004; 국립남도국악원, 『진도만가』, 국립남도국악원, 2007.

14_   Edmund Leach, *Culture & Communication*, London : Cambridge University Press, 1976, p.35.

15_   Victor Turner, *The Ritual Process : Structure and Anti-structure*, Ithaka : Cornell University Press, 1969, p.55.

공간에서 행해지는 의례가 상장례이다. 그리고 상장례가 행해지는 비일상적인 공간에서 다양한 음악이 연행되는 것이다.

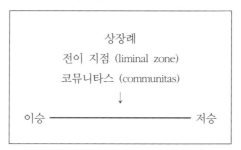

〈도판 1〉 상장례의 의미

상장례는 인간의 죽음으로부터 시작되어 망자를 무덤에 묻으면서 마친다. 진도에서는 이 단계에서 죽음을 확인하고 망자를 달래고 보내는 과정이 구분이 되는데, 이는 다음과 같이 구분할 수 있다.[16]

1) 죽음 확인하기 또는 죽음 알리기; 임종 → 수시 → 초혼 → 사자상 차리기 → 소렴·대렴 → 입관 →

2) 갈등 만들기와 죽음 달래기; → 씻김 → 다시래기 →

3) 망자 보내기; → 성복, 발인 → 상여놀이 → 호상놀이 → 하관 → 매장

이렇게 이승과 저승의 전이 지점으로 규정할 수 있는 상장례도 3단계로 구분할 수 있다. 1)단계인 죽음 확인하기 또는 죽음 알리기 단계는 망자를 삶이라는 일상상태에

16_ 이윤선, 「진도지역 상례를 통해 본 의례와 놀이의 연행 의미」, 『비교민속학』 38, 비교민속학회, 2009, 92~93쪽. 이윤선은 진도의 상례에서 거행되는 윷놀이의 놀이적 의미와 역할을 매우 중요시하게 분석했다. 윷놀이는 음악이 수반되지 않는 놀이이기에 이글에서는 논의대상에서 제외한다.

서 분리시키는 분리의식rite of separation이다.[17] 이 단계는 유교식 의례로서 음악이 없다. 인간이 임종을 하면 깨끗한 솜으로 입과 귀와 코를 막고 시신을 반듯하기 펴주는 절차인 수시收屍, 망자가 죽었음을 하늘에 고하는 초혼招魂(또는 고복이라고 함), 염라대왕이 보낸 저승사자를 위한 사자상使者床 차리기, 송장에 새로 지은 옷을 입히고 이불로 싸는 소렴小殮과 대렴大殮, 그리고 송장을 관에 넣는 입관入棺 등의 죽음 확인하기 또는 알리기 단계는 유교식 의례이고 이 단계에서는 음악이 연행되지 않는다.

2)단계는 진도 상장례의 절정부로서 무당과 공연자들에 의해 망자의 넋을 달래기 위한 공연이 연행된다. 이 단계에서 행해지는 씻김굿과 다시래기는 죽음을 슬퍼하는 것이 아니라 갈등을 조장하고 이를 극복하여 죽음을 달래는 비일상상태abnormal condition의 연행인 것이다. 이 단계에서 행해지는 씻김굿과 다시래기는 음악이 절대적인 위치를 차지한다. 무속 의례인 굿은 무당의 노래와 춤, 그리고 악사의 반주가 따르는 총체적인 공연예술이다. 씻김굿에서 무당이 부르는 무가巫歌는 인간과 신의 소통코드communication code로서의 상징성과 신성성을 갖는 것이다. 인간은 무가를 통해 신의 존재와 신의 내력을 이미지image화 한다. 그리고 무가를 통해 망자의 극락왕생을 기원하는 것이기 때문에 무가는 무당이 신과 인간의 매개자medium로서의 위상을 확립하는 상징이기도 하다.[18] 또한 씻김굿에서는 고풀이, 이슬털기, 베가르기 등의 무용 또는 연극적 행위가 삽입된다. 다시래기는 망자의 혼을 위로하는 기능을 하면서도 상례 공간에 모인 인간을 위한 연희극이다.[19] 다시래기는 극이 위주가 되면서 극의 효과를 극대화하기 위한 노래가 중간에 삽입된다.

3)단계는 망자를 이승으로부터 분리시켜 저승으로 보내는 통합의식rite of aggregation이다. 이 단계에서는 망자를 저승으로 보내기 위해 운상을 하면서 부르는 〈상여소리〉로부터 매장을 하면서 부르는 〈가래소리〉까지 만가輓歌가 연행된다. 만가는 상여꾼들

17_ 분리의식과 통합의식에 관한 정의는 Victor Turner, *The Ritual Process : Structure and Anti-structure*, p.55.

18_ 이용식, 『황해도 굿의 음악인류학』, 집문당, 2006, 220~222쪽.

19_ 이경엽, 「진도다시래기 연희본의 비교연구」, 『공연문화연구』 11, 공연문화학회, 2005, 104쪽.

이 발을 맞추고 고된 노동을 극복하기 위한 노동요의 기능을 갖는 동시에 망자를 위로하는 내용을 갖는 노래이다. 만가는 외양적으로는 유교적 성격을 갖지만 노래의 노랫말은 극락왕생을 바라는 불교적 내용이 주를 이룬다.

〈도판 2〉 상장례의 구조와 음악의 기능

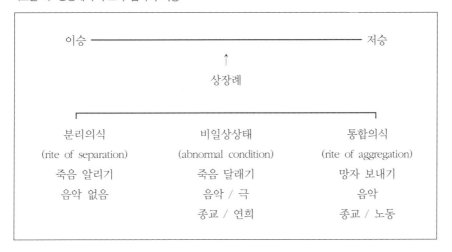

결국 1) 죽음 확인하기 단계는 유교식 의례이며 음악이 없고, 2) 죽음 달래기와 3) 망자 보내기 단계에서는 음악이 절대적 위치를 차지하는 것이다. 2) 죽음 달래기에서의 음악은 종교적 성격과 연희적 성격을 갖는다. 3) 망자 보내기에서의 음악은 내용적으로는 종교요의 성격을 갖지만 기능적으로는 노동요의 성격을 갖는다.

2) 진도씻김굿의 공연학적 구조와 음악적 상징

진도씻김굿은 망자의 넋을 씻겨 극락왕생을 기원하는 굿이다. 굿은 삶이라는 일상적인 공간이 죽음이라는 비일상적인 공간으로 전환하는 단계에 연행되는 것이다. 굿은 매우 치밀한 원리에 의해 구성되었으면서도 매우 즉흥적인 연행이다. 굿은 이런 전환의 힘을 행사하는 초월적인 존재 이상으로 일상을 변환하는 매개체이다. 그러므로 굿은

시나위 반주와 어우러지는 진도씻김굿(진도문화원 제공)

이 세계의 인간이 초월적 세계의 존재에게 영향을 미치는 행위의 수단이다.[20] 그리고 진도씻김굿에서 이 행위의 수단은 음악이다. 씻김굿은 당골의 무가와 춤, 그리고 고인 (工人 또는 鼓人)의 음악과 바라지가 어우러지는 공연예술의 한 판이기도 하다.

　진도씻김굿의 절차와 연행되는 음악은 다음과 같다.

20_　Alexander, Nikolai A., "Shamans and their religious practices from shamanism among the Turkic peoples of Siberia", Ronald Radzai tr. In Marjorie Mandelstam Blazer, ed., *Shamanic Worlds : Rituals and Lore of Siberia and Central Asia*, Amonk, NY : North Castle Books, 1997, p.139.

〈표 1〉 진도씻김굿의 절차와 음악[21]_

절차	장소	악기	무가	음악형식	장단
0. 조왕반	부엌	징	조왕반 무가	통절	무장단
1. 안당	안방 / 대청	징 / 시나위	안당 무가	통절	흘림
2. 초가망	굿청	시나위	신노래	유절(선후창)	진양 흘림 굿거리
3. 손님굿	굿청	시나위	처올리기 손님풀이 치국잡이	통절 통절 통절	대왕놀이 살풀이 흘림
4. 제석굿	굿청	시나위	제석풀이 중타령 노적 청하기 시주받는노래 터잡는노래 지경다구기 집짓는노래 성주경 벼슬경 노적청 업청 군웅노정기 액막이	유절(선후창) 유절(선후창) 통절 유절(선후창) 통절 유절(선후창) 유절(선후창) 통절 통절 유절(선후창) 유절(선후창) 통절 유절(선후창)	진양 - 흘림 대왕놀이 앉은조달 중모리 앉은조달 중모리 자진굿거리 대왕놀이 자진모리 중모리 자진굿거리 대왕놀이 살풀이
5. 고풀이	굿청	시나위	고풀이	유절(선후창)	흘림 자진굿거리
6. 영돈말이	굿청	시나위	영돈말이	유절(선후창)	대왕놀이 흘림 자진굿거리
7. 왕풀이	굿청	시나위	왕풀이	유절(선후창)	자진굿거리
8. 넋올리기	굿청	시나위 징	넋올리기 희설	통절 통절	흘림 자진굿거리 무장단
12. 길닦음	굿청	시나위	긴염불	유절(선후창)	진양

21_ 이글의 분석대상인 『한국의 굿 : 진도씻김굿』의 절차와 약간 차이가 있다. 혼맞이를 생략했는데, 혼맞이는 보통 객사(客死)한 원혼을 불러오는 경우에 하는 굿거리이기 때문에 일반적인 씻김굿에서는 흔하게 행하지 않는다.

절차	장소	악기	무가	음악형식	장단
			중염불	유절(선후창)	중모리
			하적소리	유절(선후창)	중중모리
			아미타불	유절(선후창)	중중모리
			천근소리	유절(선후창)	중중모리
13. 종천	대문밖	징	사자멕이	통절	무장단
			대신멕이	통절	

　　진도씻김굿의 첫 번째 절차는 조왕반(또는 조왕굿)이다. 조왕반은 궂은 일이 있어서 하는 굿, 특히 씻김굿에서는 생략되기도 하는데, 그 이유는 조왕님이 깨끗한 것을 좋아하기 때문에 씻김굿에서는 모시지 않는 것이다. 조왕반은 주로 조왕이 하강하는 날이나 조왕 도회일에 하기 마련이다. 조왕반에서는 당골이 부엌의 조왕님 전에 혼자 앉아 징을 치며 무가를 부른다. 당골에 따라서는 징 대신에 바가지나 정주(주발)를 치는 경우도 있다. 당골은 특별한 장단에 무가를 부르는 것이 아니고 적당한 음고와 속도에 낭송조로 읊조리듯이 무가를 부르고 징은 노래를 따라 무장단 또는 외장구장단으로 친다.[22] 이렇듯이 조왕반은 굿상이 차려진 굿청에서 연행하는 것이 아니고 일정한 장단으로 부르는 것이 아니다. 그렇기 때문에 조왕반은 본격적인 굿ritual proper에 포함되는 것이 아니고 굿을 준비하는 과정이라 할 수 있다. 이는 마치 공연에 앞서 공연자가 분장실에서 혼자 흥얼거리며 소리를 가다듬는 것과 마찬가지라 할 수 있다.

　　본격적인 씻김굿의 첫 절차는 안당이다. 안당은 안방 또는 대청 마루에서 당골이 징을 치면서 흘림 장단으로 노래를 시작하고 이어서 시나위 반주가 따른다. 안당은 굿청에 차려진 굿상 앞에서 하는 것이 아니라 안방 또는 대청 마루에 별도의 상을 차리고 연행한다. 또한 무가도 흘림 장단에 비교적 평범한 무가를 부른다. 흘림장단은 2소박 2박(4/4박자) 장단으로 빠른 템포의 노래를 부를 때 주로 연행한다. 안당은 판소리나

22　무당이 징을 일정한 장단에 맞추어 치는 것이 아니라 노래의 흐름에 따라 징을 치는 것을 무장단이라 한다. 무장단은 '장단이 없다'는 뜻인데, 일정한 장단에 맞추어 치지 않으면서도 '장단'이라고 호칭하는 것은 우리나라 음악에서 장단이 그만큼 중요하다는 의미이다.

산조를 공연할 때 공연에 앞서 단가短歌 또는 다스름을 통해 본격적인 공연performance proper을 준비하는 과정에 비유할 수 있다.

씻김굿에서 굿상이 차려진 마당의 굿청에서 시작하는 본격적인 굿거리는 초가망석이다. 즉 초가망석이 시작되면서 씻김굿은 본격적인 공연이 시작되는 것이다. 당골은 이제 스스로 악기를 연주하지 않고 악사들의 반주에 맞추어 무가를 부른다. 초가망석에서 부르는 무가는 느린 진양으로 시작하여 흘림으로 빨라졌다가 굿거리로 이어진다. 2소박의 흘림장단과 3소박의 굿거리장단은 비록 소박에서의 리듬체계는 다르지만 음악의 속도가 비슷하고 장단이 4박으로 되어있기 때문에 두 장단은 자연스럽게 이어질 수 있다. 당골의 무가와 고인들의 바라지가 다성적polyphonic인 선율을 연출한다. 이는 무가에 담긴 노랫말의 의미 전달보다는 음악적인 세련미가 더 강조되는 전라도 굿의 특징을 보여주는 것이다.[23]

초가망석에 이어지는 손님굿과 제석굿은 연행performance적 성격이 강하다. 손님굿은 처올리기·손님풀이·치국잡이로 이어지는 통절형식 무가로서 대왕놀이·살푸리·흘림 장단에 각각 부른다. 대왕놀이 장단은 2소박과 3소박이 2+3+2+3으로 혼합된 혼소박 4박(10/8박자) 장단이다. 혼소박 장단은 연주가 까다로운 장단이지만, 전라도 굿판에서는 가장 흔하게 연행하는 상난의 하나이고 진리도 당골이나 고인은 전혀 어려움 없이 이 장단을 연주한다. 제석굿은 제석풀이·중타령 등의 여러 무가로 이루어진다. 노래 형식도 통절형식through-composed form 무가도 있고 무당의 소리와 고인의 바라지가 이어지는 유절형식strophic form 무가도 있다. 노래의 장단도 진양으로 시작하여 흘림·대왕놀이·중모리·자진모리·자진굿거리 등 다양한 장단이 쓰인다. 노적청하기나 터잡는노래는 당골이 앉아서 낭송조로 노래하는데, 이를 '앉은조달'이라고 한다. 이렇게 손님굿과 제석굿은 다양한 형식과 장단에 얹어 부르는 여러 종류의 무가가 합쳐진 것으로서 손님풀이·제석풀이·군웅노정기 등 서사적인 내용의 노래를 부른다. 이런 노래를 통해 굿판에 모인 고객은 무당이 풀어내는 이야기를 듣고, 이를 음악적으로

23_ 박정경, 「진도씻김굿의 음악적 내용」, 『한국의 굿 : 진도씻김굿』, 국립국악원, 2003, 39쪽.

표현하는 예술을 감상하는 것이다. 그렇기 때문에 무당은 손님굿과 제석굿에서 부르는 무가에서 자신의 창조적 예술성을 최대한 발휘해야 큰 무당으로 자리매김할 수 있다.[24]

고풀이부터는 망자의 혼을 씻어 극락왕생을 기원하는 종교의례ritual이다. 당골은 시나위 반주에 맞춰 유절형식 무가를 부른다. 고풀이부터 부르는 유절형식 무가는 이전에 부르던 통절형식 무가에 비해 즉흥성이 떨어진다. 통절형식 무가는 고인들이 대선율을 넣는 과정에서 즉흥성이 뚜렷하게 나타나고 유절형식 무가는 기존곡에 전제되어 있는 것을 근거로 즉흥적 변주가 이루어진다.[25] 또한 고풀이부터의 후반부에서 주로 쓰이는 진양, 중모리, 굿거리 등의 장단에 비해 제석굿까지의 전반부에 많이 쓰이는 무장단, 흘림, 살풀이, 대학놀이(엇모리) 등의 장단에서 주로 즉흥성이 발휘된다.[26]

종천은 굿의 미지믹 거리인네, 굿청이 아닌 대문 밖에서 연행된다. 무당이 혼자 징을 무장단으로 치면서 사자멕이와 대신멕이를 통절형식 무가로 부른다. 종천은 굿거리에서 대접하지 못한 잡귀잡신을 멕이는 굿거리이다. 종천은 본격적인 공연을 마치고 무대 뒤에서 공연자 혼자 무장단으로 노래하는 후주後奏적 성격을 갖는 것이다. 그렇기 때문에 다른 지역에서는 이 굿거리를 '뒷전'이라고 부른다.

결국 씻김굿은 무대에 오르기 전에 무당이 혼자 징을 치면서 부르는 조왕반과 안당으로 시작한다. 조왕반은 씻김굿에서 연행하지 않는 경우도 있기 때문에 공연의 범주에 포함시키지 않는 경우가 많다. 씻김굿이 본격적으로 시작하는 굿거리는 안당이지만, 안당도 굿상이 차려진 굿청이 아니라 안방 또는 대청에서 무당이 징을 치면서 무가를 부르

24_ 박미경, 「진도씻김굿의 서사무가 제석굿의 음악적 구성」, 『한국음악연구』 32, 한국국악학회, 2002, 125~126쪽.

25_ 이를 박미경은 통절형식의 "즉흥무가"와 유절형식의 "변주무가"로 구분한다(박미경, 「즉흥성연구의 시안 "채보와 비교를 통한 해석」, 『음악과 문화』 7, 세계음악학회, 2002, 44~45쪽.

26_ 박미경, 「진도씻김굿의 즉흥성 연구 점정(點睛)」, 『남도음악의 생성구조와 즉흥성』, 국립남도국악원, 2008, 80쪽.

는 것이기 때문에 이는 본격적인 공연performance proper에 앞서 음악을 가다듬는 전주前奏 (prologue)적 성격을 갖는 것이다. 마치 판소리나 산조의 단가나 다스름에 해당한다고 할 수 있다. 본격적인 굿이 시작되면 무당은 굿청에서 연행한다. 굿의 전반부인 초가망석·손님굿·제석굿은 의례적 성격보다는 공연예술적 성격이 강하다. 무당과 고인의 예술적 창조력을 최대한 발휘할 수 있는 대목인데, 주로 통절형식 무가로 부르고 대왕놀이, 흘림, 살풀이, 앉은조달 등의 장단이 주로 쓰인다. 굿의 후반부인 고풀이·영돈말이·왕풀이·넋올리기·길닦음은 종교의례적 성격이 강하다. 주로 무당과 고인이 메기고 받는 유절형식 무가가 많고 진양, 중모리, 중중모리, 굿거리 등의 장단이 쓰인다. 종천은 굿청에서 벗어나 대문 밖에서 혼자 징을 무장단으로 치면서 무가를 낭송조로 부른다. 이는 공연을 마치고 무대에서 벗어나 공연을 마무리하는 후주後奏(epilogue)적 성격을 갖는다.

이렇게 씻김굿을 공연학적 측면에서 그 구조를 분석하면 〈표 2〉와 같이 도식화할 수 있다.

〈표 2〉 진도씻김굿의 공연학적 구조

절차	공연 장소	공연 성격	무가 형식	무가 반주	주요 장단
조왕반	분장실		통절	징	무장단
안당	무대 뒤	전주	통절	징 / 시나위	흘림
초가망 ~ 제석굿	무대 (전반)	예술	통절 多	시나위	대왕놀이 흘림 살풀이
고풀이 ~ 길닦음	무대 (후반)	의례	유절 多	시나위 / (징)	진양 중모리 굿거리
종천	무대 뒤	후주	통절	징	무장단

극적 구조를 가진 진도다시래기   진도다시래기보존회 회원들

3) 진도다시래기의 공연학적 구조와 음악적 상징

진도다시래기는 망자의 넋을 달래고 상가喪家에 모인 문상객들에게 제공되는 유희극이다. 다시래기는 '다시나기再生', '같이 즐긴다多侍樂', '망자가 떠나는 시간을 기다린다待時來技' 등의 의미를 갖는다.[27] 이렇게 상여가 나가기 전날 밤에 밤샘놀이를 하는 것은 전국적인 현상이다. 이를 '대돋움' 또는 '대올림'이라 하고, 전라남도 신안의 경우는 '밤달애'라고도 한다. 그러나 진도다시래기처럼 완성된 극적 구조를 가진 유희극을 연행하는 경우는 극히 드물다.

진도다시래기의 절차와 연행되는 음악은 〈표 3〉과 같다.

진도다시래기의 첫 과장인 가상자놀이는 가상제가 등장하여 거사·사당·중을 소개하는 과장이다. 가상주가 부르는 〈성주풀이〉는 공연자가 노랫말이나 가락 등을 엉터리 성주풀이를 지어서 부르는 것이다. 중이 부르는 〈염불〉도 극적 흥미를 돋우기 위해 부르는 엉터리 노래이다. 이렇듯이 첫 과장인 가상자놀이는 본격적인 공연을

27_   이경엽, 『진도다시래기』, 8쪽.

〈표 3〉 진도다시래기의 절차와 음악

절차	등장인물	노래	노래형식	장단
1. 가상자假喪者 놀이	가상주 거사 사당 중	성주풀이 염불	통절 통절	
2. 거사 · 사당놀이	거사 · 사당 거사 거사 거사 거사	다시래기소리 자장가 개타령 경문가는소리 독경	통절 통절 통절 통절 통절	중모리 중중모리 중모리 자진모리
3. 상여놀이		애훵소리 하직소리 아미타불소리 천근소리	유절(선후창) 유절(선후창) 유절(선후창) 유절(선후창)	중모리 중모리 중중모리 중중모리
4. 가래놀이		가래소리	유절(선후창)	중모리 중중모리 자진모리
5. 여흥		북놀이 판소리 민요		

시작하기에 앞서 공연자들을 소개하여 각자의 새수를 신보이는 전주prologue의 성격을 갖는다.

　본격적인 극이 시작하는 거사·사당놀이는 거사, 사당, 중이 출연하여 펼치는 연희극이다. 이 과장에서 노래하는 〈다시래기소리〉는 인근 서남해안지역에서도 발견되는 노래인데, 남사당패의 노래를 현지에서 수용한 노래로서[28]_ 다시래기의 연희적 성격을 보여주는 것이다. 이 과장에서 거사가 부르는 〈자장가〉나 〈개타령〉도 전라도 전역에 널리 분포하는 민요이다. 거사·사당놀이에서 부르는 노래는 모두 통절형식이다. 이는 대부분의 노래를 가창자 혼자서 부르기 때문이다. 또한 반주도 장구 또는 북으로 장단을 친다. 이렇게 거사·사당놀이는 망자의 영혼과 장례판에 모인 관객을 즐겁게 놀리

28_　이경엽, 『진도다시래기』, 129~130쪽.

기 위한 연희극으로서 노래는 모두 통절형식으로 된 것이다.

다시래기의 후반부인 상여놀이와 가래놀이는 연희적 성격보다는 종교의례적 성격과 노동적 성격이 강하다. 상여놀이와 가래놀이는 상여꾼들이 다음날 상여를 운구하기에 앞서 발을 맞춰보기 위한 성격이 강한 것이다.[29] 최근에는 다시래기가 공연화하여 상여소리를 무대에 입장하는 과정에 부르기도 하지만, 본래는 거사·사당놀이를 마친 후에 연행한다. 이 과장에서 부르는 〈애소리〉, 〈하직소리〉, 〈아미타불소리〉, 〈천근소리〉, 〈가래소리〉는 모두 상여를 운구하고 하관하는 과정에서 부르는 노동요이다. 이들 노래를 운구 전날 밤에 발을 맞춰보기 위해 부르는데, 이를 다시래기라는 연희극에 넣어서 효과를 높이는 것이다. 이렇게 만가는 노동요의 기능을 하기 때문에 선창자가 앞소리를 메기면 상여꾼들이 뒷소리를 받는 메기고 받는 형식의 유절형식으로 되어 있다. 만가의 장단은 느릿한 중모리로 시작하여 중중모리·자진모리로 점점 속도가 빨라진다. 이는 운상이라는 노동의 템포에 맞추어 노래를 부르기 때문이다. 이어서 이어지는 여흥에서는 진도 북놀이나 판소리를 공연하기도 하고 모두가 어우러져 〈진도아리랑〉 등의 민요를 부르면서 신나게 노는 후주epilogue의 성격을 갖는다.

이렇게 다시래기를 공연학적 측면에서 그 구조를 분석하면 〈표 4〉와 같이 도식화할 수 있다.

〈표 4〉 진도다시래기의 공연학적 구조

절차	공연 성격	노래성격	노래형식	주요 장단
가상자놀이	전주			
거사사당놀이	연희극	유희요	통절	중모리, 중중모리, 자진모리
상여놀이	종교/노동	노동요	유절(선후창)	중모리, 중중모리
가래놀이	종교/노동	노동요	유절(선후창)	중모리, 중중모리, 자진모리
여흥	후주	유희요		

29_ 이경엽, 『진도다시래기』, 123쪽.

4) 진도만가의 의미맥락과 음악적 상징

진도만가는 운구를 하면서 부르는 〈애소리〉, 〈하직소리〉, 〈아미타불소리〉, 〈천근소리〉와 무덤을 다지면서 부르는 〈가래소리〉로 구성된다. 진도만가는 종교의례적 성격과 노동요적 성격을 동시에 갖는다. 진도만가가 다른 지역의 만가에 비해 독특한 것은 풍물패와 여성 호상꾼의 존재라 할 것이다.

전국적으로 상여가 나갈 때 선소리꾼은 요령搖鈴을 흔들면서 노래를 부른다. 요령은 맑고 영롱한 금속성 소리를 통해 망자를 극락으로 인도하는 역할을 한다. 이런 요령은 상여꾼뿐만 아니라 무당이나 불교 승려의 의식에서도 같은 역할을 하는 '소리를 만드는 기구sound-producing instrument'이다.[30] 그러나 진도에서는 상여가 나갈 때 상여의 앞을 풍물패가 인도한다. 즉 진도에서는 '소리를 만드는 기구'가 아닌 음악적 의미를 갖는 '악기musical instrument'가 풍물패에 포함되는 것이다. 결국 진도의 운상은 다른 지역의 운상과는 달리 '악기'를 연주하는 풍부한 음악성을 갖는 것이다.

진도의 운상에서 풍물패가 존재하는 이유에 대해 풍물이 경우에 따라서는 처연한 느낌을 더 강하게 느끼도록 하는 효과음일 수도 있고 상두꾼들의 발걸음을 가볍게 해주는 효과를 낳기도 한다고 한다. 또한 이는 진도의 상여소리가 불교와 유교 문화에 침윤되기 이전의 자연종교적인 모습을 그대로 간직한 역사적 증거물이라고도 한다.[31] 이에 대해 김이익金履翼(1743~1830)의 『순칭록循稱錄』(1804) 「상례편喪禮篇」에 진도의 상여에는 다른 지방과 달리 요령 대신 북을 친다는 대목이 있다. 또한 허련許鍊(1809~1892)이 1873년에 진도군수에게 건의한 변속팔조變俗八條에도 '거전타고擧前打鼓(상여 앞에서 북을 치는 것)'를 금하라는 내용이 있다.[32] 이런 17세기의 기록을 토대로 이를 『수서隋書』 「동이전東夷傳」의

30_ 이용식, 『한국음악의 뿌리, 팔도 굿음악』, 서울대학교 출판부, 2009, 56쪽. 요령은 우리나라에서 악기 (musical instrument)로 인식되지 않는다. 그러나 음악학적으로 요령은 정확한 리듬에 맞춰 노래를 반주하는 악기이다. 이렇게 악기의 기능을 하면서도 악기 취급을 받지 못하는 범주에 속하는 기구를 음악학에서는 '소리를 만드는 기구'라고 한다.

31_ 국립남도국악원, 『진도만가』, 국립남도국악원, 2007, 40~41쪽.

풍물패가 따르는 진도의 운구행렬

고구려조에 "장례를 하면 곧 북을 치고 춤추며 노래 부르는 가운데 주검을 묘지로 운반
했다"[33]라는 기록과 관련지어 진도의 운상에 북을 치는 것이 매우 오래된 전통이라는
주장을 하기도 한다.[34] 그러나 17세기의 기록에 상여 앞에서 북을 쳤다는 기록으로
이런 전통을 고구려의 전통과 결부시키는 것은 무리가 있어 보인다. 더구나 허련의 건
의문은 '변속팔조變俗八條' 즉 '변화한 풍속 여덟 가지'를 금하기 위한 것이기 때문에
상여 앞에서 북을 치는 것도 본래의 유교식 상례법을 좇는 것이 아니라 진도에서 변화
한 풍속이라는 것을 알려주는 것이다.

　　전라도 각지에서 마을굿을 거행하면 풍물패가 앞장서서 당堂으로 가는 길에 질굿(길
굿)을 친다. 이는 마을의 수호신에게 악기 소리를 울려 마을굿을 행함을 고하는 것이다.

32_　이윤선, 「진도지역 상례를 통해서 본 의례와 놀이의 연행 의미」, 『비교민속학』 38, 비교민속학회, 2009,
　　114쪽.
33_　『隨書』 券81, 「東夷傳」 高麗. "葬卽鼓舞作樂以送之". 이윤선, 「진도지역 상례를 통해서 본 의례와 놀이의
　　연행 의미」, 114쪽 재인용.
34_　이윤선, 「진도지역 상례를 통해서 본 의례와 놀이의 연행 의미」, 114쪽.

1970년대 동구리 부조 장면(이또 아비또 제공)

이렇게 타악기를 울려 신에게 행사를 개최하는 것을 고하는 것은 무당굿에서도 마찬가
지로 이루어진다. 무당굿에서 본격적인 굿을 시작하기에 앞서 타악기로 신청神廳을 울
려 잡귀잡신인 주당을 물리고 굿청을 정화하여 신에게 굿의 개최를 고하는데, 이를 신
청울림 또는 주당물림이라고 한다. 이렇듯이 굿에서 신에게 행사를 고하기 위해 타악
기를 울리듯이 진도의 운상꾼들도 풍물패를 앞세워 신에게 행사를 고하는 길굿을 친다
는 의미를 내포한 것이다. 풍물패가 운상을 이끄는 경우를 진도에서 찾을 수 있는 것
은 진도인들이 운상 자체를 유교식 의례로만 여기는 것이 아니라 굿의 연장선으로 여
기기 때문에 풍물패를 앞세우는 것이라 할 수 있다.

　진도에서는 여성으로 구성된 호상꾼들이 존재한다. 진도의 여성 호상꾼에 대해 진도
고유의 전통문화가 아니라 근래에 만들어진 문화라는 비판이 있다. 또한 이에 대해 추자
도나 중국의 절강성 등지에서 비슷한 풍속이 전승되는 것을 보면 반드시 근래에 만들어
진 전통이라고 볼 수 없다는 반론을 제기하기도 한다. 그러나 일각에서는 여성 호상꾼의
존재는 상부상조의 진도의 풍속의 일단이며 이는 오히려 진도인들이 생래적으로 지니고
있는 문화적 창의성을 입증하는 증거로서의 새로운 가치를 획득할 수도 있다고 한다.[35]

어찌됐건 진도에서 여성 호상꾼이 참여한 것은 그리 오래 되지 않은 듯하다. 진도 사람들에 의하면 이런 풍습은 1974년 소포리의 한남례 시아버지 출상에서 시작되었다고 하기도 하고, 1970년대 주재일에 의해서 지산면 유목리에서 시작했다고 말하기도 한다.[36] 여하튼 진도에 여성 호상꾼이 나타나기 시작한 것은 1970년대 이후라고 할 수 있다.

여성 호상꾼들의 역할은 상주들과의 놀이적 실랑이를 주도하고 전통민요인 〈흥그레타령〉을 닮은 울음에 있다고 한다.[37] 여성 호상꾼들의 울음이 노래적 요소를 보여준다는 것은 매우 흥미로운 사실이다. 장례식장에서의 곡哭은 '울음'과는 다르다. 곡은 부모 잃은 슬픔을 현시적으로 보여주기 위해 만드는 '의도된 울음'이다. 그렇기 때문에 곡은 매우 과장되고 어떤 면에서는 매우 음악적이다. 그렇다고 곡을 음악으로 분류하지는 않는다. 이렇듯이 음악적인 소리이지만 음악의 범주에 포함되지 않는, 예술적인 '노래song'와 일상적인 '말speech'의 중간에 위치하는 다양한 형태의 '소리연행sonic performance'이 존재한다(도판 3).[38] 그리고 이렇게 노래조로 부르는 노래는 '음조적 음영 intonational recitation'이라 할 수 있다. 이런 노래와 말의 중간 층위의 성격을 갖는 소리연행 중에서 그 지방의 민요를 닮은 울음이 있다는 것은 매우 흥미로운 현상이다.[39]

진도만가에는 다른 지역에서는 쉽게 찾을 수 없는 풍물패와 여성 호상꾼이 존재한

35_   국립남도국악원, 『진도만가』, 42쪽.

36_   이윤선, 「진도지역 상례를 통해서 본 의례와 놀이의 연행 의미」, 116쪽. 이외에도 이윤선은 1959년에 있었던 판소리 명인이자 신영희의 부친인 신치선의 장례식에 40여 명의 제자들이 꽃상여 앞에 흰질베를 띄우고 목포 시내를 돌았다는 사실도 진도의 여성 호상꾼과 관련이 있다고 주장한다. 그러나 신치선의 장례식처럼 예외적인 경우에는 여성들이 운상에 참여하는 경우도 있다.

37_   이윤선은 이렇게 여성 호상꾼의 울음이 노래적 요소를 갖는 '소리의 퍼포먼스'를 통해 죽음의 갈등이 해소된다고 한다(이윤선, 「진도지역 상례를 통해서 본 의례와 놀이의 연행 의미」, 117쪽).

38_   이용식, 「경상북도 서사민요의 음악적 연구」, 『한국민요학』 11, 「한국민요학회」, 2002, 159~160쪽.

39_   이렇게 장례식에서 노래처럼 곡을 하는 경우는 진도만의 현상이 아니다. 파푸아 뉴기니아의 원주민들은 망자의 사회적 위치나 관계에 따라 다양한 형태로 곡을 하는데, 곡은 망자와 관련된 노래를 형상화하기도 한다. Yoichi, Yamada, *Songs of Spirits : An Ethnography in Sounds in a Papua New Guinea Society*, Papua New Guinea, Institute of Papua New Guinea Studies, 1997.

다. 이런 진도의 특수성은 진도의 예술성을 보여주는 것이다. 여느 지역과는 달리 단순한 '소리를 만드는 기구'인 요령이 아니라 음악적 '악기'인 풍물패가 운구를 인도하고, 여성 호상꾼들이 지역 민요인 〈흥그레타령〉을 닮은 곡을 하는 것은 진도 지역에서만 나타나는 예술성이다. 더구나 진도에서는 〈강강술래〉와 같은 여성 민요가 일찍부터 발전했으며 〈남도들노래〉나 〈진도아리랑〉 등 이 지역의 대표적인 민요도 대부분 여성 소리꾼에 의해 주도될 정도로 여성 음악가가 유난히 왕성하게 활동하는 지역이 진도이다. 그러므로 진도의 만가를 음악적 재능이 뛰어난 여성이 주도하는 것은 진도에서는 전혀 낯설지 않은 것이다. 이렇게 상장례의 마지막 단계인 망자 보내기 단계에서 연행하는 종교적 노동요가 진도에서는 단순한 노동요로 자리매김 하는 것이 아니라 예술적 연희로 승화한 것이다.

〈도판 3〉 노래, 말, 그리고 중간 형태의 소리연행[40]

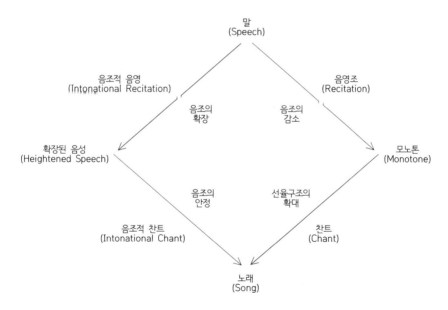

40_   List, George, "The boundaries of speech and song", *Ethnomusicology* 7/1, 1963, p.125.

5) 진도 상장례의 다층구조와 음악의 상징

진도 상장례는 전통적인 종교의례와 씻김굿과 다시래기, 그리고 만가라는 예술연행이 어우러지는 문화연행이다. 진도 상장례를 통해 진도의 문화구조를 관찰할 수 있으며 진도의 전통적인 미학사상의 의미와 맥락을 파악할 수 있다. 특히 진도의 문화유산은 무형문화재로 지정될 정도로 독특한 예술성을 지니고 있는 것이다. 그러므로 진도 상장례를 문화연행으로 규정하여 그 공연예술적 의미와 음악의 상징을 고찰하는 것은 우리나라 상장례의 보편적인 모습과 진도 상장례의 독특한 특징을 동시에 파악할 수 있는 것이다.

진도 상장례는 이승과 저승의 중간에 위치한 전이 지점liminal zone이자 삶과 죽음이 공존하는 혼돈과 무질서의 공간이기도 하다. 상장례는 3부분으로 나눌 수 있는데, 첫 단계는 망자의 죽음을 확인하고 알림으로써 이승으로부터 분리시키는 분리의식rite of separation이다. 이 단계는 유교식 의례이며 음악이 연행되지 않는다. 상장례의 정점은 씻김굿과 다시래기이다. 이 단계는 삶과 죽음이 공존하면서 갈등을 조장하고 죽음을 달래는 비일상상태abnormal condition이다. 그리고 마지막 단계는 망자의 넋을 저승으로

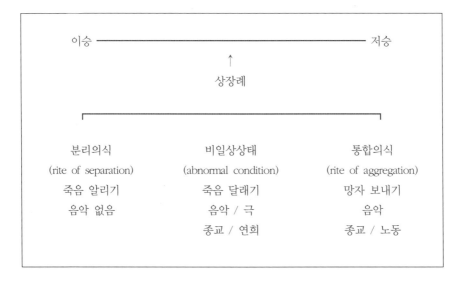

보내는 통합의식rite of aggregation이다. 이 단계에서는 운상과 하관을 위해 만가를 부르는데, 만가는 내용적으로는 종교요이고 기능적으로는 노동요이다.

씻김굿은 공연을 준비하는 단계인 조왕반, 본격적인 공연에 앞서 거행하는 전주前奏인 안당, 굿의 연희성을 강조하는 전반부, 굿의 종교성을 강조하는 후반부, 공연을 마감하는 후주後奏인 종천으로 분류할 수 있다. 준비 단계(조왕반), 전주(안당), 후주(종천)는 무대(굿청)에서 연행하지 않고 무당이 스스로 징을 치면서 노래를 부른다. 즉, 전주는 일상과 무대의 분리의식이며 후주는 무대와 일상의 통합의식인 것이다. 공연의 전반부에서는 무당이 예술적 창조성을 최대한 발휘하기 위하여 즉흥적인 노래가 많은데, 이런 노래는 통절형식으로 되었고 흘림이나 대학놀이 장단이 주로 쓰인다. 또한 고인의 바라지도 매우 즉흥적이다. 공연의 후반부는 망자의 넋을 씻기고 길(베)을 닦아 극락왕생을 기원하는 의례성이 강하다. 무당이 앞소리를 메기면 고인이 뒷소리를 받는 선후창의 유절형식 노래가 많다. 무당의 앞소리는 기존의 선율을 변주한 것이고, 장단은 주로 진양, 중모리, 중중모리, 자진모리가 쓰인다.

다시래기는 진도 외의 전라남도 서남 해안지방에 존재했지만, 현재는 진도다시래기가 거의 유일하게 전승되고 있다. 다시래기는 본격적인 공연에 앞서 전주 단계인

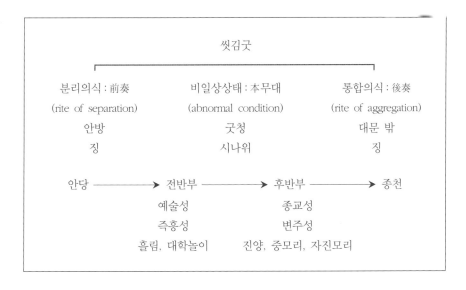

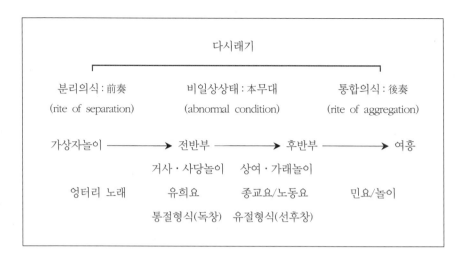

가상자놀이, 본격적인 공연의 전반부인 거사·사당놀이, 공연의 후반부인 상여놀이와 가래놀이, 그리고 공연의 마무리를 흥겹게 관객과 노래를 부르고 춤을 추는 후주 단계인 여흥으로 구분할 수 있다. 전주 단계인 가상자놀이는 분리의식이고 후주 단계인 여흥은 통합의식이다. 본격적인 놀이의 전반부인 거사·사당놀이는 남사당패의 소리에서 비롯된 〈다시래기노래〉와 널리 알려진 유희요인 〈자장가〉, 〈개타령〉 등을 부르면서 연희성을 돋운다. 이 단계의 노래는 통절형식의 독창이 대부분이다. 놀이의 후반부인 상여놀이와 가래놀이 단계는 기능적으로는 다음 날 있을 운상과 가래질을 미리 연습하는 것이다. 이 단계의 노래는 선소리꾼이 앞소리를 메기고 여럿이 뒷소리를 받는 유절형식의 노동요이자 의식요이다.

진도만가는 풍물패가 운상을 인도하고 여성 호상꾼이 상여를 주도한다는 독특한 특징이 있다. 이런 전통이 언제부터 진도에 존재했는지는 확실하지 않다. 그러나 우리나라 상두꾼이 보편적으로 사용하는 '소리를 만드는 기구'인 요령이 아니라 음악적 '악기'인 풍물패가 편성되는 것은 진도에서는 상장례가 단순한 종교의례가 아니라 예술적 공연이라는 것을 의미한다. 더구나 망자를 보내는 통합단계에서의 만가는 종교적 내용을 지닌 노동요의 기능을 하지만, 진도에서는 여기에 풍물패의 연주로 인한 유희성과 예능성이 강조되는 것이다. 여성 호상꾼의 존재는 지역 민요를 닮은 곡을 하는 진도

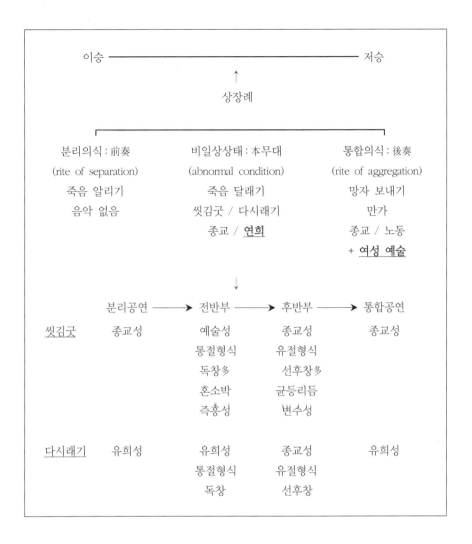

특유의 예술성을 강조한다. 또한 진도는 여성 민요가 매우 발전했으며 이 지역의 대표
적인 민요도 대부분 여성 소리꾼에 의해 주도될 정도로 여성 음악가가 왕성하게 활동
하는 지역이 진도이다. 그러므로 진도의 만가를 음악적 재능이 뛰어난 여성이 주도하
는 것은 어찌 보면 당연한 풍습이다. 이렇게 상장례의 마지막 단계인 망자 보내기 단
계에서 연행하는 종교적 노동요가 진도에서는 단순한 노동요로 자리매김 하는 것이 아
니라 예술적 연희로 승화한 것이다.

V.
민속문화예술특구
진도와
상장의례의
미래

1. 집단 경험의 민속문화화와 전승

　진도의 민속은 흥과 멋이 넘친다는 특성을 지니고 있다. 한편 진도의 민속은 죽음과 관련된 것이 많으며 강조된다는 점이 또 다른 하나의 특징이기도 하다. 그런데 진도 민속의 흥과 멋은 죽음의 현장에서조차 멈추지 않고 지속된다는 데 또 하나의 특징을 더하게 된다.

　이러한 진도의 민속이 보이는 특성이 어떠한 요인에 의해 비롯된 것인지에 대해서는 수많은 논의와 고찰, 그리고 논의에 대한 반론과 수정 등을 거치는 과정을 통해서 앞으로 추가적으로 고구되어야 할 과제이다. 그러나 우선 잠정적으로 문화의 3대 결정조건으로 꼽는 자연적 조건, 역사적 조건, 사회적 조건 등을 통해 접근해 볼 수는 있을 것이다.

　진도의 자연적 조건은 그것이 섬이라는 것이다. 진도는 고온다습의 좋은 기후조건을 지닐 뿐만 아니라 육도로서 생산적 기반이 그리 나쁘지 않았다. 그러나 좋은 점만 있는 것은 아니다. 섬은 육지부에 비해

서 죽음에 대한 노출이 심하다.

진도의 역사적 조건을 보자면 한국 전란사에 있어서 가장 큰 전쟁을 진도는 한 번도 비켜가지 못한 전장의 현장이 되어 있었다. 후삼국시대 견훤과 왕건의 쟁투, 몽고의 내침과 용장산성, 정유재란과 명량대첩, 동학혁명과 최후의 저항, 6.25전란 등 가장 굵은 전쟁에서 진도는 피비린내 나는 혈흔을 남긴 바 있다. 또한 사회적 사형이라고 할 수 있는 유형流刑의 땅이기노 했다.

진도의 사회적 조건은 좀 복잡하다. 진도는 여러 가지 점에서 사회문화적 이질성이 심하다. 진도는 동부와 서부 사이에 뚜렷한 문화적 차이를 보인다. 지역 간 이질성이 짙다. 토착민으로서 주민과 외부인으로서 유배를 당해온 사람들이 함께 살아가야 하는 조건 속에서 동화하기 어려운 이질적인 집단의 팽팽한 긴장이 사회적으로 계속되어 왔다. 한편 이러한 이질성은 공간지리적 측면의 이질성까지는 내용적으로 지니고 있다. 진도는 수도권으로부터의 가장 먼 거리의 원격지였다. 그만큼 고유의 그리고 특수한 문화가 서식하고 전승될 수 있는 사회문화적 거리를 지니고 있었던 것이기도 하지만, 중앙에서 유배를 당해온 사람과 중앙에서 가장 먼 거리에 살아왔던 사람들 사이에 생길 수 있는 괴리감이 또한 이질적인 사회적 상황을 낳게 된다. 진도를 예향이라고 하지만, 예술을 나누어 미술과 음악으로 양분했을 때 진도의 미술은 상류층 예술이며, 진도의 음악은 민중적인 예술이라는 점에서 두 예술적 장르 사이에 이질감이 강하다. 진도의 문화적 특성으로서 아이러니를 꼽았던 것은[1] 바로 이러한 이유 때문이기도 했다.

진도의 문화를 결정했을 자연적, 역사적, 사회적 조건은 어쩌면 항상 이율배반적이 거나 아니면 이질적인 것이었다. 이것은 삶의 조건인 문화에 대해서만 아니라 죽음을 설명하고 죽음을 해석하는 종교나 민속에 있어서도 그대로 표현된다. 진도의 민속은 앞에서 말했던 것처럼 흥과 멋이 흐르는 풍류의 전형이지만, 다른 한편에서 보자면 죽음 또는 사자에 대한 과도한 관심을 보여왔다. 삶의 세계와 죽음의 세계가 상존하면서 의례성 민속이 행해지는 장소에서는 틀림없이 죽음이 강조되는 형상을 보여온 것이다.

2. 형성배경을 활용한 상장례 문화의 활용

1) 집단기억의 축제화를 통한 현전화

상장례문화가 현재는 파편화되어 있다. 국가 및 시도지정 무형문화재로 따로따로 지정된 탓도 있지만, 이들을 연결시킬 수 있는 근본적인 연결고리의 부재 역시 문제일 수 있다. 따라서 진도 상장례 문화의 근본적인 동기 자체가 진도인의 지워질 수 없는 역사적 상처, 즉 집단기억의 상흔으로부터 말미암았다는 사실에 근거하여 낱개의 구슬을 실로 꿸 수 있는 논리적, 이론적 토대 마련이 우선적으로 필요하다.

현재 전라남도 주관의 명량대첩축제는 전쟁, 특히 승전 소재를 축제화한 것이다. 그 것은 세계 해전사에 길이 남을 비장미 넘치는 승전이었다. 그러나 중요한 요소 하나를 놓치고 있는 것이 있다. 기록으로는 승리한 전쟁이지만, 그 다음날부터 자행된 주민들에 대한 왜구의 집단살상은 몇 백년이 지난 지금도 우리를 우울하고 침울하게 만들 정도다. 그만큼 처절했던 것이었다고 구전으로 전한다. 기록되지 않은, 기억된 역사도 중요하다.

현실적으로 명량대첩축제를 넘어서서 또 다른 축제를 구상할 수는 없다. 그러나 명 량대첩도 그렇고 또 진도의 전체 역사를 통해서 본 전쟁의 참화도 그렇고 현지 주민들

1_   나경수, 「진도와 진도사람들」, 『진도만가』, 국립남도국악원, 2007, 15~18쪽.

이 겪어야 했던 비참한 현실, 그리고 그로 말미암은 처참한 집단기억을 상기하면서 또한 승화시킬 수 있는 축제장치가 필요하다. 근본적으로 명량대첩축제가 일방적인 승리의 축배일 수만은 없기 때문에 기록된 역사와 기억된 역사가 함께 축제화의 원천자원으로 활용되어야 옳다고 본다. 따라서 진도의 상장례 민속은 명량대첩의 중요한 종목으로 나름의 체계적 종합화와 집중화가 필요할 것이다.

2) 보편가치의 획득을 위한 세계성 제고

진도의 밀도 짙게 전승되어 오는 상장례문화는 그 자체로 문화유산이며 뛰어난 예술이기도 하다. 보편성을 획득하는 기준은 두 가지다. 하나는 보편적 편재라는 것이고, 다른 하나는 질적 수월성이다. 어디에나 있다는 의미의 보편적 편재는 그만큼 인류문화 전체와 관련될 수 있다는 점에서 가치를 가지지만, 질적 수월성은 독특함과 질적우수성으로부터 획득되는 대표성이다.

진도의 상장례 문화는 세계 어디에나 있는 보편적 편재의 한 양태일 수 있지만, 여기에 그치는 것이 아니라 세계 어디에서도 찾아보기 어려운 독특한 대표성과 우수성을 가지고 있다는 점에서 차등적 평가가 필요한 대상이다. 그 한 방법은 유네스코의 인류무형유산 대표목록으로 진도의 상장례 문화를 등재하는 일일 것이다.

2003년도부터 유네스코에서는 그 이전의 세계무형유산에 대한 가변적이던 제도를 정비하여 인류무형유산 대표목록을 선정하여 등재하는 일을 하고 있다. 많은 나라들이 자국의 무형문화유산을 등재시키기 위해 노력하고 있다.

3) 창작예술의 원천자원으로 활용

무형문화유산은 고정되어 있는 것이 아니라 변화한다. 더구나 중요한 것은 무형문화유산이 새로운 창작의 원천으로서 활발히 활용될 수도 있다.

2011년 광주문화재단에서는 광주5.18민주화운동을 기념하여 "자스민 광주"라는 전통뮤지컬 작품을 만들었으며, 이 작품은 매년 세계 3대축제로 열리는 에든버러축제에 참여하여 좋은 성과를 거두었다. 즉 2011년도에 '5스타 등급'으로 선정된 바 있는데, 이는 에든버러에 참가한 전체 2542개 공연작품 중 10여개 작품만 선정되는 등급으로 "자스민 광주"의 작품성과 예술성을 인정받았다는 평가다. 브로드웨이 베이비는 자스민 광주가 "한국의 역사와 문화를 접하지 못한 이들도 충분히 인지하고 공감할 수 있는 새로운 방식과 내용으로 아름답게 구성돼 있다"고 말하면서 "씻김굿을 통해 죽은 영혼들뿐 아니라 살아있는 사람들, 동시에 관객과 공연자들 모두가 함께 영혼들을 달래고 있는 듯하다"고 평가하면서 영혼의 교감을 상기시키기에 충분한 작품으로 극찬하기도 했다.[2]

"자스민 광주"는 진도의 씻김굿을 토대로 해서 해석된 창작품이다. 그 가능성은 세계 3대 축제인 에든버러에서 확인된 바 있지만, 다시래기, 만가 등 역시 새로운 시각과 기법을 통해 얼마든지 영혼을 불러낼 수 있는 작품으로 승화 가능하다. 따라서 국립남도국악원을 비롯해서 진도군립국악단, 그리고 수많은 공연예술단체들에서 진도의 상장례문화를 학습하고 또 그 실연적 양상을 연구하여 앞으로 예술혼을 불태울 수 있는 창작품이 산출되기를 기대할 수 있다.

전남대학교 개교 55주년기념 축하공연(전남대학교 대강당)

2_ 『뉴시스』2011년 8월 19일자 기사, http://www.newsis.com

4) 전쟁의 땅 기념을 위한 랜드마크로서 한국전쟁역사관의 설립

진도의 벽파에도 해남의 우수영에도 명량대첩비가 있다. 경기도 강화도는 전쟁 관련 기념물이 참 많다. 그러나 한국 전란사에 있어 강화도가 당했던 피해와 진도가 당했던 피해는 비교할 수 없는 정도로 진도가 심했다. 그럼에도 불구하고, 대첩비 정도의 랜드마크가 고작이다.

후백제 때 왕건은 남도석성이 있는 지역부터 점령해서 나주로 진출하는 발판을 삼았다 한다. 삼별초는 용장산성에 왕궁을 마련하고 대몽고항쟁의 보루를 삼았다. 이순신 장군의 명량대첩은 널리 알려진 것에 비하면 변변한 기념물조차 없는 실정이다. 명량대첩의 가장 중요한 거점이었던 벽파정도 없어진지 오래일 뿐 아니라 복원계획조차 없는 실정이다. 동학의 최후 격전지가 진도였다는 것은 이미 사학계에서 밝혀놓은 바 있지만, 다른 지역들, 특히 전북의 정읍이나 고창, 전남의 장흥 등에 비하면 그에 대한 기념사업은 거의 없는 실정이다. 또한 6.25때 수많은 피해를 입었음에도 불구하고 가능하면 언급을 피하고 있는 실정이다.

한국에서 진도만큼 역사적으로 큰 전쟁을 지속적으로 치러온 지역도 없을 것이다. 특히 중앙정부에서 가장 원격지에 속하는 진도가 항상 피해를 입어왔다는 것은 언어도단이기도 하고, 또 모순이기도 하다. 앞으로 이에 대한 논의는 훨씬 활발해져야 할 줄로 안다. 서울 용산에 있는 전쟁기념관은 한국 전란사를 대표할 수 있는 역사관이라기보다는 6.25를 중심테마로 하고 있다.

적어도 명량대첩축제가 진정한 의미의 승리의 축제이자 당시 희생되었던 수많은 지역민을 위한 천도굿으로서의 의미를 지향한다고 하면, 그 규모나 의미에 걸맞는 한국 전란사의 역사관 정도는 진도땅에 건립되는 것이 옳다고 본다. 더구나 진도는 한국의 전면전을 거의 경험했다는 점에서 지리적 타당성을 가지기 때문이다. 역사적으로 피해를 입었던 과거 지역민들의 원혼을 위로하는 한편 또한 역사적인 피해 지역에 대한 보상적 차원도 함께 생각해볼 일이다. 가칭 한국전쟁역사관에서 진도지역에 전승되어 왔던 집단기억으로서의 사령제 관련 공연들이 공연될 수 있을 것이다.

참고문헌

『고려사』
『고려사절요』
『명종실록』
『삼국사기』
『선봉진정보첩』
『선조실록』
『수서』권81, 「동이전」
『순무선봉진등록』5
『승정원일기』
『신증동국여지승람』
『세종실록』
『세종실록지리지』
『여지도서』
『연산군일기』
『용호한록』3
『조선왕조실록』
『태종실록』
조태채, 『二憂堂集』1
정조, 『홍재전서』

강봉룡, 「나말려초 왕건의 서남해지방 장악과 그 배경」, 『도서문화』21, 목포대 도서문화연구소, 2003.
_____, 「압해도의 번영과 쇠퇴」, 『도서문화』18, 목포대 도서문화연구소, 2000.
_____, 「후백제 견훤과 해상세력 – 왕건과 해상쟁패를 중심으로」, 『역사교육』83, 역사교육연구회, 2002.
국립국악원, 『한국의 굿 : 진도씻김굿』, 2003.
국립남도국악원, 『진도만가』, 2007.
김덕진, 「진도와 유배」, 『진도의 유학과 기록문화유산』, 전남대 한국어문학연구소 · 진도군, 2007.
김동수 교감 · 역주, 『호남절의록』, 경인문화사, 2010.
김명진, 「태조왕건의 나주 공략과 압해도 능창 제압」, 『도서문화』32, 목포대학교 도서문화연구소, 2008.
김약행, 「적소일긔」, 김희동 편, 『선화자유고』, 목민, 2005.
_____, 「적소일기」, 김희동 편, 『선화자 김약행 선생의 꿈과 생애』, 목민, 2003.

김열규, 『메멘토 모리, 죽음을 기억하라』, 궁리, 2001.

김용선 역주, 『역주 고려묘지명집성』, 한림대 아시아문화연구소, 2001.

나경수, 「3향문화권(三鄕文化圈) 설정을 위한 호남지역 문화표상의 탐색」, 『호남문화연구』 49, 전남대학교 호남학연구단, 2011.

_____, 「진도 금갑진성 주변의 민속생활」, 『진도 금갑진성 지표조사보고서』, 진도군·전남대학교박물관, 2003.

_____, 「진도씻김굿 연구」, 『호남문화연구』 18, 전남대학교 호남문화연구소, 1988.

_____, 「진도와 진도사람들」, 『진도만가』, 국립남도국악원, 2007.

_____, 「진도의 여제」, 『광주전남의 민속연구』, 민속원, 1998.

_____, 「진도의 여제고」, 『호남문화연구』 17, 전남대학교 호남문화연구소, 1987.

_____, 『한국의 신화연구』, 교문사, 1993.

나경수 외, 『진도의 마을굿』, 민속원, 2007.

목포대학교박물관·진도군, 『진도군의 문화유적』, 1987.

_____, 『진도읍성·철마산성 지표조사보고』, 1992.

목포대학교박물관·진도군, 『진도 용장산성』, 2006.

박미경, 「진도씻김굿의 서사무가 제석굿의 음악적 구성」, 『한국음악연구』 32, 한국국악학회, 2002.

_____, 「진도씻김굿의 즉흥성 연구 점정(點睛)」, 『남도음악의 생성구조와 즉흥성』, 국립남도국악원, 2008.

_____, 「즉흥성연구의 시안 "채보와 비교를 통한 해석"」, 『음악과 문화』 7, 세계음악학회, 2002.

박병익, 「소재 노수신의 「피구록」 연구」, 『고시가연구』 29, 한국고시가문학회, 2012.

박정경, 「진도씻김굿의 음악적 내용」, 『한국의 굿 : 진도씻김굿』, 한국음악 34, 국립국악원, 2003.

박종기, 「고려 말 왜구와 지방사회」, 『한국중세사연구』 24, 한국중세사학회, 2008.

박종진, 「고려시기 진도현의 위상과 변화」, 『도서문화』 38, 목포대학교 도서문화연구원, 2011.

박진원, 「가정절검」, 『진도군향토사자료집3권』, 진도문화원, 1999.

변동명, 「삼별초와 항몽」, 『진도군지』 상, 진도군지편찬위원회, 2007

송정현, 「진도의 역사」, 『호남문화연구』 10, 전남대 호남문화연구소, 1979

신성재, 「궁예와 왕건과 나주」, 『한국사연구』 151, 한국사연구회, 2010.

_____, 「후삼국시대 나주지역의 해양전략적 가치」, 『도서문화』 38, 목포대학교 도서문화연구원, 2011.

신호철, 「고려 건국기 서남해 지방세력의 동향 ─ 나주 호족의 활동을 중심으로」, 『역사와 담론』 58, 호서사학회, 2011.

윤경진, 「고려말 조선초 서해·남해안 교군 사례의 분석 ─ 전라도·충청도·서해도 지역의 사례」, 『한국사학보』 31, 고려사학회, 2008.

윤용혁, 「고려 삼별초의 항전과 진도」, 『도서문화』 37, 목포대학교 도서문화연구원, 2011.

_____, 「삼별초 진도정권의 성립과 그 전개」, 『한국사연구』 84, 한국사연구회, 1994.

이경엽, 「진도다시래기 연희본의 비교연구」, 『공연문화연구』 11, 공연문화학회, 2005.

_____, 「진도다시래기」, 국립문화재연구소, 2004.

이돈주, 「진도의 방언」, 『호남문화연구』 10·11, 전남대학교 호남문화연구소, 1979.

이상식 외, 『전남동학농민혁명사』, 전라남도, 1996

이승한, 『고려 무인 이야기』 4, 푸른역사, 2005.

이용식, 「경상북도 서사민요의 음악적 연구」, 『한국민요학』 11, 「한국민요학회」, 2002.

_____, 『한국음악의 뿌리, 팔도 굿음악』, 서울대학교 출판부, 2009.

_____, 『황해도 굿의 음악인류학』, 집문당, 2006.

이윤선, 「진도지역 상례를 통해 본 의례와 놀이의 연행 의미」, 『비교민속학』 38, 비교민속학회.

이종철 · 조경만, 「민속자료」, 『진도의 문화유적』, 목포대학교박물관, 1987.

임재해, 「장례 관련 놀이의 반의례적 성격과 성의 생명상징」, 『비교민속학』 제12집, 비교민속학회, 1995.

전남문화재연구원 · 진도군, 『진도 남도석성 선소유적』, 2006.

정청주, 『신라말고려초 호족 연구』, 일조각, 1996.

지춘상 · 나경수, 「진도아리랑 형성고」, 『호남문화연구』 18, 전남대학교 호남문화연구소, 1988.

진도군 · 목포대박물관, 『임진 · 정유왜란과 진도』, 1992.

진도군 · (사)동학농민혁명기념사업회, 『동학농민혁명 지도자 유골봉환을 위한 학술연구 및 동학농민혁명 역사
　　　공원 조성계획』, 2005.

진도군지편찬위원회, 『진도군지』, 1976.

_____, 『진도군지』, 2007.

진도문화원, 『옥주의 얼』, 1997.

_____, 『고려사(진도편국역)』, 2001

최연식, 「삼별초 이전 진도 관련 역사자료의 재검토」, 『지방사와 지방문화』 14-1, 역사문화학회, 2011.

최재석, 「가족제도와 사회발전」, 『호남문화연구』 9, 전남대학교 호남문화연구소, 1977.

황루시, 『진도씻김굿』, 국립문화재연구소, 2001.

竹田旦, 『祖先崇拜の 比較民俗學』, 東京 : 吉川弘文館, 1994.

村山智順, 『朝鮮の鬼神』, 漢城 : 朝鮮總督府, 1930.

A. Dundes, *Interpreting Folklore*, Bloominton : Indiana University Press.

Singer, Milton B. "The great tradition in a metropolitan center : Madras", In Milton B. Singer, ed.,
　　　Traditional India : Structure and Change, Philadelphia : Ameircan Folklore Society, 1958.

Victor Turner, *The Ritual Process : Structure and Anti-structure, Rituals and Lore of Siberia and Central
　　　Asia*, Amonk, NY : North Castle Books, 1997.

Yoichi, Yamada, *Songs of Spirits : An Ethnography in Sounds in a Papua New Guinea Society*, Papua
　　　New Guinea, Institute of Papua New Guinea Studies, 1997.

List, George, "The boundaries of speech and song", *Ethnomusicology* 7/1, 1963.

『황성신문』, 『한겨레신문』, 『매일신보』, 『조선일보』, 『조선중앙』, 『전남일보』, 『광주일보』, 『동아일보』
『뉴시스』

찾아보기